住房和城乡建设领域专业人员岗位培训考核系列用书

标准员专业管理实务

江苏省建设教育协会　组织编写

中国建筑工业出版社

图书在版编目(CIP)数据

标准员专业管理实务/江苏省建设教育协会组织编写. —北京：中国建筑工业出版社，2016.10

住房和城乡建设领域专业人员岗位培训考核系列用书

ISBN 978-7-112-20504-2

Ⅰ.①标…　Ⅱ.①江…　Ⅲ.①建筑工程-标准-岗位培训-教材　Ⅳ.①TU-65

中国版本图书馆 CIP 数据核字(2017)第 040681 号

本书作为《住房和城乡建设领域专业人员岗位培训考核系列用书》中的一本，依据《建筑与市政工程施工现场专业人员职业标准》JGJ/T 250—2011、《建筑与市政工程施工现场专业人员考核评价大纲》及全国住房和城乡建设领域专业人员岗位统一考核评价题库编写。全书共 6 章，内容包括：工程建设标准体系；企业标准体系；工程建设标准化实施与评价；工程建设相关标准；工程安全、质量事故分析与处理；标准化信息管理。本书既可作为标准员岗位培训考核的指导用书，又可作为施工现场相关专业人员的实用工具书，也可供职业院校师生和相关专业人员参考使用。

责任编辑：王华月　刘　江　岳建光　范业庶
责任校对：李美娜　张　颖

住房和城乡建设领域专业人员岗位培训考核系列用书

标准员专业管理实务

江苏省建设教育协会　组织编写

*

中国建筑工业出版社出版、发行（北京海淀三里河路 9 号）

各地新华书店、建筑书店经销

北京科地亚盟排版公司制版

北京君升印刷有限公司印刷

*

开本：787×1092 毫米　1/16　印张：10½　字数：251 千字

2017 年 4 月第一版　　2017 年 4 月第一次印刷

定价：**34.00** 元

ISBN 978-7-112-20504-2

(28793)

住房和城乡建设领域专业人员岗位培训考核系列用书

编审委员会

主 任：宋如亚

副主任：章小刚　戴登军　陈　曦　曹达双

　　　　漆贯学　金少军　高　枫

委 员：王宇旻　成　宁　金孝权　张克纯

　　　　胡本国　陈从建　金广谦　郭清平

　　　　刘清泉　王建玉　汪　莹　马　记

　　　　魏德燕　惠文荣　李如斌　杨建华

　　　　陈年和　金　强　王　飞

出版说明

为加强住房和城乡建设领域人才队伍建设，住房和城乡建设部组织编制并颁布实施了《建筑与市政工程施工现场专业人员职业标准》JGJ/T 250—2011（以下简称《职业标准》），随后组织编写了《建筑与市政工程施工现场专业人员考核评价大纲》（以下简称《考核评价大纲》），要求各地参照执行。为贯彻落实《职业标准》和《考核评价大纲》，受江苏省住房和城乡建设厅委托，江苏省建设教育协会组织了具有较高理论水平和丰富实践经验的专家和学者，编写了《住房和城乡建设领域专业人员岗位培训考核系列用书》（以下简称《考核系列用书》），并于2014年9月出版。《考核系列用书》以《职业标准》为指导，紧密结合一线专业人员岗位工作实际，出版后多次重印，受到业内专家和广大工程管理人员的好评，同时也收到了广大读者反馈的意见和建议。

根据住房和城乡建设部要求，2016年起将逐步启用全国住房和城乡建设领域专业人员岗位统一考核评价题库，为保证《考核系列用书》更加贴近部颁《职业标准》和《考核评价大纲》的要求，受江苏省住房和城乡建设厅委托，江苏省建设教育协会组织业内专家和培训老师，在第一版的基础上对《考核系列用书》进行了全面修订，编写了这套《住房和城乡建设领域专业人员岗位培训考核系列用书（第二版）》（以下简称《考核系列用书（第二版）》）。

《考核系列用书（第二版）》全面覆盖了施工员、质量员、资料员、机械员、材料员、劳务员、安全员、标准员等《职业标准》和《考核评价大纲》涉及的岗位（其中，施工员、质量员分为土建施工、装饰装修、设备安装和市政工程四个子专业）。每个岗位结合其职业特点以及培训考核的要求，包括《专业基础知识》、《专业管理实务》和《考试大纲·习题集》三个分册。

《考核系列用书（第二版）》汲取了第一版的优点，并综合考虑第一版使用中发现的问题及反馈的意见、建议，使其更适合培训教学和考生备考的需要。《考核系列用书（第二版）》系统性、针对性较强，通俗易懂，图文并茂，深入浅出，配以考试大纲和习题集，力求做到易学、易懂、易记、易操作。既是相关岗位培训考核的指导用书，又是一线专业岗位人员的实用工具书；既可供建设单位、施工单位及相关高职高专、中职中专学校教学培训使用，又可供相关专业人员自学参考使用。

《考核系列用书（第二版）》在编写过程中，虽然经多次推敲修改，但由于时间仓促，加之编著水平有限，如有疏漏之处，恳请广大读者批评指正（相关意见和建议请发送至JYXH05@163.com），以便我们认真加以修改，不断完善。

本书编写委员会

主　编：陈年和
副主编：曹洪吉　张贵良　张悠荣　郭　扬

前　　言

根据住房和城乡建设部的要求，2016年起将逐步启用全国住房和城乡建设领域专业人员岗位统一考核评价题库，为更好贯彻落实《建筑与市政工程施工现场专业人员职业标准》JGJ/T 250—2011，保证培训教材更加贴近部颁《建筑与市政工程施工现场专业人员考核评价大纲》的要求，受江苏省住房和城乡建设厅委托，江苏省建设教育协会组织业内专家和培训老师，在《住房和城乡建设领域专业人员岗位培训考核系列用书》第一版的基础上进行了全面修订，编写了这套《住房和城乡建设领域专业人员岗位培训考核系列用书（第二版）》（以下简称《考核系列用书（第二版）》），本书为其中的一本。

标准员培训考核用书包括《标准员专业基础知识》、《标准员专业管理实务》、《标准员考试大纲·习题集》三本，反映了国家现行规范、规程、标准，不仅涵盖了标准员应掌握的通用知识、基础知识、岗位知识和专业技能，还涉及新技术、新设备、新工艺、新材料等方面的知识。

本书为《标准员专业管理实务》分册，全书共6章，内容包括：工程建设标准体系；企业标准体系；工程建设标准化实施与评价；工程建设相关标准；工程安全、质量事故分析与处理；标准化信息管理。

本书既可作为标准员岗位培训考核的指导用书，又可作为施工现场相关专业人员的实用工具书，也可供职业院校师生和相关专业人员参考使用。

目　　录

第1章 工程建设标准体系

1.1 基 本 概 念

1.1.1 标准的定义

（1）标准化组织对标准的定义

国家标准《标准化工作指南 第1部分：标准化和相关活动的通用词汇》GB/T 20000.1—2014（修改采用 ISO/IEC 相关标准）对"标准"给出了下述的定义："通过标准化活动，按照规定的程序，经协商一致制定，为各种活动或其结果提供规则、指南或特性，供共同使用和重复使用的文件。"在该定义后有如下一条附注："标准宜以科学、技术和经验的综合成果为基础。"

从这个定义中我们可以认为标准应具备如下一些特征，也就是说只有具备这些特征才能称其为标准：

1）标准是一种规范性文件

可以说文件是标准的表现形式，我们可以广义地将文件理解为记录信息的各种媒体。标准必须以文件的形式来表现，无论是纸质的还是电子形式的文件。也就是说，标准必须通过其载体达到有据可查。既然标准是一种规范性文件，其文件的形式也必须规范，并且具有区别于其他文件的特殊文件形式。为了统一标准文件的编写和形式，我国发布了国家标准《标准化工作导则 第1部分：标准的结构和编写》GB/T 1.1—2009。对标准的结构、编写、格式及印刷等内容进行统一，既可保证标准的编写质量，又便于文件的管理，同时又体现了标准文件的严肃性。

2）标准这种规范性文件与其他文件存在三点区别：

① 它必须具有共同使用和重复使用的性质，所谓共同使用是指你用、我用、他也用，大家都用；重复使用是指今天用、明天用、后天用，经常要用。这里，"共同使用"和"重复使用"两个条件必须同时具备，也就是说，只有大家共同使用并且要多次反复使用，标准这种文件才有存在的必要。

② 标准的制定需要有一定的程序，要有协商一致的过程。国际上以及各国的标准化组织都规定了制定各类标准的程序，制定标准时必须严格按照程序去做。为了规范标准的制定程序，我国针对国家标准、行业标准、地方标准和企业标准分别颁布了《国家标准管理办法》、《行业标准管理办法》、《地方标准管理办法》和《企业标准化管理办法》。标准能否最后通过并发布，要看协商一致的结果，这里，协商一致是有具体指标的，一般以某一范围人群中的四分之三同意为协商一致通过。

③ 制定标准的目的，是为各种活动或其结果提供规则、指南或特性。从标准定义的

注释中我们可看出，标准制定的基础是科学、技术和经验的综合成果。标准之所以被制定并被使用，其动力来源于市场需求与共同的利益。这一动力促使利益各方聚在一起经过协商一致形成各类标准；这一动力同时也促使各方自愿使用标准。标准被自愿使用的程度如何，可以作为标准实施效果好坏的重要指标之一。

国际标准化组织（ISO）和国际电工委员会（IEC）又将标准分成两种：

① 可公开获得的标准：指国际标准、国家标准和地方标准等；

② 其他标准：指企业标准、公司标准。

（2）世界贸易组织对标准的定义

在《WTO/TBT》的附件1中对标准作了如下定义："经公认机构批准的、规定非强制执行的、供通用或重复使用的产品或相关工艺和生产方法的规则、指南或特性的文件。该文件还可包括或专门涉及适用于产品、工艺或生产方法的术语、符号、包装、标志或标签要求。"

（3）技术规范

除了标准之外，我们还常常接触到"技术规范"这一说法。

首先我们来看一看技术规范的准确定义。技术规范是"规定产品、过程或服务应满足的技术要求的文件"。

从这个定义我们可看出，技术规范也是一种文件，是规定技术要求的文件。它和标准的区别在于，这种文件没有经过制定标准的程序。它和标准又是有联系的。首先，标准中的一些技术要求可以引用技术规范，这样的技术规范或技术规范中的某些内容就成为标准的一部分。其次，如果技术规范本身经过了标准制定程序，由一个公认机构批准，则这个技术规范就可以成为标准了。

（4）规程

与"标准"、"技术规范"使用频率接近的还有"规程"。

GB/T 20000.1—2014 对规程的定义为："为产品、过程或服务全生命周期的有关阶段推荐良好惯例或程序的文件"。

从这个定义可以看出，规程同样是一种文件，这种文件给出的是惯例或程序，而不是技术要求（技术规范给出的是技术要求）；这种惯例或程序给出的是"过程"而不是"结果"，而技术规范规定的是一种"结果"。另外，规程是"推荐"惯例或程序，而技术规范为"规定"技术要求。因此，从内容和力度上来看，规程和技术规范都是存在着明显的差异。

规程和标准的区别为：这种文件没有经过制定标准的程序。它和标准的联系表现在：首先，标准中的一些技术要求可以引用规程，这样的规程就成为标准的一部分。其次，如果规程本身经过了标准制定程序，由一个公认机构批准，则这个规程就可以成为标准。从上面介绍可看出规程在其和标准的区别与联系这一点上和技术规范是一致的。

（5）法规

通过上面的介绍，大家已经了解到标准是规范性文件的一种。规范性文件中与标准有着紧密关系的一类文件就是"法规"。那么，什么是法规呢？我们说"法规是由权力机关通过的有约束力的法律性文件。"

根据《中华人民共和国立法法》，我国的法律体系由法律、行政法规、地方性法规、自治条例和单行条例、规章组成。行政法规由国务院常务会议审议，或者由国务院审批并报请总理签署国务院令公布施行。

法规与标准的主要区别在于：法规是由国家立法机构发布的规范性文件，标准是由公认机构发布的规范性文件。虽然都是规范性文件，但是，法规在其辖区内具有强制性，所涉及的人员有义务执行法规的要求；而标准的发布机构没有立法权，所以标准只能是自愿性的，供有关人员自愿采用。法规与标准又是有联系的。标准涉及的是技术问题，为了保护人类健康、安全等目的，法规中也常常涉及技术问题，通常这类法规叫作技术法规。技术法规常常引用标准。

1.1.2 标准化的定义

国家标准《标准化工作指南 第1部分：标准化和相关活动的通用术语》（GB/T 20000.1—2014），对标准化的定义的表述是："为在既定范围内获得最佳秩序，促进共同效益，对现实问题或潜在问题确立共同使用和重复使用的条款以及编制、发布和应用文件的活动。"并注明："注1：标准化活动确立的条款，可形成标准化文件，包括标准和其他标准化文件。注2：标准化主要效益在于为了产品、过程或服务的预期目的改进它们的适用性，促进贸易、交流和技术合作。"

理解"标准化"定义，要明确理解以下要点：

（1）标准化是指一项活动，活动内容是编制、发布和应用标准。并且标准化是一个相对动态的概念，无论一项标准还是一个标准体系，都随着时代的发展向更深层次和广度变化发展，比如在当时条件下，制定的一项标准，随着技术进步，一定时期之后可能不再适用于工程建设，需要修订不适用的标准，标准体系也一样，需要不断完善和提高。标准没有最终成果，标准在深度上无止境、广度上无极限，成为标准化的动态特征。

（2）标准化的目的是"为在一定范围内获得最佳秩序"，就是要增加标准化对象的有序化程度，防止其无序化发展。著名日本学者松蒲四郎在《工业标准化原理》一书中提到，"在人类社会中也存在着自发的多样化趋势，为了制止这种导致混乱的如浪费资源的不必要的多样化，标准化就是为了建立一种秩序，使标准化对象的运行纳入有序化的轨道，为人类创造利益"。可以说，标准化活动就是人们从无序状态恢复到有序状态所作的努力，建立市场的最佳秩序，生产、服务不断优化，使得资源合理配备，有限的投入获得期望的产出，这是社会发展永恒的主题。

（3）标准化的本质是"统一"，是对重复性事物和概念做出共同遵循和重复使用的规则的活动。标准化是事物某方面属性以标准为参考依据，在某种作用力的影响下，不断接近标准，最终与标准形成一致的过程。因此，事物一旦在某方面实现标准化，必然会产生统一的结果，一方面是事物在该方面属性与标准统一；另一方面是标准化对象的多个个体之间在该方面属性实现统一。从标准化经验上来说，首先要做到概念的统一，才能做到事物的统一，这也是在制定标准时，首先要对标准中涉及的关键的名词术语下定义的原因。

1.1.3 工程建设标准的定义

工程建设标准是针对工程建设活动所制定的标准，根据国家标准《标准化工作指南 第1部分：标准化和相关活动的通用术语》（GB/T 20000.1～2014）中对标准的定义，工程建设标准可以定义为：在工程建设领域内通过标准化活动，按照规定的程序经协商一致制定，为各种活动或其结果提供规则、指南或特性，供共同使用和重复使用的文件。

工程建设标准的主要内容包括：工程建设勘察、规划、设计、施工及验收等的技术要求；工程建设的术语、符号、代号、量与单位、建筑模数和制图方法；工程建设中的有关安全、卫生、环保的技术要求；工程建设的试验、检验和评定等的方法；工程建设的信息技术要求；工程建设的管理技术要求。

工程建设标准作为建设活动的技术准则，深刻影响着工程建设项目的性能和功能，与一般意义上的标准相比，在政策性、综合性、影响性等方面有着突出的特点。

（1）政策性强

一些法规、政策要求通过工程建设标准中的相关规定贯彻到建设工程项目当中，进而实现国家经济社会发展的目标，这一点充分体现了工程建设标准政策性强的特点，特别是工程建设强制性标准，内容上直接涉及工程质量、安全、卫生、环保等方面，这些内容无不体现国家的方针、政策。比如，节约资源是国家基本国策，通过建筑节能标准，以及工程建设标准中对节地、节水、节材、环保等方面的技术要求，可以贯彻到建设工程项目当中，实现国民经济社会可持续发展。

（2）综合性强

建设工程是一项复杂的系统工程，经过环节多、涉及专业广，如：为达到节能效果，建筑节能要经过规划设计、施工调试、运行管理、设备维护、设备更新、废物回收等一系列环节；在技术层面上涉及建筑围护结构的隔热保温、节能门窗、节能灯具、节能电器和可再生能源的利用等多学科。工程建设标准的制定不仅考虑技术条件，而且必须综合考虑经济条件和管理水平。妥善处理好技术、经济、管理水平三者之间的制约关系，综合分析，全面衡量，统筹兼顾，以求在可能条件下获取标准化的最佳效果，是制定工程建设技术标准的关键。同时，我国地域广阔，东西部经济发展差异大，地质、气候、人文有很大不同，工程建设环境条件复杂，因此，工程建设标准的制定需要考虑经济上的合理性和可能性；需要结合工程的特点，考虑自然的差异；需要结合国情来制订与实施。

（3）经济影响大

工程建设标准是经济建设和项目投资的依据。项目建设前期的可行性研究、工程概预算等均受到工程建设各阶段技术、管理等标准的约束和影响，可以说，工程建设标准直接影响着投资金额的大小。另一方面在投资建设过程中，更需要科学、合理的工程建设标准，保证较高的投资效益。

1.1.4 标准员

1.1.4.1 标准员产生的社会背景

建筑与市政工程施工现场专业人员队伍素质是影响工程质量和安全的关键因素。我国从20世纪80年代开始，在建设行业开展关键岗位培训考核持证上岗工作，先后开展了施工员、安全员、质检员等岗位培训考核，对于提高从业人员的专业技术水平和职业素养，促进施工现场规范化管理，保证工程安全和质量，推动建设行业发展发挥了重要的作用。

当前，随着经济社会发展、科技的进步，现代建设工程呈现出功能要求多样化、城市建设立体化、交通工程快速化、工程设施大型化等趋势，公共建筑和住宅建筑要求周边环境，结构布置，与水、电、煤气供应，室内温、湿度调节控制等现代化设备相结合，而不满足于仅要土木工程提供"徒有四壁"、"风雨水浸"的房屋骨架。由于电子技术、精密机械、生物基因工程、航空航天等高技术工业的发展，许多工业建筑提出了恒湿、恒温、防微振、防腐蚀、防辐射、防磁、无微尘等要求，并向跨度大、分隔灵活、工厂花园化的方向发展。随着经济发展和人口增长，城市人口密度迅速加大，造成城市用地紧张，交通拥挤，地价昂贵，这就迫使房屋建筑向高层发展，使得高层建筑的兴建几乎成了城市现代化的标志。铁路运输在公路、航空运输的竞争中也开始快速化和高速化。大型的水利工程、交通枢纽工程不断涌现。这些项目建设都对现场管理提出了更高的要求，要求现场管理人员具有更高的素质。

同时，工程建设标准作为工程建设活动的技术依据，随着大量新技术、新材料的涌现，数量不断增加，覆盖的范围越来越广，并且工程建设标准中对工程安全质量的要求越来越高，对保护环境、保障人身健康、维护市场秩序的规定越来越严格，这就客观要求工程建设过程中，必须严格执行标准，方能保证工程安全质量、保障公众利益。但是近些年来，从住房和城乡建设部以及各地对工程项目检查的情况看，不严格执行标准的情况依然存在，特别是近些年来发生的建筑工程安全质量事故，绝大部分事故是由于没有严格执行标准造成的。造成这种情况的原因是多方面的，但最核心的问题是缺乏行之有效的标准实施与监督机制。

1.1.4.2　标准员的概念

《建筑与市政工程施工现场专业人员职业标准》JGJ/T 250—2011 中对标准员给出了定义，标准员是在建筑与市政工程施工现场，从事工程建设标准实施组织、监督、效果评价等工作的专业人员。也是从标准员的主要工作任务角度对标准员职业作出的概括性描述。从该定义可以看出，标准员是建筑与市政施工现场的专业人员，各项工作是围绕工程施工展开的，但标准员的主要工作内容与施工员、安全员、质量员、材料员有很大区别，主要从事工程建设标准实施组织、监督、效果评价等，但这些工作又与施工员、安全员、质量员、材料员等有着密切的联系，因为施工员、安全员、质量员、材料员等岗位人员的很多工作是依据标准开展的，最典型的就是质量员，建筑工作质量管理是离不开标准的，可以说标准员与其他几大员的工作既有联系，也有分工，各有侧重。另外，标准员需要掌握各方面的标准，要有一定的工作经验。

1.1.4.3　标准员的工作职责

《建筑与市政工程施工现场专业人员职业标准》JGJ/T 250—2011 中规定了标准员的主要工作职责，共有 5 类，12 项职责，主要有：

（1）标准实施计划：这类职责主要要求标准员在工程项目施工准备阶段，全面收集所承担工程项目施工过程中应执行的标准，并做好落实标准的相关措施与制度，职责包括：

1）参与企业标准体系表的编制。

2）负责确定工程项目应执行的工程建设标准，编列标准强制性条文，并配置标准有效版本。

3）参与制定质量安全技术标准落实措施及管理制度。

（2）施工前期标准实施：这类职责主要要求标准员在工程项目施工准备过程中，通过开展标准宣贯培训，以及将标准中的要求落实到相关的管理措施及管理制度，为工程建设过程中严格执行标准打下基础，主要职责包括：

1）负责组织工程建设标准的宣贯和培训。

2）参与施工图会审，确认执行标准的有效性。

3）参与编制施工组织设计、专项施工方案、施工质量计划、职业健康安全与环境计划，确认执行标准的有效性。

（3）施工过程标准实施：这类职责主要要求标准员在工程项目施工过程中，通过交底、对标准实施进行跟踪、验证以及对发现的问题及时进行整改等工作，促进标准准确实施，主要职责包括：

1）负责建设标准实施交底。

2）负责跟踪、验证施工过程标准执行情况，纠正执行标准中的偏差，重大问题提交企业标准化委员会。

3）参与工程质量、安全事故调查，分析标准执行中的问题。

（4）标准实施评价

这类职责要求标准员通过开展标准实施评价，收集工程技术人员对标准的意见、建议，为改进标准化工作提供支持，主要指责包括：

1）负责汇总标准执行确认资料、记录工程项目执行标准的情况，并进行评价。

2）负责收集对工程建设标准的意见、建议，并提交企业标准化委员会。

（5）标准信息管理：这项职责要求标准员负责工程建设标准实施的信息管理，当前计算机和信息技术发展突飞猛进，已经广泛应用于各个领域，很多地方围绕标准实施开发了施工过程的信息管理系统，住房和城乡建设部制定了建设领域信息化建设的顶层设计，标准的实施是各管理信息系统开发的基础，因此，规定了标准员的这项职责。

1.1.4.4　标准员应具备的技能

标准员作为施工现场的管理人员，为全面履行职责，完成工程项目施工任务，面对日趋复杂的建筑形式，客观要求标准员掌握相应的技能。《建筑与市政工程施工现场专业人员职业标准》中对标准员应具备的专业技能和专业知识提出了明确的要求。

（1）标准员应具备的专业技能

标准员的专业技能主要包括：

1）能够组织确定工程项目应执行的工程建设标准及强制性条文。要求标准能够在现行的众多工程建设标准中，根据所承担的工程项目的特点和设计要求确定工程项目应执行的工程建设标准，并能够编制工程项目应执行的工程建设标准及强制性条文明细表。

2）能够参与制定工程建设标准贯彻落实的计划方案。要求标准员根据工程建设标准的要求，结合工程项目施工部署，参与制定工程建设标准贯彻落实方案，包括组织管理措施和技术措施方案，并能够编制小型建设项目的专项施工方案。

3）能够组织施工现场工程建设标准的宣贯和培训。要求标准员能够根据工程建设标准的适用范围合理确定宣贯内容和培训对象，并能够组织开展施工现场工程建设标准宣贯和培训。

4）能够识读施工图。要求标准员能够识读建筑施工图、结构施工图、设备专业施工图，以及城市桥梁、城镇道路施工图和市政管线施工图，准确把握工程设计要求。

5）能够对不符合工程建设标准的施工作业提出改进措施。要求标准员能够判定施工作业与相关工程建设标准规定的符合程度，以及施工质量检查与验收与相关工程建设标准规定的符合程度，发现问题，并能够依据相关工程建设标准对施工作业提出改进措施。

6）能够处理施工作业过程中工程建设标准实施的信息。要求标准员熟悉与工程建设标准实施相关的管理信息系统，能够处理工程材料、设备进场试验、检验过程中相关标准实施的信息、施工作业过程中相关工程建设标准实施的信息以及工程质量检查、验收过程中相关工程建设标准实施的信息，包括信息采集、汇总、填报等。

7）能够根据质量、安全事故原因，参与分析标准执行中的问题。要求标准员掌握工程质量安全事故原因分析的方法，能够根据质量、安全事故原因分析相关工程建设标准执行中存在的问题，以及根据工程情况和施工条件提出质量、安全的保障措施。

8）能够记录和分析工程建设标准实施情况。要求标准员根据施工情况，准确记录各项工程建设标准在施工过程中执行情况，并分析工程项目施工阶段执行工程建设标准的情况，找出存在的问题。

9）能够对工程建设标准实施情况进行评价。要求标准员掌握标准实施评价的方法，能够客观评价现行标准对建设工程的覆盖情况，评价标准的适用性和可操作性以及标准实施的经济、社会、环境等效果。

10）能够收集、整理、分析对工程建设标准的意见，并提出建议。要求标准员掌握工程建设标准化的工作机制，掌握标准制、修订信息，及时向相关人员传达标准制、修订信息，并收集反馈相关意见，提出对相关标准的改进意见。

11）能够使用工程建设标准实施信息系统。要求标准员能够使用国家工程建设标准化管理信息系统，并应用国家及地方工程建设标准化信息网，及时获取相关标准信息，确保施工现场的标准及时更新。

（2）标准员应具备的专业知识

《建筑与市政工程施工现场专业人员职业标准》JGJ/T 250—2011 将标准员应具备的专业知识分为通用知识、基础知识和岗位知识。通用知识是建筑与市政工程施工现场专业人员（包括施工员、安全员、质检员、材料员等）应具备的通用知识、基础知识、岗位知识是与标准员岗位工作相关的知识。各部分主要内容包括：

1）通用知识

① 熟悉国家工程建设相关法律法规。要求标准员熟悉《建筑法》、《安全生产法》、《劳动法》、《劳动合同法》、《建设工程安全生产管理条例》、《建设工程质量管理条例》等法律法规的相关规定。

② 熟悉工程材料、建筑设备的基本知识。要求标准员熟悉无机胶凝材料、混凝土、砂浆、石材、砖、砌块、钢材等主要建筑材料的种类、性质，混凝土和砂浆配合比设计，建筑节能材料和产品的应用。

③ 掌握施工图绘制、识读的基本知识。要求标准员掌握房屋建筑、建筑设备、城市道路、城市桥梁、市政管道等工程施工图的组成、作用及表达的内容，掌握施工绘制和识读的步骤与方法。

④ 熟悉工程施工工艺和方法。要求标准员熟悉地基与基础工程、砌体工程、钢筋混凝土工程、钢结构工程、防水工程等施工工艺流程及施工要点。

⑤ 了解工程项目管理的基本知识。要求标准员了解施工项目管理的内容及组织机构建立与运行机制，了解施工项目质量、安全目标控制的任务与措施，了解施工资源与施工

现场管理的内容和方法。

2）基础知识

① 掌握建筑结构、建筑构造、建筑设备的基本知识。要求标准员掌握民用建筑的基本构造组成，构件的受弯、受扭和轴向受力的基本概念，钢筋混凝土结构、钢结构、砌体结构的基本知识，建筑给水排水、供热工程、建筑通风与空调工程、建筑供电照明工程的基本知识，以及城市道路、城市桥梁、各类市政管线的基本知识。

② 熟悉工程质量控制、检测分析的基本知识。要求标准员熟悉工程质量控制的基本原理和基本方法，熟悉抽样检验的基本理论和工程检测的基本知识与方法。

③ 熟悉工程建设标准体系的基本内容和国家、行业工程建设标准体系。要求标准员掌握标准化的基本概念和标准化方法，熟悉国家工程建设标准化管理体制和工程建设标准管理机制，熟悉工程建设标准体系的构成。

④ 了解施工方案、质量目标和质量保证措施编制及实施基本知识。要求标准员了解施工方案的作用和基本内容以及组织实施的方法，了解质量目标的作用和确定质量目标的方法，了解质量保证措施的编制和组织实施。

3）岗位知识

① 掌握与本岗位相关的标准和管理规定。要求标准员掌握工程建设标准实施与监督的相关规定，以及工程安全和质量管理的相关规定，掌握相关质量验收规范、施工技术规程、检验标准与试验方法标准和产品标准等。

② 了解企业标准体系表的编制方法。要求标准员了解企业标准体系表的作用、构成和编制方法。

③ 熟悉工程建设标准化监督检查的基本知识。要求标准员熟悉对质量验收规范、施工技术规程、试验检验标准等实施进行监督检查的基本知识和检查方法，以及工程建设标准的宣贯和培训组织要求。

④ 掌握标准实施执行情况记录及分析评价的方法。要求标准员掌握标准执行情况记录的内容和方法，掌握标准实施状况、标准实施效果、标准科学性等评价的知识和评价方法。

1.1.4.5　标准员职业能力评价

职业能力评价是指通过考试、考核、鉴定等方式，对专业人员职业能力水平进行测试和判断的过程，对于建筑和市政工程施工现场专业人员职业能力评价，《建筑与市政工程施工现场专业人员职业标准》JGJ/T 250—2011 规定，采取专业学历、职业经历和专业能力评价相结合的综合评价方法，其中专业能力评价应采用专业能力测试方法，包括专业知识和专业技能测试，重点考查运用相关专业知识和专业技能解决工程实际问题的能力。

针对不同学历，《建筑与市政工程施工现场专业人员职业标准》JGJ/T 250—2011 对标准员的职业实践最少年限做出了具体的规定，土建类本专业专科及以上学历 1 年，土建类相关专业专科学历 2 年，土建类本专业中职学历 3 年，土建类相关专业中职学历 4 年。

1.1.4.6　标准员的作用

工程建设标准作为工程建设活动的技术依据和准则，是保障工程安全质量和人身健康的基础，标准员作为施工现场从事工程建设标准实施组织、监督、效果评价等工作的专业人员，既是工程项目施工的管理人员，也是标准化工作中重要的一员，具有重要的作用。

（1）标准员为实现工程项目施工科学管理奠定基础

标准是当代先进的科学技术和实践经验的总结，是指导企业各项活动的依据，要使工程项目施工达到规范化、科学化，保证施工"有章可循，有标准可依"，建立最佳秩序，取得最佳效益，需要标准员发挥协调、约束和桥梁的作用。标准员通过为工程建设各岗位管理人员和操作人员提供全面的标准有效版本，能够指导各项工作按照标准开展，进而有效促进工程项目施工的科学管理。

（2）标准员为保障工程安全质量提供支撑

工程建设标准是判定工程质量"好坏"的"准绳"，是保障工程安全和人身健康的重要手段，标准员的工作，能够将工程建设标准的要求贯彻到工程项目施工的各项活动当中，包括建筑材料的质量、工程质量、施工人员的作业等，同时在施工过程中进行监督、检查，对不符合标准要求的事项及时提出整改措施，为保障工程安全质量提供强有力的支撑。

（3）标准员为提高标准科学性发挥重要作用

标准的制定、实施和对标准实施进行监督是标准化工作的主要内容，在新的形势下，客观要求三项工作必须有机结合，相互促进，才能使得标准更加科学合理，适应工程建设的需要，有力促进我国经济社会的发展。要做到这点，需要工程建设标准化管理机构及时、全面掌握标准实施的情况，发现标准中存在的问题，改进标准化工作。标准员作为工程项目施工的直接参与者，最"接地气"，能够通过工程建设标准实施评价，分析工程建设标准的实施情况、实施效果和科学性，并能够收集工程建设者对标准的意见和建议，这些信息反馈到工程建设标准化管理机构，将会为工程建设标准化管理提供强有力的支持，对进一步提高标准的科学性，完善标准体系，完善推动标准实施各项措施，发挥重要的作用。

1.2 工程建设标准化管理

1.2.1 国家工程建设标准化管理法律制度

主要由以下几部分组成：

（1）法律《中华人民共和国标准化法》；

（2）行政法规《中华人民共和国标准化法实施条例》；

（3）地方性法规，如《上海市标准化条例》等；

（4）部门规章，如《采用国际标准管理办法》、《实施工程建设强制性标准监督规定》（住房和城乡建设部令第81号）等；

（5）地方政府规章，如《广东省标准化监督管理办法》等。

新中国成立以来，我国标准化工作随着国民经济的发展而逐步发展，各项管理规章制度不断完善。1956年10月，建筑工程部在总结经验并参照当时苏联有关管理工作的基础上，专门组织起草并颁发了《标准设计的编制、审批、使用办法》，填补了在这一阶段工程建设标准化工作管理制度的空白。1961年4月，国务院发布了《工农业产品和工程建设技术标准暂行管理办法》，是我国第一次正式发布的有关工程建设标准化工作的管理法规。党的十一届三中全会以后，党和国家的工作重点转移到了社会主义现代化建设上来，标准化工作受到党中央和国务院的高度重视，国务院于1979年7月发布了《中华人民共和国标准化管理条例》，为新时期开展标准化工作指明了方向。1988 年 12 月第七届全国人民代表大会常务委员会第 5 次会议，通过了《中华人民共和国标准化法》，1990 年 4 月国务院又以中华人民共和国第 53 号令发布了《中华人民共和国标准化法实施条例》。《标准化法》和《标准化法实施条例》的相继发布实施，使标准化工作纳入了法制化管理的轨道，为这项工作的蓬勃发展奠定了坚实基础。

1.2.1.1 法律

工程建设标准法律是指由全国人大及其常委会制定和颁布的属于国务院建设行政主管部门业务范围内的各项法律。

我国现行的工程建设标准法律主要有调整标准化工作的总体上位法《标准化法》，此外，具体到工程建设领域，还包括与工程建设密切相关，对标准化工作同样有所涉及的法律，包括《建筑法》、《城乡规划法》、《节约能源法》、《房地产管理法》、《安全生产法》等相关法律。

《标准化法》颁布实施于 1988 年 12 月，是为了发展社会主义商品经济，促进技术进步，改进产品质量，维护国家和人民利益和发展对外经济关系而制定的，是标准化工作的上位法。《标准化法》共有总则、标准的制定、标准的实施、法律责任和附则五部分，确定了强制性标准与推荐性标准相结合的原则；明确了国务院各部门和地方政府的职责，明确了"统一管理、分工负责"的管理体制，其中"统一管理"是指国务院标准化行政主管部门（原国家质量技术监督局，现国家质量监督检疫总局）统一管理全国的标准化工作，"分工负责"则是指各部门、地方分工管理本部门、本地方的标准化工作，即国务院有关行政主管部门分工管理本部门、本行业的标准化工作，地方政府标准化行政主管部门统一管理本地区标准化工作；规定了制定标准的原则和对象；强化了强制性标准的严格执行要求；对违法行为的法律责任和处罚办法做出了明确规定。该法的生效标志着我国的标准化工作走上了法制化的轨道。《标准化法》将标准划分为国家标准、行业标准、部门标准和企业标准四级，又将国家标准和行业标准划分为强制性标准和推荐性标准。其中，保障人体健康，人身、财产安全的标准和法律、行政法规规定强制执行的标准是强制性标准，其他标准是推荐性标准。强制性标准必须执行。不符合强制性标准的产品，禁止生产、销售和进口。推荐性标准企业自愿采用。制定标准的部门要组织由专家组成的标准化技术委员会，负责标准的草拟和审查工作。该法将标准化法律责任划分为刑事责任、行政责任和民事责任。《标准化法》是我国顺应时代要求而制定的，是我国标准化法律规范中的最高准则，也是指导我国标准化工作开展的重要依据。

《建筑法》是建设领域保障工程建设标准实施的最基本的法律，主要侧重于建筑工程质量和安全标准的实施，对参与建设的设计、施工、监理单位执行建设标准的行为进行了明确规定，并对建筑材料以及建筑工程的质量标准也作了明确规定。该法第三条规定："建筑活动应当确保建筑工程质量和安全，符合国家的建筑工程安全标准。"第三十二条规定："建筑工程监理应当依照法律、行政法规及有关的技术标准、设计文件和建筑工程承包合同，对承包单位在施工质量、建设工期和建设资金使用等方面，代表建设单位实施监督。"第三十七条规定："建筑工程设计应当符合按照国家规定制定的建筑安全规程和技术规范，保证工程的安全性能。"第五十二条规定："建筑工程勘察、设计、施工的质量必须符合国家有关建筑工程安全标准的要求，具体管理办法由国务院规定。"第六十一条规定：

"交付竣工验收的建筑工程，必须符合规定的建筑工程质量……"。

《城乡规划法》则针对城乡规划编制活动执行标准进行了规定。该法第十条规定："编制城乡规划必须遵守国家有关标准"。

《节约能源法》对节能标准的实施以及节能材料的生产、销售、使用要求作了具体规定。该法第十五条规定："国家实行固定资产投资项目节能评估和审查制度。不符合强制性节能标准的项目，依法负责审批或者核准的机关不得批准或者核准建设，建设单位不得开工建设，已完成建设的，不得投入生产使用。……"第十七条规定："禁止生产、进口、销售国家明令淘汰或者不符合强制性能源效率标准的用能产品、设备；禁止使用国家明令淘汰的用能设备、生产工艺。"第三十五条规定："建筑工程的建设、设计、施工和监理单位应当遵守建筑节能标准。不符合建筑节能标准的建筑工程，建设主管部门不得批准开工建设；已经开工建设的，应当责令停止施工、限期改正；已经建成的，不得销售或者使用。"

此外，《房地产管理法》、《安全生产法》中也对工程建设标准的制定做出了具体规定。

1.2.1.2 行政法规

工程建设标准行政法规是指由国务院依法制定和颁布的属于国务院建设行政主管部门业务范围内的各项行政法规。

我国现行的工程建设标准行政法规主要有从总体上对标准化工作做出规定的《标准化法实施条例》以及具体针对工程建设标准的《建设工程质量管理条例》、《建设工程安全生产管理条例》等。另外，建设工程领域的《建设工程勘察设计管理条例》、《民用建筑节能条例》等行政法规也对工程建设标准的制定、实施有一些具体规定。

《标准化法实施条例》于1990年4月颁布实施，它是根据《标准化法》的规定而制定的，在标准化行政法规中占有重要的位置。该条例将《标准化法》的规定具体化，为标准化法律工作提供了可操作性的依据。该条例对标准化管理体制、制定标准的对象、标准的实施和监督等问题做出了更为详细和具体的规定。其中第四十二条规定，工程建设标准化管理规定，由国务院工程建设主管部门依据《标准化法》和本条例的有关规定另行制定，报国务院批准后实施。

《建设工程质量管理条例》于2000年1月10日经国务院通过，自2000年1月30日起发布实施，凡在中华人民共和国境内从事建设工程的新建、扩建、改建等有关活动及实施对建设工程质量监督管理的，必须遵守该条例。该条例从保障建设工程质量的角度，对建设单位、设计单位、施工单位、工程监理单位以及工程质量监督管理单位执行工程建设质量标准的责任和义务作了明确规定，以规范建设各方在实施标准中的行为，提高实施标准对工程质量的保障作用。

《建设工程安全生产管理条例》于2003年11月12日经国务院讨论通过，2003年11月24日公布，自2004年2月1日起实施。该条例对建设单位、勘察单位、设计单位、施工单位、工程监理单位及其他与建设工程安全生产有关的单位的建设工程安全生产行为进行了规范，并在监督管理、生产安全事故的应急救援和调查处理、法律责任方面作出了具体规定。

《建设工程勘察设计管理条例》于2000年9月20日经国务院讨论通过，并于2000年9月25日起颁布实施，该条例对建设工程勘察、设计单位在经营活动中以及从业人员在业务活动中实施工程建设标准进行了规定。要求建设工程勘察、设计单位及人员依法进行建设工程勘察、设计，严格执行工程建设强制性标准，并对违反工程建设强制性标准的行为的法律责任作出了明确规定。

《民用建筑节能条例》由国务院于 2008 年 10 月 1 日起颁布实施，主要目的在于加强民用建筑的节能管理，降低民用建筑使用过程中的能源消耗，提高能源利用效率。其中部分涉及工程建设标准的强制实施等规定，如第十五条规定："设计单位、施工单位、工程监理单位及其注册执业人员，应当按照民用建筑节能强制性标准进行设计、施工、监理。"第十六条："工程监理单位发现施工单位不按照民用建筑节能强制性标准施工的，应当要求施工单位改正；施工单位拒不改正的，工程监理单位应当及时报告建设单位，并向有关主管部门报告。"第二十八条："实施既有建筑节能改造，应当符合民用建筑节能强制性标准，优先采用遮阳、改善通风等低成本改造措施。"

1.2.1.3 部门规章和规范性文件

工程建设标准部门规章和规范性文件是指建设主管部门根据国务院规定的职责范围，依法制定并颁布的各项规章，或由建设主管部门与国务院有关部门联合制定并发布的规章。在法律法规的基础上，建设部先后制定了《工程建设国家标准管理办法》、《工程建设行业标准管理办法》、《实施工程建设强制性标准监督规定》、《工程建设标准局部修订管理办法》、《工程建设标准编写规定》、《工程建设标准出版印刷规定》、《关于加强工程建设企业标准化工作的若干意见》、《关于调整我部标准管理单位和工作准则等四个文件的通知》、《工程建设标准英文版翻译细则（施行）》等部门规章和规范性文件；为加强行业标准和地方标准的管理，印发了《关于建立工程建设行业标准和地方标准备案制度的通知》；为加强对工程建设地方标准化工作的管理，印发了《工程建设地方标准化工作管理规定》；为加强工程建设标准的复审工作，印发了《工程建设标准复审管理办法》。

《工程建设国家标准管理办法》发布于 1992 年 12 月 30 日，自发布之日起实施。该办法是为了加强工程建设国家标准的管理，促进技术进步，保证工程质量，保障人体健康和人身安全，根据《标准化法》、《标准化法实施条例》和国家有关工程建设的法律、行政法规而制定的管理办法。该办法从国家标准的计划、制定、审批与发布、复审与修订、日常管理等方面对国家标准作出了详细规定。该办法第二条对工程建设国家标准的范围进行了界定，规定在"工程建设勘察、规划、设计、施工（包括安装）及验收等通用的质量要求；工程建设通用的有关安全、卫生和环境保护的技术要求；工程建设通用的术语、符号、代号、量与单位、建筑模数和制图方法；工程建设通用的试验、检验和评定等方法；工程建设通用的信息技术要求；国家需要控制的其他工程建设通用的技术要求"的范围内制定国家标准。国家标准分为强制性标准和推荐性标准两类，强制性标准的类别基本上与第二条规定的国家标准的范围类似。在国家标准的计划方面，规定国家标准分为五年计划和年度计划，五年计划是编制年度计划的依据；年度计划是确定工作任务和组织编制标准的依据。各章具体条文对标准的计划、编制、审批、发布程序作出了明确规定。

《工程建设行业标准管理办法》发布于 1992 年 12 月 30 日，自发布之日起实施。该办法条文较为简单，全文共 18 条，对行业标准的计划、编制、发布等程序问题作出了规定。根据该办法，对于没有国家标准而需要在全国某个行业范围内统一的技术要求可以制定行业标准，技术要求的范围与国家标准的范围相同，主要包括"工程建设勘察、规划、设计、施工（包括安装）及验收等行业专用的质量要求；工程建设行业专用的有关安全、卫生和环境保护的技术要求；工程建设行业专用的术语、符号、代号、量与单位和制图方法；工程建设行业专用的试验、检验和评定等方法；工程建设行业专用的信息技术要求；其他工程建设行业专用的技术要求"等。行业标准也分为强制性标准和推荐性标准两类，强制性标准的范围与《工程建设国家标准管理办法》中规定的强制性国家标准的范围相同。国务院工程建设行政主管部门是管理行业标准的主责部门，根据《标准化法》和相关规定履行行业标准的管理职责。行业标准的计划根据国务院工程建设行政主管部门的统一部署由国务院有关行政主管部门组织编制和下达，并报国务院工程建设行政主管部门备案。

《实施工程建设强制性标准监督规定》于2000年8月25日发布，自发布之日起实施。该规定是为了实施工程建设强制性标准监督规定，加强工程建设强制性标准实施的监督工作，保证建设工程质量，保障人民的生命、财产安全，维护社会公共利益，根据《中华人民共和国标准化法》、《中华人民共和国标准化法实施条例》和《建设工程质量管理条例》而制定的。该规定第二条明确规定"在我国境内从事新建、扩建、改建等工程建设活动，必须执行工程建设强制性标准。"第三条对强制性标准的范围进行了界定："涉及工程质量、安全、卫生及环境保护等方面的工程建设标准是强制性标准。"我国的强制性标准由国务院建设行政主管部门会同国务院有关行政主管部门确定。在强制性标准的监督管理方面，在国家层面，由国务院建设行政主管部门负责；在地方层面，由县级以上地方人民政府建设行政主管部门负责本行政区域内的强制性标准的监督管理工作。另外，建设工程的各个环节审查主管单位应当分别对强制性标准的实施情况进行监督：建设项目规划审查机构应当对工程建设规划阶段执行强制性标准的情况实施监督；施工图设计文件审查单位应当对工程建设勘察、设计阶段执行强制性标准的情况实施监督；建筑安全监督管理机构应当对工程建设施工阶段执行施工安全强制性标准的情况实施监督；工程质量监督机构应当对工程建设施工、监理、验收等阶段执行强制性标准的情况实施监督。除此之外，规定还分别对建设单位、勘察设计单位、施工单位、监理单位违反工程建设标准行为和建设行政主管部门玩忽职守行为的法律责任进行了明确规定。

《工程建设地方标准化工作管理规定》于2004年2月4日发布，2月10日起实施。该规定是为了满足工程建设地方标准化工作管理的需要，促进工程建设地方标准化工作的健康发展，根据《标准化法》、《建筑法》、《标准化实施条例》、《建设工程质量管理条例》等有关法律、法规，结合工程建设地方标准化工作的实际情况而指定的。根据该规定，工程建设地方标准化工作的任务是制定工程建设地方标准，组织工程建设国家标准、行业标准和地方标准的实施，并对标准的实施情况进行监督。工程建设地方标准化工作的经费，可以从财政补贴、科研经费、上级拨款、企业资助、标准培训收入等渠道筹措解决。省、自治区、直辖市建设行政主管部门负责本行政区域内工程建设标准化工作的管理工作，主要负责国家有关工程建设标准化的法律、法规和方针、政策在本行政区域的具体实施；制定本行政区域工程建设地方标准化工作的规划、计划；承担工程建设国家标准、行业标准的制定、修订等任务；组织制定本行政区域的工程建设地方标准；在本行政区域组织实施工程建设标准和对工程建设标准的实施进行监督；负责本行政区域工程建设企业标准的备案工作。工程建设地方标准在省、自治区、直辖市范围内由省、自治区、直辖市建设行政主管部门统一计划、统一审批、统一发布、统一管理。工程建设地方标准中，对直接涉及人民生命财产安全、人体健康、环境保护和公共利益的条文，经国务院建设行政主管部门确定后，可作为强制性条文。省、自治区、直辖市建设行政主管部门、有关部门及县级以上建设行政主管部门负责本区域内的工程建设国家标准、行业标准以及本行政区域工程建设地方标准的实施与监督工作。任何单位和个人从事建设活动违反工程建设强制性国家标准、行业标准、本行政区域地方标准，应按照《建设工程质量管理条例》等有关法律、法规和规章的规定处罚。

1.2.1.4 地方标准化管理办法

目前我国有多个省、市、自治区颁布了工程建设标准地方管理办法，颁布时间主要集中于2004～2009年。

最新的工程建设地方标准管理办法是北京市住房和城乡建设委员会于2010年7月6日发布的《北京市工程建设和房屋管理地方标准化工作管理办法》，自2010年9月1日起实施。该办法是在《北京市地方标准管理办法（试行）》、《北京市建设工程地方技术标准管理规定》等地方性规章的基础上完善的，在各地方工程建设标准化管理办法中属于最新颁布且内容较为先进的一部。该办法适用于北京市工程建设和房屋管理地方标准的制定、组织实施、对标准的实施情况进行监督及工程建设企业技术标准备案。该办法所指的工程建设和房屋管理地方标准是指需要在北京市范围内统一的工程建设施工、验收与房屋管理部分的技术要求和方法。根据该办法，北京市质量技术监督局依法统一管理北京市地方标准，北京市住房和城乡建设委员会负责工程建设和房屋管理标准化研究，提出地方标准项目建议，组织制定地方标准，负责组织实施地方标准，并依法对标准的实施情况进行监督。北京市工程建设和房屋管理地方标准项目，由市住房和城乡建设委确定项目计划，由市质监局列入北京市年度地方标准制修订计划。标准项目由市住房和城乡建设委组织制定，由市质监局统一编号，市质监局和市住房和城乡建设委联合发布。标准化工作的经费，可以从财政拨款、科研经费、上级有关部门拨款、社会团体、企事业单位资助等渠道筹措解决。鼓励企事业单位、科研机构、大专院校、社会团体，以及标准化组织承担或者参与工程建设和房屋管理地方标准的研究和制定工作。鼓励企业技术创新，积极总结实践经验，适时将企业标准上升为地方标准。任何单位和个人在从事工程建设活动中，违反工程建设强制性国家标准、行业标准和地方标准的行为，各级建设行政主管部门可以按照《建设工程质量管理条例》和《实施工程建设强制性标准监督规定》等有关规定进行处理。

《山东省工程建设标准化管理办法》颁布于2008年，该办法的颁布实施对于加强工程建设标准化的管理，保障工程建设标准有效实施，促进工程建设领域技术进步，维护工程建设市场秩序和公众利益，保证工程质量安全，推动经济社会健康稳定和可持续发展起到了重要作用。

《福建省工程建设地方标准化工作管理细则》颁布于2005年，该细则明确了工程建设地方标准、标准设计图集的编制原则，细化了地方标准制修订、立项、编写、送审和报批程序，从标准管理程序、经费、发布、实施、奖励等方面规范了该省工程建设标准化管理工作，使得地方标准的编制和管理工作有章可循。

湖南省《关于实施建设部<工程建设地方标准化工作管理规定>的若干意见》颁布于2004年，对《工程建设地方标准化工作管理规定》提出了贯彻实施意见，对省、市建设主管部门标准化工作职责以及标准的编制、发布、修订、复审、企业标准备案、强制性标准的执行和监督等工作做出了明确具体规定。

1.2.2　标准化管理体系

目前，工程建设标准化的管理机构包括两部分。一是政府管理机构，包括：负责全国工程建设标准化归口管理工作的国务院工程建设行政主管部门；负责本部门或本行业工程建设标准化工作的国务院有关行政主管部门；负责本行政区域工程建设标准化工作的省、市、县人民政府的工程建设行政主管部门；二是非政府管理机构，即政府主管部门委托的负责工程建设标准化管理工作的机构。

（1）工程建设标准化政府管理机构及职责

1）国务院工程建设行政主管部门管理全国工程建设标准化工作，它的主要职责包括以下八个方面：

① 组织贯彻国家有关标准化和工程建设法律、行政法规和方针、政策，并制定工程建设标准化的规章；

② 制定工程建设标准化工作规划和计划；

③ 组织制定工程建设国家标准；

④ 组织制定本部门本行业的工程建设行业标准；

⑤ 指导全国工程建设标准化工作，协调和处理工程建设标准化工作中的有关问题；

⑥ 组织实施标准；

⑦ 对标准的实施进行监督检查；

⑧ 参与组织有关的国际标准化工作。

国务院工程建设行政主管部门，目前是住房和城乡建设部。

2）国务院有关行政主管部门和国务院授权的有关行业协会及大型企业集团，例如：交通运输部、水利部、工业与信息化部、中国电力企业联合会、中国石化集团等，分工管理本部门、本行业的工程建设标准化工作。主要职责包括以下几个方面：

① 组织贯彻国家有关标准化工作和工程建设的法规、方针和政策，并制定本部门、本行业工程建设标准化工作的管理办法；

② 制定本部门、本行业工程建设标准化工作规划和计划；

③ 承担制定、修订工程建设国家标准的任务，组织制定本部门本行业的工程建设行业标准；

④ 组织本部门、本行业实施标准；

⑤ 对标准的实施进行监督检查；

⑥ 参与组织有关的国际标准化工作。

3）各省、自治区、直辖市人民政府建设行政主管部门统一管理本行政区域的工程建设标准工作，主要职责包括以下几个方面：

① 组织贯彻国家有关工程建设标准化工作的法律、行政法规和方针、政策；

② 制定本行政区域工程建设标准化工作的管理办法；

③ 承担制定、修订工程建设国家标准、行业标准的任务；

④ 组织制定本行政区域内的工程建设地方标准；

⑤ 在本行政区域内组织实施标准；

⑥ 对标准的实施进行监督检查。

（2）非政府管理机构

国务院各有关行政主管部门，除设有具体的管理机构外，对本部门、本行业的工程建设标准化工作，设立了形式不同的、自下而上的管理机构。目前，各行业工程建设标准化的归口管理，存在多种情况，主要包括由行业主管部门相关机构归口管理、行业协会相关机构归口管理、企业相关部门归口管理等。因为归口管理部门的不同，各行业工程建设标准化管理机构的设置也存在多种情况。

1）行业主管部门相关机构归口管理

很多行业主管部门均设立了专门的标准定额管理机构，包括标准定额站等，如工业与信息化部电子工程标准定额站为电子工程建设行业标准管理机构，其主要职责包括：电子工程建设领域标准化工作的组织和管理，包括标准计划的制定、标准项目的组织申报、标准制修订工作的组织开展等编制工作的全过程管理；标准颁布实施的配合和指导、标准宣贯的组织与实施、标准的复审与局部修订等标准实施过程的运作和协调等。建材行业工程建设标准化工作由国家建筑材料工业标准定额总站负责，其主要职责为：负责建材行业工程建设标准及定额的制定（修订）工作、建材行业造价工程师及工程建设造价员的日常管理工作。住房和城乡建设部承担的城建、建工行业的工程建设标准化工作，由住房和城乡建设部标准定额司委托住房和城乡建设部标准定额研究所管理具体工作，住房和城乡建设部设立的勘察与岩土工程、城乡规划、城镇建设、建筑工程等18个技术归口单位，分别负责组织本专业范围内标准的制定、修订和审查等标准化工作，形成自下而上的管理机构体系。

2）行业协会相关机构归口管理

在一些行业中，由相关行业协会全面指导管理工程建设标准化工作。其中，一些行业设有常设专门机构，在行业协会的领导下，负责工程建设标准化的日常工作。如电力行业，由中国电力企业联合会内设的标准化中心，全面归口电力工程建设标准化的管理工作。化工行业工程建设标准化工作由中国石油和化工勘察设计协会进行组织和管理，各专业中心站在协会的领导下开展具体工作。冶金行业工程建设领域标准化工作由中国冶金建设协会负责，协会下设标准化专业委员会，负责标准化工作日常管理。有色金属工程建设标准化工作现由中国有色金属工业协会全面指导管理，中国有色金属工业工程建设标准规范管理处作为常设机构，负责组织全国有色金属工程建设国家标准和行业标准的制修订工作，组织开展全行业工程建设标准的宣贯、培训，同时，负责工程建设标准化的日常管理工作。

在有些行业中，行业协会工程建设标准化归口管理机构将日常事务委托其他机构管理。如机械工业工程建设标准化管理机构为中国机械工业联合会，职能部门为标准工作部，机械工业工程建设标准化管理的日常事务，委托中国机械工业勘察设计协会负责。

而有些行业协会尚未成立专门的工程建设标准化管理机构，交由其他处室分管负责，如纺织行业，日常的管理工作由纺织行业协会产业部具体负责。

3）企业相关部门归口管理

在有些行业中，由龙头企业相关部门主管该行业的工程建设标准化工作。以石化行业为例，受政府委托，石化集团承担国家标准、行业标准的制定和修订以及相应的管理工作，具体由石化集团的工程部归口负责。工程部的主要职责是贯彻落实标准化法律、法规、方针、政策，组织石化行业工程建设标准化五年工作计划和年度计划的编制和实施，组织国家标准和石化行业工程建设标准的编制和审查，组织并监督标准的实施，指导并推动所属企业的企业标准化工作。石化集团在各设计、施工单位设立专业技术中心站，作为石化行业工程建设标准的专业技术管理机构，协助工程部开展标准化工作，并由各设计、施工单位作为标准编制单位具体承担编制责任。2003 年成立的中国工程建设标准化协会石油化工分会，主要行使石化行业工程建设标准化的服务职能。

综上，各行业工程建设标准化工作归口于不同性质的管理机构。由于各行业具有不同的特点，工程建设标准化管理机构的职能也因此有所区别。但就工程建设标准的制定、实施和监督而言，各行业工程建设标准化管理机构担负的职责主要包括：

① 组织贯彻国家有关工程建设标准化的法律、法规、方针、政策，并制定在本行业实施的具体办法；

② 编制本行业工程建设标准化工作规划、计划；制定并实施本行业工程建设标准化发展战略和工作重点；

③ 受国家有关部门委托，负责组织本行业工程建设国家标准和行业标准的编制计划、制修订、审查和报批；

④ 组织本行业工程建设标准的宣贯、培训与实施，并对其实施情况进行监督。

此外，某些行业的工程建设标准体制还不完善，尚待建设。如国防工业各行业的工程建设管理都附属于各行业的计划部门，各行业的计划部门对工程建设的标准只是行政管理而不是业务主管。国防工业各行业都设有标准化所，标准化所的主要任务是实施行业标准化的规划，制定并组织各项标准化工作，是行业标准化的业务归口的总体单位，是行业标准化工作研究和管理机构，但各行业的标准化所在其工作中一般都没有将行业工程建设标准纳入其体系内，或其只容纳了少量的行业工程建设标准，而没有形成体系。实际上，对于国防工业工程建设标准化课题研究和有关标准的制定，各行业的设计研究院承担了更多的工作，是承担工程建设标准化的主要力量。

1.2.3 标准化管理制度

（1）工程建设标准制定与修订制度

1）标准立项

在工程建设标准的制定、修订工作中，计划工作既是"龙头"，也是基础，通过计划的编制，保证拟订标准做好前期可行性研究工作，对有组织、有目的地开展标准的制定、修订，具有重要的意义。《中华人民共和国标准化法实施条例》、《工程建设国家标准管理办法》、《工程建设行业标准管理办法》以及国务院各有关部门、各省、自治区、直辖市建设行政主管部门发布的有关工程建设标准化的管理制度中，对工程建设国家标准、行业标准、地方标准计划的编制作出了规定。

2）标准编制

标准的制定工作是标准化活动中最为重要的一个环节，标准在技术上的先进性、经济上的合理性、安全上的可靠性、实施上的可操作性，都体现在这项工作中。制修订标准是一项严肃的工作，只有严格按照规定的程序开展，才能保证和提高标准的质量和水平，加快标准的制定速度。因此工程建设标准制修订程序管理制度，是工程建设标准化管理制度中重要的一项内容，在《工程建设国家标准管理办法》、《工程建设行业标准管理办法》以及国务院各有关部门和各省、自治区、直辖市建设行政主管部门发布的有关工程建设标准化的管理制度中，均对制修订程序作出了具体的规定。由于，各级各类工程建设标准其复杂程度、涉及面的大小和相关因素的多少，差异比较大，因此，在编制的程序上也不尽相同，但一般都要经历准备阶段、征求意见阶段、送审阶段、报批阶段等四个阶段。

工程建设标准，无论是强制性还是推荐性，在实际工作中都是一项具有一定约束力的技术文件，具有科学性和权威性，因此，标准文本在编写体例和文字表述方法上，显得非常重要。另一方面，规范的标准文本的格式、内容构成、表达方法等也会使标准的使用者易于接受，有利于正确理解和使用标准。《工程建设标准编写规定》对标准的编写做出了明确的规定。

① 准备阶段。主要工作包括：筹建编制组、制定工作大纲、召开编制组成立会议。

② 征求意见阶段。主要工作包括：搜集整理有关的技术资料、开展调查研究或组织试验验证、编写标准的征求意见稿、公开征求各有关方面的意见。

③ 送审阶段。主要工作包括：补充调研或试验验证、编写标准的送审稿、筹备审查工作、组织审查。

④ 报批阶段。主要工作包括：编写标准的报批稿、完成标准的有关报批文件、组织审核等。

3）批准发布

工程建设国家标准由国务院工程建设行政主管部门批准，由国务院工程建设行政主管部门和国务院标准化行政主管部门联合发布。工程建设行业标准由国务院有关行业主管部门批准、发布和编号，涉及两个及以上国务院行政主管部门的行业标准，一般联合批准发布，由一个行业主管部门统一负责编号。行业标准批准发布后30日内应报国务院工程建设行政主管部门备案。目前，在工程建设地方标准的批准发布和编号方面，各省、自治区、直辖市的做法不尽相同，但无外乎三种情况：一是由建设行政主管部门负责，绝大部分省、自治区、直辖市如此；二是由建设行政主管部门批准，并和技术监督部门联合发布，由技术监督部门统一编号；三是由技术监督部门负责批准发布和编号，目前只有个别省、自治区、直辖市如此。地方标准批准发布后30日内应当报国务院建设行政主管部门备案。

4）复审

工程建设标准复审是指对现行工程建设标准的适用范围、技术水平、指标参数等内容进行复查和审议，以确认其继续有效、废止或予以修订的活动。对于确保或提高标准的技术水平，使标准的技术规定及时适应客观实际的要求，不断提高标准自身的有序化程度，避免标准对工程建设技术发展的反作用，具有十分重要的意义。

5）局部修订

局部修订制度是工程建设标准化工作适应我国经济社会和科学技术迅猛发展要求的一项制度，为把新技术、新产品、新工艺、新材料以及建设实践的新经验，以至重大事故的教训，及时、快捷地纳入标准提供了条件。

6）日常管理

工程建设标准实施过程中，执行主体必然会对其技术内容提出各种问题，包括对标准内容的进一步解释、对标准内容的修改意见等；同时，科技进步和生产、建设实践经验的积累，也需要及时调整标准的技术规定。日常管理的主要任务是，负责标准解释，调查了解标准的实施情况，收集和研究国内外有关标准、技术信息资料和实践经验。

（2）工程建设标准实施与监督制度

标准的实施与监督是标准化工作的关键内容。《标准化法》及《标准化法实施条例》对标准实施及监督均作出了具体的规定：一是强制性标准必须执行，不符合强制性标准的产品，禁止生产、销售和进口，推荐性标准，国家鼓励企业自愿采用；二是监督的对象，包括强制性标准，企业自愿采用的推荐性标准，企业备案的产品标准，认证产品的标准和研制新产品、改进产品和技术改造过程中应当执行的标准。对于工程建设标准的实施，主要是《建筑法》、《节约能源法》、《建设工程质量管理条例》、《建设工程勘察设计管理条例》以及《实施工程建设强制性标准监督规定》提出明确的要求。

《建筑法》中规定"建筑活动应当确保建筑工程质量和安全，符合国家的建设工程安全标准"。《节约能源法》中规定"建筑工程的建设、设计、施工和监理单位应当遵守建筑节能标准。不符合建筑节能标准的建筑工程，建设主管部门不得批准开工建设；已经开工建设的，应当责令停止施工、限期改正；已经建成的，不得销售或者使用。建设主管部门应当加强对在建建筑工程执行建筑节能标准情况的监督检查。"《建设工程勘察设计管理条例》中规定"建设工程勘察、设计单位必须依法进行建设工程勘察、设计，严格执行工程建设强制性标准，并对建设工程勘察、设计的质量负责"。《建设工程质量管理条例》中规定"建设单位不得明示或者暗示设计单位或者施工单位违反工程建设强制性标准，降低建设工程质量。勘察、设计单位必须按照工程建设强制性标准进行勘察、设计，并对其勘察、设计的质量负责。施工单位必须按照工程设计图纸和施工技术标准施工，不得擅自修改工程设计，不得偷工减料"。

《实施工程建设强制性标准监督规定》对与工程建设强制性标准的实施作出了全面的规定，主要包括以下几个方面：一是明确了工程建设强制性标准的概念，即工程建设强制性标准是指直接涉及工程质量、安全、卫生及环境保护等方面的工程建设标准强制性条文，奠定了"强制性条文的法律地位"。二是确定了监督机构的职责，即国务院建设行政主管部门负责全国实施工程建设强制性标准的监督管理工作。国务院有关行政主管部门按照国务院的职能分工负责实施工程建设强制性标准的监督管理工作。县级以上地方人民政府建设行政主管部门负责本行政区域内实施工程建设强制性标准的监督管理工作。建设项目规划审查机关应当对工程建设规划阶段执行强制性标准的情况实施监督。施工图设计文件审查单位应当对工程建设勘察、设计阶段执行强制性标准的情况实施监督。建筑安全监督管理机构应当对工程建设施工阶段执行施工安全强制性标准的情况实施监督。工程质量监督机构应当对工程建设施工、监理、验收等阶段执行强制性标准的情况实施监督。同时，规定了工程建设标准批准部门应当定期对建设项目规划审查机关、施工图设计文件审查单位、建筑安全监督管理机构、工程质量监督机构实施强制性标准的监督进行检查，以及工程建设标准批准部门应当对工程项目执行强制性标准情况进行监督检查。三是对监督检查的方式，规定了重点检查、抽查和专项检查等三种方式。四是对监督检查的内容，规定：①有关工程技术人员是否熟悉、掌握强制性标准；②工程项目的规划、勘察、设计、施工、验收等是否符合强制性标准的规定；③工程项目采用的材料、设备是否符合强制性标准的规定；④工程项目的安全、质量是否符合强制性标准的规定；⑤工程中采用的导则、指南、手册、计算机软件的内容是否符合强制性标准的规定。

1）工程建设标准的宣贯与培训

标准宣贯、培训是促进标准实施的重要手段，各级标准化管理机构对发布实施的重要标准均组织开展宣贯与培训工作，取得了积极的效果，有力促进了该标准的实施。如2000年"工程建设标准强制性条文"发布后，建设部在全国范围内组织开展了大规模的宣贯、培训活动，取得的积极成果，有力促进了"工程建设标准强制性条文"实施。近年来，为配合建筑节能工作，建设部连续组织开展了《公共建筑节能设计标准》等一批重点标准的宣贯，全国有近200万人次参加培训。

2）施工图审查

施工图设计文件审查是指建设行政主管部门及其认定的审查机构，依据国家和地方有关部门法律法规、强制性标准规范，对施工图设计文件中涉及地基基础、结构安全等进行的独立审查。施工图审查是政府主管部门对建筑工程勘察设计质量监督管理的重要环节，是基本建设必不可少的程序。施工图审查中一项主要的内容就是工程设计是否符合工程建设强制性标准的要求，从而保证工程建设标准特别是强制性标准在工程建设中全面贯彻执行。

3）工程监督检查

目前，对工程建设进行监督检查主要是工程质量监督和安全生产监督。工程质量监督是建设行政主管部门或其委托的工程质量监督机构根据国家法律、法规和工程建设强制性标准，对参与工程建设各方主体和有关机构履行质量责任的行为以及工程实体质量进行监督检查、维护公众利益的行政执法行为。安全生产检查制度是指上级管理部门对安全生产状况进行定期或不定期检查的制度。通过检查发现隐患问题，采取及时有效的补救措施，可以把事故消灭在发生之前，做到防患于未然，同时也可以总结出好的经验以预防同类隐患的发生。《建设工程安全生产管理条例》规定，国务院建设行政主管部门对全国的建设工程安全生产实施监督管理。国务院铁路、交通、水利等有关部门按照国务院规定的职责分工，负责有关专业建设工程安全生产的监督管理。县级以上地方人民政府建设行政主管部门对本行政区域内的建设工程安全生产实施监督管理。县级以上地方人民政府交通、水利等有关部门在各自的职责范围内，负责本行政区域内的专业建设工程安全生产的监督管理。标准的执行情况均为工程质量、安全监督检查的重要内容，通过监督检查，有力推动了标准的实施。

4）竣工验收备案

建设工程竣工备案制度是要求工程竣工后将建设工程竣工验收报告和规划、公安消防、环保等部门出具的认可文件或者准许使用文件报建设行政主管部门或者其他有关部门备案的管理制度，是加强政府监督管理，防止不合格工程流向社会的一个重要手段。《建设工程质量管理条例》规定，"建设行政主管部门或者其他有关部门发现建设单位在竣工验收过程中有违反国家有关建设工程质量管理规定行为的，责令停止使用，重新组织竣工验收。"这项制度的建立，实现了报建—施工图审查—核发施工许可证—工程质量监督检查—竣工验收—备案的封闭管理链，使标准、规范、规程及其强制性标准的实施在各个环节中得到认真的贯彻和执行。

5）标准咨询工作

标准咨询是标准日常管理工作的重要内容，为工程建设标准的准确执行提供了保障。

开展标准咨询：一是对标准的内容进行解释，使广大工程技术人员能够全面掌握标准的要求；二是积极提供咨询服务，处理工程建设标准在实施中的问题；三是参加工程建设相关检查，处理相关工程质量安全事故。根据相关规定，目前工程建设国家标准的强制性条文均由住房和城乡建设部进行解释，具体解释由工程建设标准强制性条文咨询委员会承担，经部批准发布，工程建设行业标准的强制性条文由主管部门或行业协会等负责解释。标准中具体技术内容的解释均由标准的主编单位负责。

1.2.4　标准化原理

标准化原理是人们在长期的标准化实践工作中不断研究、探讨和总结，揭示标准化活动的规律，是指导人们标准化实践活动的基础和工作原则。当前，普遍认可的标准基本原理包括"简化"、"统一"、"协调"、"择优"，这也是标准化工作的方针。

（1）简化原理

简化就是在一定范围内，精简标准化对象（事物或概念）的类型数目，以合理的数量、类型在既定的时间空间范围内满足一般需要的一种标准化形式与原则。简化特别是针对多样性的标准化对象，要消除多余的、重复的和低功能的部分，以保持其结构精炼、合理，并使其总体功能优化。如建筑构配件规格品种的简化、设计计算方法的简化、施工工艺的简化、技术参数的简化等等。

简化做得好可以得到很明显的效果，特别是专业化、工业化、规模化生产的条件下，其效果更加显著。做得不好会适得其反，阻碍技术进步和经济发展。因此，在标准化工作中要运用好简化原理。

简化原理可描述为：具有同种功能的标准化对象，当其多样性的发展规模超出了必要的范围时，即应消除其中多余的、可替换的和低功能的环节，保持其构成的精炼、合理，使总体功能最佳。

在实际标准化工作中，运用简化原理有两个界限：

1）简化的必要性界限

当多样性形成差异，且良莠并杂、繁简并存，与客观实际的需要相左或已经超过了客观实际的需要程度时，即"多样性的发展规模超出了必要的范围时"，应当对其进行必要的简化，采取弃莠择良、删繁取简、去粗取精、归纳提炼的方法，即"消除其中多余的、可替换的和低功能的环节"，实现简化。

2）简化的合理性界限

简化的合理性，就是通过简化达到"总体功能最佳"的目标，"总体"是指简化对象的总体构成，"最佳"是从全局看效果最佳，是衡量简化是否"精炼、合理"的标准，需要运用最优化的方法和系统的方法综合分析。

（2）统一原理

统一就是把同类事物两种以上的表现形式归并为一种，或限定在一个范围内的标准化形式，统一的实质是使标准化对象的形式、功能（效用）或其他技术特征具有一致性，并把这种一致性通过标准确定下来。统一原理可描述如下：

一定时期，一定条件下，对标准化对象的形式、功能或其他技术特征所确立的一致性，应与被取代的事物功能等效。

运用统一化原理，要把握以下原则：

1）适时原则

"适时"原则就是提出统一规定的时机要选准，在统一前，标准化的对象要发展到一定的规模，形式要多样，进行"统一"要确保达到最优化的效果，要有利于新技术的发展，还要有利于标准化工作的开展。

2）适度原则

统一要适度，就是要合理确定统一化的范围和指标水平。要规定哪些方面必须统一，哪些方面不作统一，哪些统一要严格，哪些统一要留有余地，而且必须恰当地规定每项要求的数量界限。

3）等效原则

等效就是把同类事物的两种以上表现形态归并为一种（或限定在一个特定的范围）时，被确定的一致性与被取代的食物和概念之间必须具有功能上的可替代性。就是说，当众多的标准化对象中确定一种而淘汰其余时，被确定的对象所具备的功能应包含被淘汰对象所具备的功能。

（3）协调原理

协调是针对标准体系。所谓协调，要使标准内各技术要素之间、标准与标准之间、标准与标准体系之间的关联、配合科学合理，使标准体系在一定时期内保持相对平衡和稳定，充分发挥标准体系的整体效果，取得最佳效果。

协调原理可以表述如下：在标准体系中，只有当各个标准之间的功能和作用效果彼此协调时，才能实现整体系统的功能最佳。

标准化工作中重点做好以下三方面协调：

1）标准内各技术要素的协调

标准制定过程就是协调的过程，是对众多技术方法、参数、要求等进行协调，形成统一的结果。另外，一项标准包含了多项技术方法、参数，规范不同的技术行为，这些方法、参数也需要相互协调，比如，建筑结构设计标准中包含了建筑材料性能的要求、结构设计方法的要求以及构造的规定，他们之间需要相互协调。

2）相关标准之间的协调

就是同一个标准化对象，不同标准的标准之间的协调，比如，一项建筑工程，包括了设计、施工、质量验收等环节，每个环节都有相关的标准，另外还有相关建筑材料性能的标准，这些标准之间都要相互协调一致，方能保证建筑工程建设活动正常开展。

3）标准与标准体系之间的协调

随着技术的进步，标准体系也呈现出一种动态发展的趋势，不断会有新的标准补充到标准体系之中，原有的标准项目也要不断地修订完善。在这个发展的过程中，新增的标准要与标准体系中原有的标准项目相互协调。

（4）优化原理

标准化的最终目的是要取得最佳效益，能否达到这个目标，取决于一系列工作的质量。优化就是要求在标准化的一系列工作中，以"最佳效益"为核心，对各项技术方案不断进行优化，确保其最佳效益。

对于工程建设标准，进行优化一般是将不同的技术方案的技术可行性、管理的可行性及经济因素综合考虑，通过试设计或其他方式进行比选，使其优化。

1.3 工程建设标准管理机制

1.3.1 标准体系的建立

随着经济发展和社会进步，建设工程向着单体大型化、功能多样化发展，对于工程建设标准化工作来说，标准化对象越来越复杂，加上完成工程建设任务的技术、产品的多样性，要在工程建设领域实现标准化目标，需要制定大量的标准，而且每一项标准并不是孤立的，存在着相互联系，构成一个整体，就是标准体系。

国家标准《标准体系表编制原则和要求》GB/T 13016—2009 对标准体系的定义是："一定范围内的标准按其内在联系形成的科学的有机整体。"准确把握标准体系的内涵，必须要正确理解定义中以下关键词的含义。

（1）"一定范围"是指标准所覆盖的范围，也是标准系统工作的范围，比如，国家标准体系包括的是全国的范围，某省的标准体系包含的范围是省范围内的标准。工程建设标准体系是工程建设领域范围内的全部标准，企业标准体系的范围是企业范围内的标准，地基施工标准体系的范围仅是地基施工范围内的标准。标准体系本质上具有"系统"的特征，按照系统论的原理，任何一个系统都有边界，这个"系统"的边界对应到标准体系就是"一定范围"。

（2）"内在联系"包括三种形式，一是系统联系，也就是各分系统之间及分系统与子系统之间存在的相互依赖又相互制约的联系；二是上下层次联系，即共性与个性的联系；三是左右之间的联系，即相互统一协调、衔接配套的联系。"科学的有机整体"是指为实现某一特定目的而形成的整体，它不是简单的叠加，而是根据标准的基本要素和内在联系所组成的，具有一定集合程度和水平的整体结构。

1.3.2 工程建设标准体系的建立

按照标准体系的概念，工程建设标准体系是工程建设某一领域的所有工程建设标准，相互依存、相互制约、相互补充和衔接，构成一个科学的有机整体。与工程建设某一专业有关的标准，可以构成该专业的工程建设标准体系。与某一工程建设行业有关的标准，可以构成该行业的工程建设标准体系。以实现全国工程建设标准化为目的的所有标准，形成了全国工程建设标准体系。工程建设标准体系是以标准体系框架的形式体现出来，就是用标准体系结构图、标准项目明细表和必要的说明来表达标准体系的层次结构及其全部标准名称的一种形式。编制工程建设标准体系框架的主要作用指导工程建设标准制修订工作，利用标准体系框架合理安排工程建设标准制修订计划，合理确定工程建设标准项目和适用范围，避免标准重复、交叉和矛盾。

目前，住房和城乡建设部已组织编制了城乡规划、城镇建设、房屋建筑、石油化工、有色金属、纺织、医药、电力、化工、铁路、煤炭、建材、冶金、工程防火、林业、电子、石油天然气等17个领域的工程建设标准体系，以及建筑节能、城市轨道交通两个专项标准体系。水利、交通、通信、能源、广播电影电视等部门完成了本部门、行业的标准体系框架。每个领域、行业中的标准再进一步按专业进行划分（横向），每个专业再将标准分为基础标准、通用标准和专用标准（纵向），形成划分明确（横向）、层次恰当（纵向）和全面成套（体系覆盖面）的标准体系。

1.3.3 工程建设标准体系的构成

工程建设标准体系的覆盖范围是整个工程建设行业，凡是涉及工程建设的可行性研究、规划、设计、施工、安装、调试、运行管理都应有相应的标准，从而构成一个标准体系，包括国家标准、行业标准、地方标准和企业标准。

（1）国家标准

由国家标准机构通过并公开发布的标准。国家标准是对国民经济和技术发展有重大意义，需要在全国范围内统一的标准。国家标准按照约束性分为强制性标准（代号 GB）和推荐性标准（代号 GB/T）。国家标准化指导性技术文件（GB/Z）是对国家标准的补充，一般是指技术尚在发展中，或采用国际标准组织的技术报告（TR）、技术规范（TS）及可公开获得规范（PAS）等。国家标准在全国范围内适用，其他各级标准不得与国家标准相抵触。国家标准一经发布，与其重复的行业标准、地方标准相应废止，国家标准是四级标准体系中的主体。工程建设标准的顺序号从 50000 开始。

（2）行业标准

由行业机构通过并公开发布的标准。在我国，行业标准是对没有国家标准，而又需要在全国某个行业范围内统一的技术要求所制定的标准。按照标准化法，在我国行业标准发布须由国家标准化行政主管部门确定，目前我国共有 60 多个行业主管部门经国家确定，如建筑工程行业标准代号为 JGJ，城镇建设行业标准代号为 CJJ，行业标准一般也分为强制性和推荐性两类。行业组织在工业发达的国家通常指行业协会，其标准一般以协会标准形式存在。行业标准的制定不得与国家标准相抵触，国家标准实施后，相应的行业标准即行废止。有关行业标准之间应保持协调、统一，不得重复制定。

（3）地方标准

在国家某个地区通过并公开发布的标准。在我国，一般情况下，地方标准是针对没有国家标准或行业标准，而又需要在本区域内统一的技术要求所制定的标准。按照标准化法，一般情况下，出台了相关的国家标准或行业标准，则地方标准自行作废。我国的地方标准一般是由省、自治区、直辖市的标准化行政主管部门公开发布的标准。代号为 DB＋区域编号。地方标准分为强制性和推荐性标准。应当注意的是，已进入送审稿的新标准化法一旦实施，地方强制性标准应由地方政府批准发布。在我国标准体系中之所以设置地方标准，主要是考虑我国幅员辽阔，各地自然条件、资源条件和生活习惯不同，技术、经济发展不平衡。地方标准的先行制订可以为制定国家标准和行业标准打好基础，创造条件。

（4）企业标准

企业所制定的产品标准及企业内需要协调、统一的技术要求、管理要求和工作要求所制定的标准。企业标准一般包括三类，即技术标准、管理标准、工作标准。企业生产的产品没有国家标准和行业标准的，应当制定企业标准，作为组织生产的依据。企业标准应报当地标准化行政主管部门和有关行政主管部门备案，才具备法定标准的资格，也是形成合法生产的基本条件之一。当有国家标准、行业标准及地方标准时，国家鼓励企业在不违反相应强制性标准的前提下，制定满足顾客要求和市场需求，并严于国家标准、行业标准及地方标准的企业标准，在企业内部适用。企业的产品标准，一旦在包装或标识上标注或对顾客做出民事约定，即应报当地标准化行政主管部门和有关行政主管部门备案。企业标准由企业制定，大部分是以内控标准的形式存在，是企业内部开展有效管理和推进技术工作的内部法规，具有强制力。

（5）联盟标准

以合作或联合协议的形式组成的联盟制定、通过并公开发布的标准。联盟标准属于企业标准的范畴。新的标准化法送审稿对联盟标准有了定位，联盟可以是企业组织之间组成，也可以是协会、企业及政府等的组合体。联盟标准一般体现在两个领域：高新技术领域和传统领域。高新技术领域以独有技术、核心技术、专利共享形成联盟，制定联盟标准旨在抢占市场主导权，如闪联、广东LED照明标准光组件技术规范（简称：LED标准光组件，俗称：蚂标）。传统领域以提高内控指标、严于国家现有标准、提升质量水平为目的，如中山红木家具、南海盐步内衣。联盟标准经过当地标准化部门备案后方为法定标准。

地方标准的不断出台为国家标准的建立奠定了较好的基础，地方标准是国家标准体系的重要组成部分，作为未来战略布局的一部分，应鼓励有实力的地方、有能力的标准制定机构协调推进标准化工作，积极建立地方标准，以带动、提升国家标准水平。

1.3.4　工程建设标准的性质

我国目前是强制性标准与推荐性标准相并存。

（1）强制性标准

具有法律属性，在一定范围内通过法律、行政法规等强制性手段加以实施的标准。

强制性标准分为全文强制和条文强制。一般涉及国家安全、人身财产安全、环境污染排除、环境质量、安全生产、劳动职业安全、公共安全、动植物检验检疫、食品卫生等标准，依照相关法律法规均为强制性标准。强制性标准，必须执行，不允许以任何理由或方式加以违反、变更。不符合强制性标准的产品，禁止生产、销售和进口。对于违反强制性标准的行业，国家将依法追究当事人的法律责任。

（2）推荐性标准

除了强制性标准之外的标准是推荐性标准，是非强制执行的标准，国家鼓励企业自愿采用推荐性标准。通常指的是在生产、交换、使用等方面，通过经济手段或市场调节而自愿采用的一类标准。推荐性标准，不具有强制性，任何单位均有权决定是否采用。违反推荐性标准，不构成经济或法律方面的责任。应当指出的是，推荐性标准一经接受并采用，或各方商定同意纳入商品经济合同中，就成为各方必须共同遵守的技术依据，具有法律约束力，必须严格遵照执行。

企业在包装或产品标识上明示的推荐性标准必须执行。

第2章 企业标准体系

2.1 企业标准体系的概念和作用

2.1.1 企业标准化

按照标准化定义，企业标准化概念可理解为：为在企业生产、经营、管理范围内获得最佳秩序，对实际的或潜在的问题制定共同的和重复使用的规则的活动。上述活动尤其要包括建立和实施企业标准体系，制定、发布企业标准和贯彻实施各级标准的过程；标准化的显著好处，是改进产品、过程和服务的适用性，使企业获得更大成功。

企业标准化的一般概念应把握其是以企业获得最佳秩序和效益为目的，以企业生产、经营、管理等大量出现的重复性事物和概念为对象，以先进的科学、技术和生产实践经验的综合成果为基础，以制定和组织实施标准体系及相关标准为主要内容的有组织的系统活动。

企业标准化工作的主要内容是，贯彻执行国家和地方有关标准化的法律、法规、方针政策，建立和实施企业标准体系，实施国家标准、行业标准和地方标准，并结合本企业的实际情况，制定企业标准，对标准实施进行监督检查，开展标准体系和标准实施的评估、评价工作，积极改进企业标准化工作，参与国家标准化工作。

对于工程建设企业，企业标准化工作是一项细致而复杂的工作，工程建设企业标准化体系的建立以及企业标准的制定、实施和监督检查均需要投入一定的人力、物力和财力。因此，工程建设企业必须加强企业标准化工作的组织领导，应当由本企业的主要领导负责，由本企业内部各部门主要负责人组成，可采取企业标准化委员会的形式建立企业标准化管理机构，统一领导和协调本企业的标准化工作。同时，应建立一支精干稳定的标准化工作队伍。

2.1.2 企业标准体系

按照标准体系的定义，企业标准体系是企业内的标准按其内在的联系形成的科学的有机整体。体系的覆盖范围是一个企业，凡是企业范围内的生产、技术和经营管理都应有相应的标准，并纳入企业标准体系，包括了国家标准、行业标准、地方标准和企业标准。

企业标准体系是企业标准化的主要成果，是全面支撑企业生产、经营、管理的基础，具有以下5项基本特征：

（1）目的性

建立企业标准体系必须有明确的目的，诸如保障工程质量、提高工作效率、降低资源能源消耗、确保安全、保护环境等，目标应是具体的、可测量的，为企业的生产、经营、管理活动提供全面的支撑。

（2）集成性

标准体系中标准的项目关联、相互作用使得体系呈现出集成性的特征。随着生产社会化发展，以及工程项目大型化发展，任何一个单独的标准都难以独立发挥其效能，这也客观要求标准体系相互关联，有较高的集成度，能够确保标准体系满足标准体系目标的实现要求。

（3）层次性

标准体系是一个复杂的系统，由很多单项标准集成，它们要根据各项标准间的相互联系和作用关系，集合构成有机整体，要发挥其系统而有序功能必须把一个复杂的系统实现分层管理。一般是高层次对低一级结构层次有制约作用，而低层次标准成为高层次标准的基础。例如，现行工程建设标准体系中的基础标准、通用标准，对专项标准具有指导和约束作用。

（4）动态性

任何一个系统都不可能是静止的、孤立的、封闭的，标准体系作为一个系统处于更大的系统环境之中，与环境的有关要素相互作用，进行信息交换，不断补充新的标准，淘汰落后的、不适应发展要求的标准，保持动态的特性。如国家经济不断发展、人民生活水平不断提高，标准的水平客观要求不断提高。另外，新技术、新产品的出现，也增添了标准发展的动力，所以这种外部环境的动力，使得标准体系呈现动态特性。企业标准体系也是这样，要随着国家标准化的发展不断变化。

（5）阶段性

阶段性体现的是标准体系进步发展的特征，标准化的作用发挥要求标准体系必须处于相对稳定的状态，就是标准体系中标准数量一定、水平适应经济社会发展的要求，这使标准处于一个阶段。随着外界环境的变化，不断补充完善标准，使得标准数量和水平处于一种新的阶段。但是，要认识到标准体系是一个人为的体系，它的阶段性受人的控制，可能出现不适应或滞后于客观实际的状态，需要及时分析、评价和改进。

2.2　企业标准体系的构成

2.2.1　企业标准体系构成范围

企业内的标准不是彼此孤立的，它们之间存在着功能上的联系。只有将它们按其内在的联系严密地组织起来，才能充分发挥其作用。标准之间按其内在联系构成了标准体系，企业标准体系的作用是支撑企业的生产、经营和管理，主要由以下几项内容构成：

1）企业的生产、经营的方针、目标

2）相关的国家法律、法规

3）标准化的法律、法规

4）相关的国家标准、行业标准和地方标准

5）本企业标准

企业标准体系是一个宽泛的概念，包含了企业围绕生产、经营、管理的需要所执行的各类"文件"，既包含了按照标准定义所制定的各级各类标准文件，也包含了企业应遵守的各项法律、法规。

2.2.2 企业标准体系构成

企业标准体系包含了企业的全部标准，按照各类标准的功能、作用，通过技术标准、管理标准、工作标准三类标准反映企业标准体系总体框架见图 2-1。

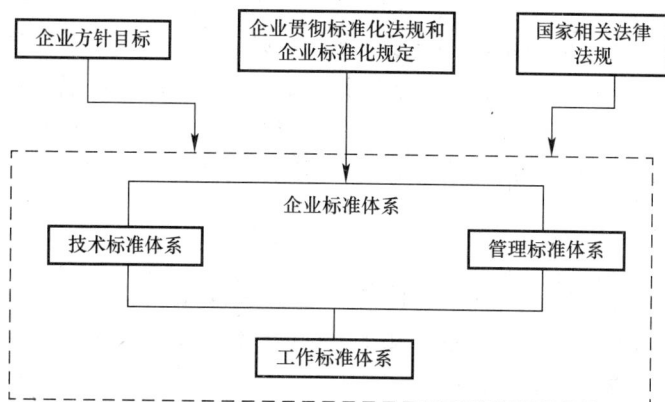

图 2-1 企业标准体系框架

技术标准是标准化领域中需要统一的技术事项所制定的标准，管理标准是企业标准化领域中需要协调统一的管理事项所制定的标准，工作标准是对企业标准化领域中需要协调统一的工作事项所制定的标准。这三类标准当中，技术标准是核心，就目前建筑业企业而言，管理标准、工作标准应围绕技术标准的实施，以保障工程安全、质量、进度为核心，完善管理标准和工作标准。

2.2.2.1 技术标准体系构成

对于建设类企业而言，技术标准是企业顺利完成生产任务的技术准则，对于建设类企业，工程建设各个环节、各项工作内容均应制定技术标准，包括施工规程、质量验收标准、材料标准、试验检验标准等等。

技术标准体系是技术标准按其内在的联系形成的标准体系，由于工程建设所涉及的技术标准种类多、范围广，需要准确把握内在联系的特点，方能构建科学的技术标准体系。内在联系主要反映在结构联系和功能联系两个方面。在结构联系方面，主要是层次之间的联系，基础标准规定了术语、符号等事项，处于层次结构的顶层，通用标准由于覆盖面宽泛，处于层次结构的第二层，专用标准一般针对某一具体事项所制定的详细的专用技术标准，处于层次结构的底层。在功能联系方面，包含了相同功能的标准和不同功能标准之间的联系，比如，同样是工程质量验收标准，混凝土结构验收标准和装饰装修标准之间的联系是相同功能标准之间的联系，质量验收标准与混凝土施工技术规程之间的联系是不同功能标准之间的联系。

企业技术标准体系结构可以针对工程项目建设的需要按工作性质划分不同模块，排列形成序列结构（图 2-2），反映企业标准体系结构。

序列结构中各个模块中的标准，还可以进一步进行层次划分，分为基础标准、通用标准和专用标准。

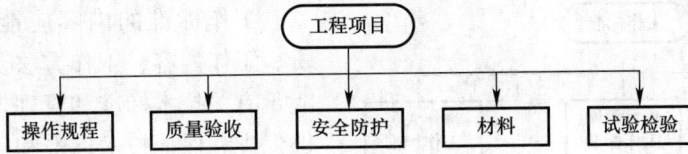

图 2-2　企业标准体系序列结构

2.2.2.2　管理标准体系构成

企业管理标准体系是企业标准体系中的管理标准按照其内在的联系形成的科学的有机整体。管理标准体系是企业标准体系中的子体系，其作用体现在保证技术标准体系有效实施，保证管理的高效、科学。

各个企业都结合自身的经营目标，制定本企业的各项管理规章制度，但管理制度与管理标准之间还存在一定的差异，主要体现在系统性与可操作性方面。在系统性差异方面，由于标准在编制过程中运用了系统分析的方法，对企业范围内全部所需要管理的事项，运用标准化原理，进行协调、统一、优化后制定管理标准，形成管理标准体系，这样的管理标准体系，能够把孤立的、分散的管理事项汇集成整体管理功能最佳优势，每个管理标准都是管理标准体系中的一个环节，整个管理标准体系具有较强的系统性，而管理制度，多为针对管理工作的一般程序、要求和问题做出的规定，各部门制定各部门的，彼此缺乏统一协调，相比较管理标准体系而言，缺乏系统性。在可操作性差异方面，管理标准在形式上比规章更加灵活，而且对每个环节、转换过程中各项工作为什么干、干到什么程度都规定得十分清楚，内容上可以做到定量，有时间要求则规定时间要求，不能定量的也要规定得具体明确，而一般管理制度定性的多、定量的少，相比较而言，管理标准具有更好的可操作性和可考核性。

对于建设企业，管理事项一般包括了技术管理、安全管理、质量管理、生产管理、材料管理、劳动管理、造价管理等，针对工程项目各项管理内容制定相应的标准构成了企业的管理标准体系，通过图 2-3 反映企业的管理标准体系。

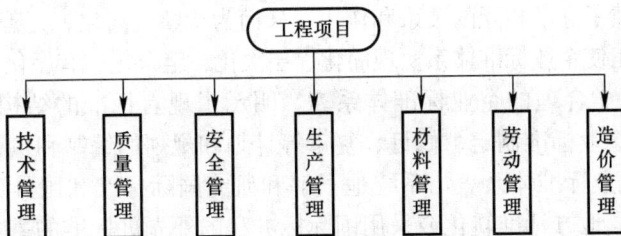

图 2-3　企业管理标准体系构成

序列中每个模块又包含了通用标准和专用标准两个层次。

2.2.2.3　企业工作标准体系构成

企业工作标准体系是企业标准体系中的工作标准按其内在的联系形成的科学有机整体，它是以与生产经营相关的岗位工作标准为主体，包括为保证技术标准和管理标准的实施而制定的其他工作标准。对于建设企业，工作标准体系构成见图 2-4。

对于企业而言，通用标准一般规定各岗位人员遵守国家的法律法规和企业的规章制度的行为准则，各岗位的专用工程标准要根据各岗位工作情况分别制定。

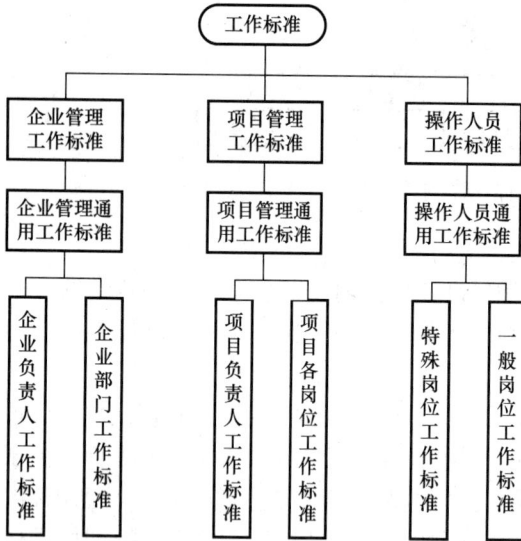

图 2-4 企业工作标准体系构成

工作标准的内容应能体现该岗位职责、工作内容、工作方法及量化要求，要满足有关技术标准和管理标准的要求，能够促进和保证技术标准和管理标准的贯彻实施，考核条款必须明确、具体，具有可操作性。

2.2.3 企业标准体系表编制

2.2.3.1 企业标准体系表的作用

企业标准体系表指企业标准体系内的标准按一定形式排列起来的图表。也就是说，企业标准体系是用标准体系表来表达的。它不仅反映企业范围内所有组成企业标准体系的标准的全貌，各个单项标准之间的联系，而且还反映出整个企业标准体系的层次结构，各类标准的数量构成；不仅能分析企业标准体系当前的结构状态，而且是确定结构优化方案的重要方法。

可以说，企业标准体系表是促进企业的标准组成实现科学、完整、合理、有序的重要手段，它是表述企业现有的标准和规划标准的总体蓝图，也是促进企业产品开发创新、优化经营管理、加速技术改造和提高经济效益及实现企业科学管理的标准化指导文件。企业标准体系表具有以下作用：

1）描绘出标准化工作的发展蓝图。对企业全部具备的标准摸清了底数，反映出全貌，用图表形式直观地描绘出发展规划蓝图，明确了企业标准化工作的努力方向和工作重点。

2）完善和健全了现有企业标准体系。通过研究和编制企业标准体系表，将现有标准有序地排列，研究摸清了标准相互的关系和作用，从而为调整、简化、完善、健全企业标准体系提供了基础，真正使企业标准体系实现简化、层次化、组合化、有序化和科学合理化。

3）由于有了科学合理的企业标准体系表，明示了现有标准的结构和远景规划蓝图，从而能科学地指导企业标准制定、修订、复审等计划和规划的编制和执行。

4）通过编制企业标准体系表，系统地了解和研究国际标准和国外先进标准，我国国家标准、行业标准、地方标准转化或采用国际标准和国外先进标准的基本情况，以及现行标准与国际标准和国外先进标准之间的差距，从而在自己企业标准体系中编制企业标准，特别是性能指标高于国家标准、行业标准的内控标准时提出相应的采用国际标准和国外先进标准的规划计划和要求，以寻求企业的发展和成功。

5）企业标准体系表明示了标准化水平，可以有效地指导营销、设计开发、采购、安装交付、生产工艺、测量检验、包装储运、售后服务等部门有效工作，及时向他们提供反映全局又一目了然的标准体系表，使他们能及时获得标准信息。

6）有利于企业标准体系的评价、分析和持续改进。通过编制企业标准体系表，明确了体系中的关键和重点，指导有关标准的组织实施和对标准的实施进行有效的监督，通过有目的有计划地对企业标准体系进行测量、评价、分析和改进，有利于企业标准化的发展和进步。

2.2.3.2 编制要求

标准体系表把一定范围的标准体系内的标准按照一定形式排列起来并以图表的形式表述出来，以作为编制标准和实施标准的依据。通过企业标准体系表，要能够清晰反映出针对企业生产、经营、管理活动已有哪些标准，尚缺哪些标准，同时，又能够清晰反映出针对企业的生产、经营、管理的各项工作过程中，应该遵守哪些标准要求。因此，这就要求标准体系表要全面成套、层次恰当、划分明确。

（1）全面成套

企业标准体系表应力求全面成套，尽量做到全，只有全才能反映企业标准体系的整体性，才能全面支撑企业的各项生产、经营、管理活动。全面成套主要体现在以下几个方面：

1）全面贯彻国家标准、行业标准和地方标准，凡是适用于本企业生产、经营、管理的国家标准、行业标准和地方标准都应纳入到企业标准体系表中。

2）标准项目齐全，要求标准体系中的标准项目要覆盖企业生产、经营、管理各个环节，同时标准项目划分要合理，不能有标准项目重复交叉的情况。

3）标准的内容要科学、适用，标准中规定的各项技术要求要合理，既要满足国家法律法规和政策的要求，又要有可操作性，要做到技术、管理、经济协调统一。

（2）层次恰当

层次恰当包括两层含义，一是企业标准体系结构中，要有清晰的层次，层次之间的关系代表了不同层次的标准之间的关系；二是每一项标准要根据标准的适用范围，恰当地安排在不同的层次和位置上，企业标准体系中标准，上下、左右的关系要理顺，上下层是从属关系，下层标准要服从上层标准。比如，基础标准规定了工程建设的符号、术语等，是指导各项标准编制的基础，处于体系结构的最上层，各项标准的编制均应遵守基础标准的规定。

（3）划分明确

划分明确要求标准项目之间减少重复、交叉，避免矛盾。一般情况，工程建设标准体系按照专业进行横向划分，各个专业按照其工作内容开展标准化工作，制定相关标准，规范各项活动，因此，在编制企业标准体系过程中，要针对工作内容，也就是标准化对象，合理确定标准项目，避免将应该制定成一项标准的同一项标准的统一事物或概念，由两项以上标准同时重复制定或没有标准。

（4）科学先进

企业标准体系表中的已有标准均应现行有效，没有过期废止的各类、各级标准。标准体系中的标准应能有效地促进企业生产技术和管理水平提高，所有标准符合企业生产经营发展规划与计划，如有关国家标准或行业标准滞后于企业生产经营和技术水平时，则应制定替换为企业标准，从而使标准体系内的标准真正起到指导企业标准化工作的作用。

（5）简便易懂

企业标准体系表的表述形式应简便明了，表述内容应通俗易懂，既不深奥，也不复杂。不仅要让标准化专业人员理解掌握，而且便于企业员工理解和执行。

（6）适用有效

企业标准体系表应符合企业实际情况，具有本企业特点，同时行之有效，能获取较明显的标准化效益。由于历史的原因，我国现行的标准大多是生产型标准，由上级主管部门制定批准，企业遵照执行，很少考虑消费者和顾客的需求。技术指标定得很细很全，缺乏必要的自由度和应变能力，很难适应目前国内外市场变化的需求。特别是近年来，环保节能的呼声不断高涨，标准更新的速度在加快，国内一些标准制定和修订工作严重滞后，部分标准已不适应企业市场发展的需求。对此，企业应根据市场反馈，适时制定符合市场需求的企业标准，使标准更加科学、合理、适用。

2.2.3.3 企业标准体系表的几种参考模式

（1）经典模式

企业标准体系表的编制应符合 GB/T 13016 和 GB/T 13017 的要求。在一般情况下，很多企业都是按照 GB/T 13017—1995 列举的模式，模仿编制出本企业的企业标准体系表。

（2）改进模式

在 2003 版的 GB/T 15497 和 GB/T 15498 中，又给出了在 GB/T 13017—1995 基础上的改进型的技术标准体系、管理标准体系和工作标准体系的结构形式，我们称之为"改进模式"。

（3）板块模式

经过企业推行的实际经验，加之国际标准 ISO9000 等在我国深入推行，在不违反 GB/T 13016—1991 和 GB/T 13017—1995 的要求基础上，很多企业在体系表编制方面与 GB/T 19004 沟通，有所创新，我们不妨称之为"板块模式"。

（4）简易模式

还有一种将两种模式糅合在一起，以实用、简捷、明快，突出本企业管理要点为出发点，编制的企业标准体系表，我们不妨称之为"简易模式"。

（5）其他模式

还有其他不同形式，例如某些集成企业正在研究使用的"集成模式"企业标准体系结构。不管哪种形式，重要的是：一要符合 GB/T 13016 和 GB/T 13017 要求的原则精神；二要结合企业的实际情况，实事求是地按照企业的规模大小、员工多少、人员能力、公司性质、复杂程度选择最适合本企业的标准体系表。

图 2-5 代表了建设类企业标准体系的典型层次结构。

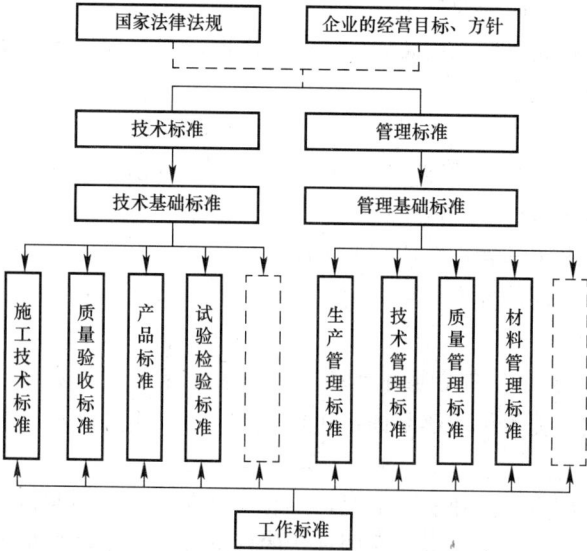

图 2-5 企业标准体系层次结构

第一层为企业生产经营的基础体系，包括了企业应遵守的法律法规以及企业生产经营所确定的目标、方针，对以下各层次的标准都具有约束和指导作用。

第二层次为生产经营的标准体系，包括了技术标准、管理标准和工作标准，其中技术标准和管理标准体系又可分为基础标准和专项标准两个层次。

图 2-6 代表了建设类企业典型横向领域结构。

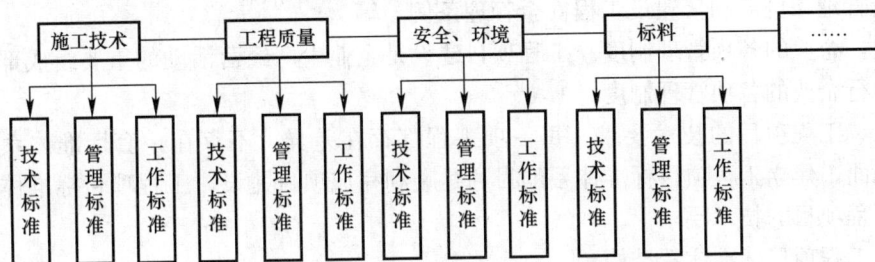

图 2-6　横向领域结构

标准体系的横向结构是将标准体系整体，按照标准化对象的细分，结合工作性质的不同，分成若干相互关联的结构模块，每个模块可以自成体系，包含了技术标准、管理标准和工作标准。

在实际应用中，这两种结构形式可选择一种作为构建标准体系的结构。层次结构内容全面，覆盖面广，适用于机构或大型建设项目为范围或对象的标准体系构建。横向领域结构的每个模块的内容"弹性"较大，即可多可少，适用性强，适用于专项或普通项目为对象的标准体系构建，在建设项目管理中应用较为方便。

确定企业标准体系中标准项目，任务就是对照企业标准体系结构中的各个模块，确定模块中的标准项目，以列表的形式体现出来，列表要能够表达出编码、标准名称、标准编号、标准属性、强制性表文编号以及被替代标准号等信息，其中，编码是体系编制者为查询方便按照一定的规则确定的编码。

表 2-1 是常用的标准项目明细表。

常用的标准项目明细表　　　　　　　　　　　　表 2-1

题名：×××层次或领域标准明细表

序号	编码	标准名称	编号	标准属性	强制性条文编号	被替代标准号

2.2.4　工程项目应用标准体系构建

2.2.4.1　工程项目标准体系

（1）工程项目标准体系的范围

这里所提到的"范围"，是指标准体系所涵盖的工作内容，与工作的对象直接相关。工程项目标准体系是为顺利完成工程项目建设而构建的一类标准体系，是企业标准体系的重要组成部分。它的范围是工程项目建设过程中各个环节、各项工作内容所涉及的标准，不同的项目、不同的工作范围，标准体系也不尽相同，如，房屋建筑工程和市政工程项目的标准体系有很大不同，同样是房屋建筑，主体结构工程和装饰工程的标准体系也不相同，可以说由于工程项目的差异决定了工程项目标准体系的"个性化"。

（2）工程项目标准体系编制依据

首先，与工程项目建设相关的国家法律、法规和标准。国家法律、法规和标准是工程项目建设过程中必须遵守的准则，这是工程建设各方的应尽责任，包括《建筑法》、《建设工程质量管理条例》和《建设工程安全管理条例》等。

其次，企业的各项管理制度。工程项目建设是企业生产经营活动的重要组成部分，应该严格执行企业的各项管理制度。

第三，工程项目的技术要求。每一项工程都存在差异，不存在一套标准体系"打天下"的局面，建立工程项目标准体系的目的是顺利完成项目建设，工程项目标准体系必须要依据工程项目的技术要求。

（3）工程项目标准体系结构

工程项目建设涉及技术、材料、设备、管理等，是一项复杂的系统工程，首先确定工程项目标准体系的结构是编制完善的工程项目标准体系的重要环节，直接决定了标准项目能否覆盖工程建设活动的全部工作内容。

在确定工程项目标准体系结构时应充分考虑各项工作内容的差异，比如施工技术管理和材料管理的差异，工程质量管理和安全管理的差异。同时，还要兼顾各岗位工作的需要，比如技术管理岗位、质量管理岗位、安全管理岗位、材料管理岗位的需要。可以采用模块化结构反映工程项目标准体系的结构。图 2-7 给出了普通工程项目标准体系的结构。

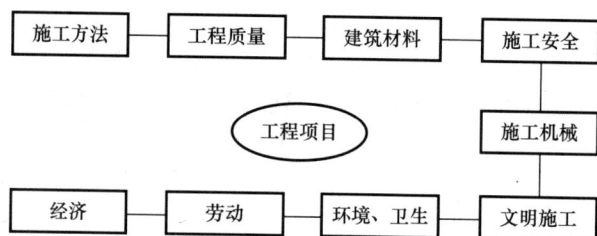

图 2-7　工程项目标准体系结构图

结构图中，每一个模块还可以再进一步分解，如何细分要根据项目的规模、项目管理岗位人员设置的情况，以方便使用，更好地服务于工程建设为出发点。

（4）标准项目明细表

在确定工程项目标准体系结构之后，要列出标准项目明细表，要对应每一个模块分别列出标准项目明细表（格式见表 2-1），明细表中的项目应包含适用于该项目建设的全部标准，包括国家标准、行业标准、相关地方标准和企业标准。

工程项目标准体系结构图和标准项目明细表共同构成了工程项目标准体系整体。

2.2.4.2　工程项目应执行的强制性标准体系表

按照我国相关的法律法规，强制性标准必须严格执行，不执行强制性标准，企业要承担相应的法律责任。目前，工程建设强制性标准是指工程建设标准中直接涉及安全、质量、环境保护和人身健康的条文。编制工程项目应执行的强制性标准体系表，可以保障工程项目建设过程中有效贯彻执行强制性标准，保障工程安全、质量，而且从近年来发生的安全、质量事故来看，大部分事故是由于没有严格执行强制性标准造成的。

工程建设强制性标准条文是分散在每一项标准当中，编制工程项目应执行的强制性标准体系表的任务，就是将工程项目应执行的工程建设标准中的强制性条文进行整理、列表汇编，供工程项目建设过程中使用。编制过程中，关键是要确保强制性条文齐全，不能遗漏。

表 2-2 是工程项目强制性标准体系表的样式。

强制性标准体系表　　　　　　　　　　　　表 2-2

序号	工作环节	标准名称及编号	强制性条文内容	说明

工作环节是工程项目标准体系结构图中的各个模块，在说明栏目中可以对执行强制性条文的要求进一步说明。目前，工程建设标准中的强制性条文在条文说明中均有说明，也可以引用过来，为执行强制性条文提供帮助。

2.3　企业标准制定

2.3.1　制定企业标准对象

标准的制定和实施是企业标准化活动的主要任务。企业标准是对企业范围内需要协调统一的技术要求、管理要求和工作要求所制定的标准，它是企业组织生产和经营活动的依据。

但存在以下情况时，应当制定企业标准。

（1）凡没有国家标准、行业标准和地方标准，而需要在企业生产、经营活动中统一的技术要求和管理要求。

（2）根据企业情况，对国家标准、行业标准进行补充制定的，严于国家标准、行业标准要求的标准。

（3）新技术、新材料、新工艺应用的方法标准。

（4）生产、经营活动中需要制定的管理标准和工作标准。

2.3.2　制定企业标准应遵循的一般原则

（1）贯彻国家和地方有关的方针、政策、法律、法规、严格执行强制性国家标准、行业标准和地方标准。

（2）保证工程质量、安全、人身健康，充分考虑使用要求，保护环境。

（3）有利于企业技术进步，保证和提高工程质量，改善经营管理和增加经济效益。

（4）有利于合理利用资源、能源、推广科学技术成果，做到技术先进、经济合理。

（5）本企业内的企业标准之间协调一致。

2.3.3　技术标准的制定

制定企业技术标准，要符合以下要求：

（1）标准不只是"实践经验的总结"和"已有水平的总结和提高"，而应将新技术和先进的科技成果，在生产中加以应用，通过制定先进的标准，使其成为推动技术发展的动力。

（2）制定标准既要有利于当前的生产，又要为提高创造条件。

（3）把技术标准制定同新技术、新材料、新工艺推广应用结合起来，做到先制定出标准，再应用。

（4）把技术标准规定和技术创新加以区别，在缺乏反复试验的情况下，不宜将技术创新纳入标准，不能无把握地去超越客观条件。

（5）要选好标准的制定时机。制定的过早，将妨碍技术的发展，制定的过迟又会形成难以统一的弊端。

新技术的工业化过程可分为三个阶段：即研究、研制阶段，试制试生产阶段和工业化生产阶段。试制、试生产阶段和工业化生产前期是制定标准的理想时期。试制、试生产阶段新技术不够稳定，制定的标准经过一段时间的使用必须及时修订、完善。

2.3.4 管理标准的制定

管理标准是对企业标准化领域中需要协调统一的管理事项所制定的标准。管理事项主要是指在生产、经营管理中，如技术、生产、能源、计量、设备、安全、卫生、环保、经营、销售、材料、劳动组织等与实施技术标准有关的重复性事物和概念。

管理标准的内容一般包括：管理业务的任务；完成管理业务的数量和质量要求；管理工作的程序和方法；与其他部门配合要求。即不仅规定管什么，还要规定管多大范围，管理到什么程度和达到的要求等。这样才能做到目标明确，责有所归，便于执行。

（1）制定管理标准，要从企业实际出发，不搞形式，要注意生产中各道工序之间的衔接配合，领导与工人之间，工人与工人之间，前方与后方之间，科室与车间之间，各科室之间的协作配合，并要明确职责，严明纪律。管理标准要为企业全面质量管理创造良好条件，在全面质量管理中，不断调整和修改。

（2）制定管理标准应收集上级的有关法规、规程、规定和办法，结合企业内的规章制度，研究它们之间的相互关系，针对企业生产经营中的特点和问题，进行规划，这样既吸收了企业多年的管理经验，也符合上级的要求。

（3）制定管理标准，必须在标准化人员的指导下，有现场工作人员参加，以便通过实践进一步思考问题，完善标准。最好是谁的标准谁制定，这样的标准最切合实际，最便于执行。最后，还要经过协调和审定。

（4）制定管理标准时，对不好贯彻和难以落实的可有可无的条目，不要列入标准。制定管理标准不宜求全，要抓住重要环节，突出重点，简明扼要，才能制定出切合实际易于贯彻的少量标准。使之易于取得效果。

（5）管理制度是管理标准的基础，管理标准是对管理制度的继承、发展、提高和升华。对应该而且必要制定管理标准的可制定管理标准，暂时不宜制定或根本就不需要将某一规章制度改变为管理标准的，可保留规章制度。不要搞一刀切，需要把规章制度转化为标准的，要严格按制定标准的程序办事。

（6）制定管理标准总的要求是：既要符合社会化大生产客观规律的要求，促进生产力的发展，又要适合我国进入商品市场的特点，与我国企业管理的总要求相适应。主要是要有利于调节国家、企业、职工三者之间的关系，尤其是利益分配的问题。总之，管理标准是企业建立良好秩序和完善管理机制的条件。要从理顺各种内部关系，强化生产和经营机制着手，体现系统和协调、法制和激励要求，才能产生标准的实际效果。

2.3.5 工作标准的制定

工作标准是对企业标准化领域中需要协调统一的工作事项所制定的标准。工作事项主要是指在执行相应的管理标准和技术标准时，与工作岗位的工作范围、责任、权限、方法、质量考核等有关的重复性事物及与工作程序有关的事项。

工作标准的内容包括：规定岗位承担的职责、任务、权限、技能要求；明确承担任务的数量和质量要求；完成任务的程序和工作方法；岗位之间的衔接配合；规定考核办法等。

工作程序是规定办事的步骤、顺序。质量要求是规定每个步骤应达到的水平和目标。为了检查是否达到规定的质量要求，还必须制定相应的评定办法和内容。

（1）制定工作标准时，要注意既要有定性要求，又要有定量指标。不仅要规定做什么，还要规定怎么做，按什么顺序做和做到什么程度。

（2）工作标准的重点应放在作业（操作）标准上。制定工作标准时一定要有操作工人参加，定好基本动作，在工作中所采用的方法要有利于作业者开动脑筋找窍门。同时，要总结过去成功的经验，使之既可提高工作质量，又可防止发生隐患，既可改善现有的工作面貌，又可促进操作水平的提高。

（3）制定工作标准的科学方法，从改进现状入手，用标准的形式把改进后的成果固定下来，加以推广应用。制定作业标准的成功经验是把技术操作规程、安全规程、设备维护规程同作业标准融为一体，尽量做到简练、实用，以便于记忆和操作。

（4）制定工作标准，要对作业进行程序研究，采取直接观察的办法，发现问题，然后针对存在的问题进行分析研究，对作业方法、环境及材料等，发现不合理的因素，从中寻求提高工作效率的方法，然后制定成标准，遵照执行。改进工作程序和场地布置，改进工具和设备，减小劳动强度，达到正确、安全、轻松和高效的目的。

（5）制定工作标准应明确功能要素，规定岗位的工作范围，反映达到的目标。任务应具体，无法考核和低功能要素，不宜列入标准。在可能条件下，尽量提出量化要求，即使是提出定性要求，也应具体、准确。

（6）上岗人员基本素质的要求。根据岗位的劳动强度、复杂程度、难度和环境等对上岗人员提出身体条件、文化素质、政治素质、公共关系等要求，以利功能的充分发挥。还要规定对承担责任者应具有的权力和考核办法，使责、权、利统一。

（7）制定工作标准时，首要的问题是对标准化对象的功能进行分析，判断其所处的层次和应具备的功能要素。只有做好标准化对象的功能分析，才能恰如其分地规定功能要求和做恰当的配置。

第3章　工程建设标准化实施与评价

3.1　工程建设标准的实施

3.1.1　标准实施的意义

标准的实施是指有组织、有计划、有措施地贯彻执行标准的活动，是标准管理、标准编制和标准应用各方将标准的内容贯彻到生产、管理、服务当中的活动过程，是标准化的目的之一，具有重要的意义。

（1）实施标准是实现标准价值的体现

标准化是一项有目的的活动，标准化的目的只有通过标准的实施才能达到。标准是实践经验的总结并用以指导实践的统一规定。这个规定是否科学、合理，也只有通过实施才能得到验证。一项标准发布后，能否达到预期的经济效果和社会效益，使标准由潜在的生产力转化为直接的生产力，关键就在于认真切实地实施标准。实施标准，往往涉及各个部门和各个生产环节。这就要求生产管理者不断适应新标准要求，改善生产管理，技术部门通过实施标准，不断提高企业的生产能力。所以，标准是通过实施，才得以实实在在地把技术标准转化为生产力，改善生产管理，提高质量，从而增强企业的市场竞争能力。

（2）实施标准是标准进步的内在需要

标准不仅需要通过实施来验证其正确性，而且标准改进和发展的动力也来自于实施。标准不是孤立静止的，而应该在动态中不断推进。技术在进步，需求在延伸，市场在扩展，只有通过实施，并对标准实施情况进行监督，才可能发现并总结标准本身存在的问题，从而提高编制质量，使其更具有指导作用，才能使标准不断创新，更加适合需要。而且由于标准涉及面广，同时涉及技术、生产、管理和使用等问题，标准只有在系统运行中不断完善，才能使其趋于合理。在不断地实施、修订标准的过程中，吸收最新科技成果，补充和完善内容，纠正不足，有利于实现对标准的反馈控制，使标准更科学、更合理。也只有与时俱进的标准，才能有效地指导社会生产实践活动，获得技术经济效益，实现标准化的目的，对国家的经济建设起到更大的促进作用。

3.1.2　标准实施的原则

标准是企业生产的依据，生产的过程就是贯彻、执行标准的过程，是履行社会责任的过程，生产过程中执行标准要把握好以下原则。

（1）强制性标准，企业必须严格执行

工程建设中，国家标准、行业标准、地方标准中的强制性标准直接涉及工程质量、安全、环境保护和人身健康，依照《标准化法》、《建筑法》、《建设工程质量管理条例》等法律法规，企业必须严格执行，不执行强制性标准，企业要承担相应的法律责任。

（2）推荐性标准，企业一经采用，应严格执行

国家标准、行业标准中的推荐性标准，主要规定的是技术方法、指标要求和重要的管理要求，是严格按照管理制度要求标准制修订程序制定，经过充分论证和科学实验，在实践基础上制定的，具有较强的科学性，对工程建设活动具有指导、规范作用，对于保障工程顺利完成、提高企业的管理水平具有重要的作用。因此，对于推荐性标准，只要适用于企业所承担的工程项目建设，就应积极采用。企业在投标中承诺所采用的推荐性标准，以及承包合同中约定采用的推荐性标准，应严格执行。

（3）企业标准，只要纳入到工程项目标准体系当中，应严格执行

企业标准是企业的一项制度，是国家标准、行业标准、地方标准的必要补充，是为实现企业的目标而制定了，只要纳入到工程项目建设标准体系当中，就与体系中的相关标准相互依存、相互关联、相互制约，如果标准得不到实施，就会影响其他标准的实施，标准体系的整体功能得不到发挥，因此，企业标准只要纳入到工程项目标准体系当中，在工程项目建设过程中就应严格执行。

3.1.3　标准宣贯培训

标准宣贯培训是向标准执行人员讲解标准内容的有组织的活动，是标准从制定到实施的桥梁，是促进标准实施的重要手段。标准制定工作节奏加快后，标准越来越多，如果不宣贯，就不知道有新标准出台，就不会及时地被应用。工程建设标准化主管部门高度重视标准宣贯培训工作，对于发布的重要标准，均要组织开展宣贯培训活动。

开展标准宣贯培训的目的是要让执行标准的人员掌握标准中的各项要求，在生产经营活动中标准有效贯彻执行，企业和工程项目部均要组织宣贯活动。

企业组织标准宣贯培训活动，一方面，标准发布后，企业派本企业人员参加标准化主管部门组织的宣贯培训。另一方面，企业组织以会议的形式，请熟悉标准专业人员向本企业的有关人员讲解标准的内容。第三，企业组织以研讨的方式相互交流，加深对标准内容的理解。

工程项目部组织宣贯活动，要根据工程项目的实际情况，有针对性开展宣贯培训。形式可以多样，会议的形式和研讨的形式均可以采用。

但在宣贯培训活动中要注意，进行宣贯培训的人员要有权威，能够准确释义标准各条款及制定的理由，以及执行中的要求和注意事项，避免对标准的误读。另外，宣贯对象要选择准确，直接执行标准的人员及执行标准相关的人员要准确确定，保证标准宣贯培训的范围覆盖所有执行标准的人员和相关人员，宣贯培训范围不够，标准不能得以广泛应用，宣贯培训对象错误，工作可以说是在白费力气。

3.1.4　标准实施交底

标准实施交底是保障标准有效贯彻执行的一项措施，是由施工现场标准员向其他岗位人员说明工程项目建设中应执行的标准及要求。

标准实施交底工作可与施工组织设计交底相结合，结合施工方案落实明确各岗位工作

中执行标准的要求。施工方法的标准，可结合各分项工程施工工艺、操作规程，向现场施工员进行交底。工程质量的标准，可结合工程项目建设质量目标，向现场质量员交底。

标准实施交底应采用书面交底的方式进行，交底中，标准员要详细列出各岗位应执行的标准明细，以及强制性条文明细。另外，在交底中说明标准实施的要求，见表3-1。

标准实施交底表

表 3-1

工程名称			岗位		
实施的标准及编号		强制性条文		实施说明	
交底人		被交底人		交底日期	

3.2 标准实施的监督

3.2.1 标准实施监督检查的任务

对标准实施进行监督是贯彻执行标准的重要手段，目的是保障工程安全质量、保护环境、保障人身健康。并通过监督检查，发现标准自身存在的问题，改进标准化工作。

目前，对于建设工程的管理，大多是围绕标准的实施开展的。各级建设主管部门依照《建设工程质量管理条例》和《建设工程安全生产管理条例》开展的建设工程质量、安全监督检查，检查的依据之一就是现行的工程建设标准。对于施工现场的管理，施工员、质量员、安全员等各岗位的人员的工作也是围绕标准的实施开展，同时也是监督标准实施的情况，可以说，标准实施监督是各岗位人员的重要职责。

施工现场标准员要围绕工程项目标准体系中所明确应执行的全部标准，开展标准实施监督检查工作，主要任务，一是监督施工现场各管理岗位人员认真执行标准。二是监督施工过程各环节全面有效执行标准。三是解决标准执行过程中出现的问题。

3.2.2 标准实施监督检查方式、方法

施工现场标准员要通过现场巡视检查和施工记录资料查阅进行标准实施的监督检查。针对不同类别的标准采取不同的检查方式，要符合以下要求：

（1）施工方法标准

针对工程施工，施工方法标准主要规定了各分项工程的操作工艺流程，以及各环节的相关技术要求及要达到的技术指标。对于这类标准的监督检查主要要通过施工现场的巡视及查阅施工记录进行，在现场巡视当中检查操作人员是否按照标准中的要求施工，并通过施工记录的查阅检查操作过程是否满足标准规定的各项技术指标要求，填写检查记录表（表3-2）。同时，对于施工方法标准实施的监督要与施工组织设计规定的施工方案的落实相结合，施工要按照施工方案的规定的操作工艺进行，并要满足相关标准的要求。

施工方法标准实施情况检查记录表 　　　表 3-2

单位工程名称			
分项工程名称	施工部位	应执行的标准规范	检查情况
标准员		操作人	

（2）工程质量标准

工程质量标准规定了工程质量检查验收程序，以及检验批、分项、分部、单位工程的质量标准。对于这类标准，要通过验收资料的查阅，监督检查质量验收的程序是否满足标准的要求，同时要检查质量验收是否存在遗漏检查项目的情况，重点检查强制性标准的执行情况，填写检查记录表（表 3-3）。

施工质量验收标准实施检查记录表 　　　表 3-3

单位工程名称			
检查的内容	应执行的标准规范	强制性标准	检查情况
标准员		责任人	

（3）产品标准

现行的产品标准对建筑材料和产品的质量和性能有严格的要求，现行工程建设标准对建筑材料和产品在工程中应用也有严格的规定，包括了材料和产品的规格、尺寸、性能，以及进场后的取样、复试等等。对于与产品相关的标准的监督，通过检查巡视与资料查阅相结合的方式开展，重点检查进场的材料与产品的规格、型号、性能等是否符合工程设计的要求，另外，进场后现场取样、复试的过程是否符合相关标准的要求，同时还要检查复试的结果是否符合工程的需要，以及对不合格产品处理是否符合相关标准的要求，填写检查记录表（表 3-4）。

产品标准实施检查记录表 　　　表 3-4

单位工程名称			
产品名称	应执行的产品标准	进场检查及复试	是否符合设计要求
标准员		责任人	

（4）工程安全、环境、卫生标准

这类标准规定了，为保障施工安全、保护环境、人身健康，工程建设过程中应采取技术、管理措施。针对这类标准的监督检查，要通过现场巡视的方式，检查工程施工过程中所采取的安全、环保、卫生措施是否符合相关标准的要求，重点是危险源、污染源的防护措施，以及卫生防疫条件。同时，还要查阅相关记录，监督相关岗位人员的履职情况。填写检查记录表（表3-5）。

工程安全、环境、卫生标准实施检查记录表　　　　表3-5

单位工程名称			
检查的内容	应执行的标准规范	检查情况	整改要求
标准员		责任人	

（5）新技术、新材料、新工艺的应用

这里是指无标准可依的新技术、新材料、新工艺在工程中应用，一般会经过充分的论证，并经过有关机构的批准，并制定切实可行的应用方案以及质量安全检查验收的标准。针对这类新技术、新材料、新工艺的应用的监督检查，标准员要对照新技术、新材料、新工艺的应用方案进行检查，重点要保证工程安全和质量，填写检查记录表（表3-6）。同时，要分析与相关标准的关系，向标准化主管部门提出标准制修订建议。

新技术、新材料、新工艺的应用检查记录表　　　　表3-6

单位工程名称			
新技术、新材料、新工艺名称			
检查部位	应用方案编制情况	检查情况	整改要求
标准员		责任人	

3.2.3　整改

标准员对在监督检查中发现的问题，要认真记录，并要对照标准分析问题的原因，提出整改措施，填写整改通知单发相关岗位管理人员。

对于由于操作人员和管理人员对标准理解不正确或不理解标准的规定造成的问题，标准员应根据标准前言给出的联系方式，进行咨询，要做到正确掌握标准的要求。

整改通知单中要详细说明存在不符合标准要求的施工部位、存在的问题、不符合的标准条款以及整改的措施要求（表3-7）。

标准实施监督检查整改通知单　　　　表3-7

单位工程名称			
施工部位		检查时间	
不符合标准情况说明			
标准条款			
整改要求			
标准员		接收人	

3.3 标准实施评价

3.3.1 标准体系评价

（1）评价目的

开展标准体系评价目的是评估针对项目所建立的标准体系是否满足项目施工的需要，并提出改进的建议措施，是企业不断改进和自我完善的有效方法，也是推动企业开展标准化工作中不可缺少的重要工具，它对提高企业的科学化管理水平，实现企业的方针目标具有重要的意义。一般情况标准体系评价在施工完成后进行，但当出现下列情况时，需及时组织评价工作：

1）国家法规、制度发生变化时；

2）发布了新的国家标准、行业标准和地方标准，并与项目有较强关联；

3）相关国家标准、行业标准、地方标准修订，与项目有较强关联；

4）企业不具备某项标准的实施条件，对工程建设有较大影响；

5）企业管理要求开展评价。

（2）评价的内容

开展标准体系评价，依据国家有关的方针、政策，以及法律法规，包括保障国家安全、工程质量和安全、保证人身健康、节约能源资源、保护环境等，还有《建筑法》、《标准化法》和《标准化法实施条例》法律法规。

评价的内容包括体系的完整性和适用性，核心要求就是要保证标准体系覆盖工程建设活动各个环节，有效保障工程安全和质量、人身健康。主要要求如下：

1）施工方法标准：对工程项目建设施工中各分项工程的操作工艺要求均有明确的规定，并对各操作环节均有明确的技术要求。

2）工程质量标准：各施工项目、各分项均有明确的质量验收标准。

3）产品标准：工程中所采用的建筑材料和产品均有相应的质量和性能的标准，以及检验试验的方法标准。

4）安全环境卫生标准：标准体系中规定的各项技术、管理措施全面、有效，并符合法规、政策的要求，项目建设过程中未发生任何事故。

5）管理标准：满足企业和项目管理的要求，并保证工程项目建设活动高效运行。

6）工作标准：能够覆盖各岗位人员，并满足企业和项目管理的要求。

（3）要求

标准体系涉及面广，对于工程项目标准体系评价，应由项目主要负责人牵头组织，标准员负责实施。首先，应通过问卷或访谈的形式向相关岗位管理人员征求意见，汇总意见后，组织召开相关人员参加的会议，共同讨论确定评价的结论。

评价的结论应包括标准体系是否满足工程建设的需要和整改措施建议两部分，其中整改措施建议应包括两方面，一是针对工程项目施工还有哪些环节或工作需要制定标准，二是现行的国家标准、行业标准、地方标准哪些方面需要进行改进和完善，特别是现行标准中规定的技术方法和指标要求有哪些不适应当前工程建设的需要。

对于现行标准中存在的不足和改进的措施建议，标准员应向工程建设标准化管理机构提交。

3.3.2 标准实施评价类别

标准实施的评价，是工程建设标准化主管部门开展的一项推动标准实施、加强和改进标准化工作的一项活动。目的是在工程建设活动中，通过评价全面把握标准实施如何、实施总体效果如何、标准还需要改进的方面等。以利于更好地发挥标准化对工程建设的引导和约束作用，推进标准化工作的快速、持续、健康发展具有重要意义。

根据工程建设领域的实施标准的特点，将工程建设标准实施评价分为标准实施状况、标准实施效果和标准科学性三类。其中，又将标准实施状况再分为推广标准状况和标准应用状况两类。进行评价类别划分主要考虑到评价的内容和通过评价反映出的问题存在着差别，开展标准实施状况评价，主要针对标准化管理机构和标准应用单位推动标准实施所开展的各项工作，目的是通过评价改进推动标准实施工作；开展标准实施效果评价，主要针对标准在工程建设中应用所取得的效果，为改进工程建设标准工作提供支撑；开展标准科学性评价主要针对标准内容的科学合理性，反映标准的质量和水平。

3.3.3 不同类别标准的实施评价重点与指标

在标准实施过程中，不同主体对标准实施的任务不同，工作性质有很大差别，为便于评价，需要对标准类别进行划分，选择适用的评价指标进行评价。

根据被评价标准的内容构成及其适用范围，工程建设标准可分为基础类、综合类和单项类标准。对基础类标准，一般只进行标准的实施状况和科学性评价，因为基础类标准具有特殊性，其一般不会产生直接的经济效益、社会效益和环境效益。对实施状况、科学性进行评价，基本能反映这类标准实施的基本情况。对综合类及单项类标准，应根据其适用范围所涉及的环节，按表 3-8 的规定确定其评价类别与指标。

综合类及单项类标准对应评价类别与指标　　　　　　表 3-8

项目　　　环节	实施状况评价		效果评价			科学性评价		
	推广标准状况	执行标准状况	经济效果	社会效果	环境效果	可操作性	协调性	先进性
规划	√	√	√	√	√	√	√	√
勘察	√	√	√	√	√	√	√	√
设计	√	√	√	√	√	√	√	√
施工	—	√	—	√	√	—	√	√
质量验收	—	√				—	○	√
管理	○	○				√	√	√
检验、鉴定、评价		√		√		√	√	—
运营维护、维修	—	√	√	—		√	√	√

注："√"表示本指称道用于该环节的评价。
　　"○"表示本指标不适用于该环节的评价。

对于涉及质量验收和检验、鉴定、评价的工程建设标准或内容不评价经济效果，主要考虑到这两类标准实施过程中不能产生经济效果或产生的经济效果较小。经济效果是指投入和产出的比值，包括了物质的消耗和产出及劳动力的消耗，而质量验收和检验、鉴定、评价等类标准的主要内容是规定相关程序和指标，例如，《混凝土结构工程施工质量验收规范》GB 50204—2015，规定了混凝土结构工程施工质量验收的程序和方法以及反映混凝土结构实体质量的各项指标。实施这类标准，不会产生物质的消耗和产出，对于劳动力的消耗，只要开展质量验收和检验、鉴定、评价等项工作，劳动力消耗总是存在的，不会产生大的变化，在劳动力消耗方面也就不会产生经济效果，或者产生的经济效果很小。

对质量验收、管理和检验、鉴定、评价以及运营维护、维修等类工程建设标准或内容不评价环境效果，主要考虑这几类标准及相关标准对此规定的内容主要是规定程序、方法和相关指标，例如，《生活垃圾焚烧厂运行维护与安全技术规程》CJJ 128—2009 规定了各设备、设施、环境检测等的运行管理、维护保养、安全操作的要求。不会产生物质消耗，也不会产生对环境产生影响的各种污染物，因此，对这类标准不评价其环境效果。

3.3.4 标准实施状况评价

3.3.4.1 标准实施状况评价的内容

标准的实施状况是指标准批准发布后一段时间内，各级建设行政主管部门、工程建设科研、规划、勘察、设计、施工、安装、监理、检测、评估、安全质量监督、施工图审查机构以及高等院校等相关单位实施标准的情况。考量、分析、研判标准的实施状况时，考虑在标准实施过程中，不同主体对标准实施的任务不同，工作性质有很大差别，为便于评价进行，将评价划分为标准推广状况评价和标准执行状况评价，最后通过综合各项评价指标的结果，得到标准实施评价状况等级。

标准的推广状况是指标准批准发布后，标准化管理机构为保证标准有效实施，进行的标准宣传、培训等活动以及标准出版发行等。

标准的执行状况是指标准批准发布后，工程建设各方应用标准、标准在工程中应用以及专业技术人员执行标准和专业技术人员对标准的掌握程度等方面的状况。

3.3.4.2 标准推广状况评价

根据工程建设标准化工作的相关规定，标准批准发布公告发布后，主管部门要通过网络、杂志等有关媒体及时向社会发布，各级住房和城乡建设行政主管部门的标准化管理机构有计划地组织标准的宣贯和培训活动。同时，对于一些重要的标准，地方住房和城乡建设行政主管部门根据管理的需要制定以标准为基础的管理措施，相关管理机构组织编写培训教材、宣贯材料，社会机构编写在工程中使用的手册、指南、软件、图集等将标准的要求纳入其中，这些措施将会有力推动标准的实施。因此，将这些推动标准实施的措施作为推广状况评价的指标。

对基础类标准，采用评价标准发布状况、标准发行状况两项指标评价推广标准状况。现行工程建设标准中，基础类标准大部分是术语、符号、制图、代码和分类等标准，通过标准发布状况和标准发行状况的评价即可反映标准的推广状况。

对单项类和综合类，应采用标准发布状况、标准发行状况、标准宣贯培训状况、管理制度要求、标准衍生物状况等五项指标评价推广标准状况。对于单项类和综合类标准，评价推广标准状况时，要综合评价各项推广措施，设置了标准发布状况、标准发行状况、标准宣贯培训状况、管理制度要求、标准衍生物状况等五项指标，对推广状况进行评价。

表 3-9 是各类标准评价指标中的评价内容，是制定评价工作方案、编制调查问卷和开展专家调查、实地调查的依据。

标准推广状况评价内容　　　　　　　　　　　　　　表 3-9

指标	评价内容
标准发布状况	1. 是否面向社会在相关媒体刊登了标准发面的信息； 2. 是否及时发布了相关信息
标准发行状况	标准发行量比率（实际销售量/理论销售量*）
标准宣贯培训状况	1. 工程建设标准化管理机构及相关部门、单位是否开展了标准宣贯活动； 2. 社会培训机构是否开展了以所评价的标准为主要内容的培训活动
管理制度要求	1. 所评价区域的政府是否制定了以标准为基础加强某方面管理的相关政策； 2. 所评价区域的政府是否制定了促进标准实施的相关措施
标准衍生物状况	是否有与标准实施相关的指南、手册、软件、图集等标准衍生物在评价区域内销售

注：* 理论销售量应根据标准的类别、性质，结合评价区域内使用标准的专业技术人员的数量估算得出。

　　评价标准发布状况是要评价工程建设标准化管理机构在有关媒体发布的标准批准发布的信息的情况，评价的内容包括，工程建设国家标准、行业标准发布后，各省、自治区、直辖市住房和城乡建设主管部门是否及时在有关媒体转发标准发布公告，以及采取其他方法发布信息。及时发布的时限不能超过标准实施的时间。

　　在管理制度要求中规定的"以标准为基础"是指，在所评价区域政府为加强某方面管理制定的政策、制度中，明确规定将相关单项标准或一组标准的作为履行职责或加强监督检查的依据。

　　在估算理论销售量时，评价区域内使用标准的专业技术人员的数量要主要以住房和城乡建设主管部门统计的数量为依据，根据标准的类别、性质进行折减，作为理论销售量，一般将折减系数确定为，基础标准 0.2，通用标准 0.8，专用标准 0.6。统计实际销售量时，需调查所辖区域的全部标准销售书店，汇总各书店的销售数量，作为实际销售量。或者在收集评价资料时，通过调查取得数据。例如，评价某一设计规范，可以采用住房和城乡建设主管部门发布的相关专业技术人员的数量为基准，乘以折减系数定为理论销售量。当缺乏相关统计数据时，需选择典型单位进行专项调查，将所调查单位的相关专业技术人员的全部数量乘以折减系数作为理论销售量，所调查单位拥有的所评价标准的全部数量作为实际销售量。

3.3.4.3　标准执行状况评价

　　执行标准状况采用单位应用状况、工程应用状况、技术人员掌握标准状况等三项指标进行评价，评价内容见表 3-10。

标准执行状况评价内容　　　　　　　　　　　　　　表 3-10

标准应用状况	评价内容
单位应用状况	1. 是否将所评价的标准纳入到单位的质量管理体系中； 2. 所评价的标准在质量管理体系中是否"受控"； 3. 是否开展了相关的宣贯、培训工作
工程应用状况	1. 执行率*； 2. 在工程中是否有准确、有效应用
技术人员掌握标准状况	1. 技术人员是否掌握了所评价标准的内容； 2. 技术人员是否能准确应用所评价的标准

注：* 执行率是指被调查单位自所评价的标准实施之后所承担的项目中，应用了所评价的标准的项目数量与所评价标准适用的项目数量的比值。

单位应用标准状况中，"质量管理体系"泛指企业的各项技术、质量管理制度、措施的集合。进行单位应用标准状况评价时，要求标准作为单位管理制度、措施的一项内容，或者相关管理制度、措施明确保障该项标准的有效实施。"受控"是指单位通过 ISO 9000 质量管理体系认证，所评价的标准是受控文件。标准的宣贯、培训包括了被评价单位派技术人员参加主管部门和社会培训机构开展的宣贯培训、继续教育培训和本单位组织开展的相关培训。

评价工程应用状况，首先要判定所评价标准的适用范围。其次，梳理被调查的单位应使用所评价标准开展的工程设计、施工、监理项目及相关管理工作范围，然后利用抽样调查、实地调查的方法对该指标进行调查、评价。

标准执行率指所调查的适用所评价标准的项目中，应用了所评价标准的项目所占的比率。例如，评价《混凝土结构设计规范》GB 50010—2010 时，统计被调查单位所承担的项目中适用《混凝土结构设计规范》GB 50010—2010 的项目总数量，作为基数，再分别统计所适用的项目中全面执行了《混凝土结构设计规范》GB 50010—2010 中强制性条文的项目总数量，和全面执行了非强制性条文的项目总数量，与项目总数量的比值作为执行率。

3.3.5 标准实施效果评价

工程建设标准化的目的是促进最佳社会效益、经济效益、环境效益和获得最佳资源、能源使用效率，因此，在标准实施效果评价中设置经济效果、社会效果、环境效果等三个指标，使得标准的实施效果体现在具体某一（经济效果、社会效果、环境效果）因素的控制上。评价结果一般是可量化的，能用数据的方式表达的，也可以是对实施自身、现状等进行比较，即也可以是不可量化的效果。

评价综合类标准实施效果时，要考虑标准实施后对规划、勘察、设计、施工、运行等工程建设全过程各个环节的影响，分别进行分析，综合评估标准的实施效果，实施效果评价内容见表 3-11。

实施效果评价内容   表 3-11

指标	评价内容
经济效果	1. 是否有利于节约材料； 2. 是否有利于提高生产效率； 3. 是否有利于降低成本
社会效果	1. 是否对工程质量和安全产生影响； 2. 是否对施工过程安全生产产生影响； 3. 是否对技术进步产生影响； 4. 是否对人身健康产生影响； 5. 是否对公众利益产生影响
环境效果	1. 是否有利于能源资源节约； 2. 是否有利于能源资源合理利用； 3. 是否有利于生态环境保护

在评价实施效果的各项指标时，可采用对比的方式进行评价，首先要详细分析所评价标准中规定的各项技术方法和指标，再针对本条规定各项评价内容，将标准实施后的效果与实施前进行对比分析，确定所取得的效果，其中，新制定的标准，要分析标准"有"和"无"两种情况对比所取得的效果，经过修订的标准，要分析标准修订前后对比所取得的效果。

工程建设标准作为工程建设活动的技术依据，规定了工程建设的技术方法和保证建设工程可靠性的各项指标要求，是技术、经济、管理水平的综合体现。由于一项标准仅仅规定了工程建设过程中部分环节的技术要求，实施后所产生的效果有一定的局限性，同时，标准也是一把"双刃剑"，方法和指标规定的不合理，会造成浪费、增加成本、影响环境，因此，在确定评价结果中，应当考虑单项标准的局限性和标准的"双刃剑"作用。

3.3.6 标准科学性评价

标准的科学性是衡量标准满足工程建设技术需求程度，首先应包括标准对国家法律、法规、政策的适合性，在纯技术层面还包括标准的可操作性、与相关标准的协调性和标准本身的技术先进性。

建设工程关系到社会生产经营活动的正常运行，也关系到人民生命财产安全。建设工程要消耗大量的资源，直接影响到环境保护、生态平衡和国民经济的可持续发展。建设工程中要使用大量的产品作为建设的原材料、构件及设备等，工程建设标准必须对它们的性能、质量作出规定，以满足建设工程的规划、设计、建造和使用的要求；同时，建设工程在规划、设计、建造、维护过程中也需要应用大量的设计技术、建造技术、施工工艺、维护技术等，工程建设标准也需要对这些技术的应用提出要求或作出规定，保证这些技术的合理应用。

工程建设标准的科学性评价就是要在以上这些方面进行衡量。在国家政策层面，对社会公共安全、人民生命安全与身体健康、生态环境保护、节能与节约资源等方面都有相应要求，标准的规定应适合这些要求。

为使建设工程满足国家政策要求，满足社会生产、服务、经营以及生活的需要，工程建设标准的规定应该是明确的，能够在工程中得到具体、有效的执行落实，同时也符合我国的实际情况，所提出的指导性原则、技术方法等应该是经过实践证明可行的。

每一项工程建设标准都在标准体系中占有一定的地位，起着一定的作用，一般都是需要有相关标准配合使用或者是其他标准实施的相关支持性标准。因此，标准都不是独立的，而是相互关联的，标准之间需要协调。

由于社会在进步、技术在不断发展、产品在不断更新，建设工程随着发展也需要实现更高的目标、更高的要求、达到更好的效果，更节约资源、降低造价，这样就需要成熟的先进技术、先进的工艺、性能良好的产品应用到工程建设中，标准需要及时地做出调整。所以，标准需要适应新的需求，能够应用新技术、新产品、新工艺。同时，标准的体系、每一项标准的框架也需要实时进行调整，满足不断变化的工程需求。

基于以上的分析，基础类标准的科学性评价内容见表 3-12，单项类和综合类标准的科学性评价内容见表 3-13。

基础类标准科学性评价内容 表 3-12

	评价内容
科学性	1. 标准内容是否得到行业的广泛认同、达成共识； 2. 标准是否满足其他标准和相关使用的需求； 3. 标准内容是否清晰合理、条文严谨准确、简练易懂； 4. 标准是否与其他基础类标准相协调

工程建设标准体系中，基础类标准主要规定术语、符号、制图等方面的要求，对基础类标准要求协调、统一，并得到广泛的认同，条文要简练、严谨，满足使用要求，因此，评价基础类标准的科学性，要突出标准的特点，评价时对各项规定要逐一进行评价。

综合类标准需要将所涉及每个环节的可操作性、协调性、先进性分别进行评价，再综合确定所评价标准的科学性。

单项类和综合类标准科学性评价内容　　　　　　　　　　表 3-13

指标	评价内容
可操作性	1. 标准中规定的指标和方法是否科学合理； 2. 标准条文是否严谨、准确、容易把握； 3. 标准在工程中应用是否方便、可行
协调性	1. 标准内容是否符合国家政策的规定； 2. 标准内容是否与同级标准不协调； 3. 行业标准、地方标准是否与上级标准不协调
先进性	1. 是否符号国家的技术经济政策； 2. 标准是否采用了可靠的先进技术或适用科研成果； 3. 与国际标准或国外先进标准相比是否达到先进的水平

进行标准科学性评价时，要广泛调查国家相关法律法规、政策和标准，要将所评价标准的各项指标要求和技术规定按照评价内容的要求逐一分析，再综合分析结果，对照划分标准确定评价结果。

第4章 工程建设相关标准

4.1 基础标准

在工程建设标准体系中，基础标准是指在某一专业范围内作为其他标准的基础并普遍使用，具有广泛指导意义的术语、符号、计量单位、图形、模数、基本分类、基本原则等的标准。如城市规划术语标准、建筑结构术语和符号标准等。

《建筑设计术语标准》，规定建筑学基本术语的名称，对应的英文名称，定义或解释适用于各类建筑中设计，建筑构造、技术经济指标等名称。

《房屋建筑制图统一标准》，规定房屋建筑制图的基本和统一标准，包括图线、字体、比例、符号、定位轴线、材料图例、画法等。

《建筑制图标准》，本标准规定建筑及室内设计专业制图标准化，包括建筑和装修图线、图例、图样画法等。

4.2 施工技术规范

4.2.1 概念

随着建筑工程技术的发展，新材料和新结构体系的出现，要求建筑结构施工技术与之相适应。城市建设的发展和地下空间的开发等，对施工技术提出了更高的要求。因此国内外均非常重视建筑工程技术的研究开发及新技术的应用。而施工工艺规范则是对建筑工程和市政工程的施工条件、程序、方法、工艺、质量、机械操作等的技术指标，以文字形式作出规定的工程建设标准。

施工技术规范是施工企业进行具体操作的方法，是施工企业的内控标准，他是企业在统一验收规范的尺度下进行竞争的法宝，把企业的竞争机制引入到拼实力、拼技术上来，真正体现市场经济下企业的主导地位。施工技术规范的构成复杂，它既可以是一项专门的技术标准，也可以是施工过程中某专项的标准，这些标准主要体现在行业标准、地方标准的一些技术规程、操作规程，如《混凝土泵送施工技术规程》JGJ/T 10、《钢筋机械连接技术规程》JGJ 107、《钢筋焊接网混凝土结构技术规程》JGJ/T 114、《冷轧扭钢筋混凝土构件技术规程》JGJ 115、《建筑基坑支护技术规程》JGJ 120、《约束砌体与配筋砌体结构技术规程》JGJ 13《混凝土小型空心砌块建筑技术规程》JGJ/T 14、《轻骨料混凝土技术规程》JGJ 51、《预应力筋用锚具、夹具和连接器应用技术规程》JGJ 85、《冷轧带肋钢筋混凝土结构技术规程》JGJ 95、《钢框胶合板模板技术规程》JGJ 96 等等。

但是我们也要看到，我们的企业长期以来习惯执行一个国家、行业或地方的标准，一些中小企业还没有建立起自己的企业标准和施工技术规范,特别是一些基础性、常规性的施工技术规范,没有标准是不能施工的,不能进行"无标生产"。对于这样的情况,企业优先采用施工地方操作规程,可以将一些协会标准、施工指南、手册等技术进行转化为本企业的标准。

施工技术规范所涉及的范围广,既可以是操作规程、工法,也可以是规范。如果我们把工艺、方法编成政府的标准,就有可能影响技术进步,使新技术、新材料、新工艺成为"非法";也可能因条件改变遵守规范出现问题时仍然"合法",使规范成为掩护技术落后的借口。工艺、方法内容强制化将不利于市场竞争和技术优化。过多地照顾落后的中小企业将使我们在国际竞争中面临更大困难。工艺、方法类内容本来就属于生产控制的范畴,除少量涉及验收的内容须在验收规范中反映外,应以推荐性标准或企业标准的形式反映。

这样做完全没有放弃对质量严格控制的意思。

4.2.2 重要施工技术规范列表

重要施工技术规范列表　　　　　　　　　　表 4-1

序号	标准名称	标准编号
1	冷弯薄壁型钢结构技术规范	GB 50018—2002
2	岩土锚杆与喷射混凝土支护工程技术规范	GB 50086—2015
3	地下工程防水技术规范	GB 50108—2008
4	膨胀土地区建筑技术规范	GB 50112—2013
5	滑动模板工程技术规范	GB 50113—2005
6	混凝土外加剂应用技术规范	GB 50119—2013
7	混凝土质量控制标准	GB 50164—2011
8	钢筋混凝土升板结构技术规范	GBJ 130—1990
9	粉煤灰混凝土应用技术规范	GB/T 50146—2014
10	汽车加油加气站设计与施工规范	GB 50156—2012
11	蓄滞洪区建筑工程技术规范	GB 50181—1993
12	建设工程施工现场供用电安全规范	GB 50194—2014
13	组合钢模板技术规范	GB/T 50214—2013
14	土工合成材料应用技术规范	GB/T 50290—2014
15	管井技术规范	GB 50296—2014
16	住宅装饰装修工程施工规范	GB 50327—2001
17	建筑边坡工程技术规范	GB 50330—2013
18	医院洁净手术部建筑技术规范	GB 50333—2013
19	混凝土电视塔结构技术规范	GB 50342—2003
20	屋面工程技术规范	GB 50345—2012
21	生物安全实验室建筑技术规范	GB 50346—2011
22	建筑给水塑料管道工程技术规程	CJJ/T 98—2014
23	木骨架组合墙体技术规范	GB/T 50361—2005
24	建筑与小区雨水控制及利用工程技术规范	GB 50400—2016
25	硬泡聚氨酯保温防水工程技术规范	GB 50404—2007
26	预应力混凝土路面工程技术规范	GB 50422—2007
27	水泥基灌浆材料应用技术规范	GB/T 50448—2015

序号	标准名称	标准编号
28	城市轨道交通技术规范	GB 50490—2009
29	城镇燃气技术规范	GB 50494—2009
30	大体积混凝土施工规范	GB 50496—2009
31	建筑施工组织设计规范	GB/T 50502—2009
32	重晶石防辐射混凝土应用技术规范	GB/T 50557—2010
33	墙体材料应用统一技术规范	GB 50574—2010
34	环氧树脂自流平地面工程技术规范	GB/T 50589—2010
35	乙烯基酯树脂防腐蚀工程技术规范	GB/T 50590—2010
36	智能建筑工程施工规范	GB 50606—2010
37	纤维增强复合材料建设工程应用技术规范	GB 50608—2010
38	住宅信报箱工程技术规范	GB 50631—2010
39	建筑工程绿色施工评价标准	GB/T 50640—2010
40	混凝土结构工程施工规范	GB 50666—2011
41	预制组合立管技术规范	GB 50682—2011
42	坡屋面工程技术规范	GB 50693—2011
43	建设工程施工现场消防安全技术规范	GB 50720—2011
44	预防混凝土碱骨料反应技术规范	GB/T 50733—2011
45	装配式混凝土结构技术规程	JGJ 1—2014
46	高层建筑混凝土结构技术规程	JGJ 3—2010
47	高层建筑筏形与箱形基础技术规范	JGJ 6—2011
48	空间网格结构技术规程	JGJ 7—2010
49	混凝土泵送施工技术规程	JGJ/T 10—2011
50	轻骨料混凝土结构技术规程	JGJ 12—2006
51	混凝土小型空心砌块建筑技术规程	JGJ/T 14—2011
52	蒸压加气混凝土建筑应用技术规程	JGJ/T 17—2008
53	钢筋焊接及验收规程	JGJ 18—2012
54	冷拔低碳钢丝应用技术规程	JGJ 19—2010
55	V形折板屋盖设计与施工规程	JGJ/T 21—93
56	施工现场临时用电安全技术规范	JGJ 46—2005
57	轻骨料混凝土技术规程	JGJ 51—2002
58	普通混凝土用砂、石质量标准及检验方法	JGJ 52—2006
59	房屋渗漏修缮技术规程	JGJ/T 53—2011
60	普通混凝土配合比设计规程	JGJ 55—2011
61	混凝土用水标准	JGJ 63—2006
62	液压滑动模板施工安全技术规程	JGJ 65—2013
63	建筑工程大模板技术规程	JGJ 74—2003
64	建筑地基处理技术规范	JGJ 79—2012
65	钢结构焊接规范	GB 50661—2011
66	钢结构高强度螺栓连接技术规程	JGJ 82—2011
67	预应力筋用锚具、夹具和连接器应用技术规程	JGJ 85—2010
68	无粘结预应力混凝土结构技术规程	JGJ 92—2016

序号	标准名称	标准编号
69	建筑桩基技术规范	JGJ 94—2008
70	冷轧带肋钢筋混凝土结构技术规程	JGJ 95—2011
71	钢框胶合板模板技术规程	JGJ 96—2011
72	砌筑砂浆配合比设计规程	JGJ/T 98—2010
73	高层民用建筑钢结构技术规程	JGJ 99—2015
74	玻璃幕墙工程技术规范	JGJ 102—2003
75	塑料门窗工程技术规程	JGJ 103—2008
76	建筑工程冬期施工规程	JGJ/T 104—2011
77	机械喷涂抹灰施工规程	JGJ/T 105—2011
78	钢筋机械连接技术规程	JGJ 107—2010
79	建筑与市政工程地下水控制技术规范	JGJ 111—2016
80	建筑玻璃应用技术规程	JGJ 113—2015
81	钢筋焊接网混凝土结构技术规程	JGJ 114—2014
82	冷轧扭钢筋混凝土构件技术规程	JGJ 115—2006
83	建筑基坑支护技术规程	JGJ 120—2012
84	工程网络计划技术规程	JGJ/T 121—2015
85	既有建筑地基基础加固技术规范	JGJ 123—2012
86	外墙饰面砖工程施工及验收规程	JGJ 126—2000
87	金属与石材幕墙工程技术规范	JGJ 133—2001
88	砌体结构设计规范	GB 50003—2011
89	组合结构设计规范	JGJ 138—2016
90	外墙外保温工程技术规程	JGJ 144—2004
91	混凝土异形柱结构技术规程	JGJ 149—2006
92	种植屋面工程技术规程	JGJ 155—2013
93	建筑轻质条板隔墙技术规程	JGJ/T 157—2014
94	地下建筑工程逆作法技术规程	JGJ 165—2010
95	清水混凝土应用技术规程	JGJ 169—2009
96	建筑陶瓷薄板应用技术规程	JGJ/T 172—2012
97	自流平地面工程技术规程	JGJ/T 175—2009
98	公共建筑节能改造技术规范	JGJ 176—2009
99	补偿收缩混凝土应用技术规程	JGJ/T 178—2009
100	逆作复合桩基技术规程	JGJ/T 186—2009
101	施工现场临时建筑物技术规范	JGJ/T 188—2009
102	钢筋阻锈剂应用技术规程	JGJ/T 192—2009
103	钢管满堂支架预压技术规程	JGJ/T 194—2009
104	液压爬升模板工程技术规程	JGJ 195—2010
105	施工企业工程建设技术标准化管理规范	JGJ/T 198—2010
106	型钢水泥土搅拌墙技术规程	JGJ/T 199—2010
107	喷涂聚脲防水工程技术规程	JGJ/T 200—2010
108	石膏砌块砌体技术规程	JGJ/T 201—2010
109	海砂混凝土应用技术规范	JGJ 206—2010

序号	标准名称	标准编号
110	装配箱混凝土空心楼盖结构技术规程	JGJ/T 207—2010
111	轻型钢结构住宅技术规程	JGJ 209—2010
112	刚—柔性桩复合地基技术规程	JGJ/T 210—2010
113	建筑工程水泥—水玻璃双液注浆技术规程	JGJ/T 211—2010
114	地下工程渗漏治理技术规程	JGJ/T 212—2010
115	现浇混凝土大直径管桩复合地基技术规程	JGJ/T 213—2010
116	铝合金门窗工程技术规范	JGJ 214—2010
117	铝合金结构工程施工规程	JGJ/T 216—2010
118	纤维石膏空心大板复合墙体结构技术规程	JGJ 217—2010
119	混凝土结构用钢筋间隔件应用技术规程	JGJ/T 219—2010
120	抹灰砂浆技术规程	JGJ/T 220—2010
121	纤维混凝土应用技术规程	JGJ/T 221—2010
122	预拌砂浆应用技术规程	JGJ/T 223—2010
123	预制预应力混凝土装配整体式框架结构技术规程	JGJ 224—2010
124	大直径扩底灌注桩技术规程	JGJ/T 225—2010
125	低张拉控制应力拉索技术规程	JGJ/T 226—2011
126	低层冷弯薄壁型钢房屋建筑技术规程	JGJ 227—2011
127	植物纤维工业灰渣混凝土砌块建筑技术规程	JGJ/T 228—2010
128	倒置式屋面工程技术规程	JGJ 230—2010
129	建筑外墙防水工程技术规程	JGJ/T 235—2011
130	建筑遮阳工程技术规范	JGJ 237—2011
131	混凝土基层喷浆处理技术规程	JGJ/T 238—2011
132	再生骨料应用技术规程	JGJ/T 240—2011
133	人工砂混凝土应用技术规程	JGJ/T 241—2011
134	建筑钢结构防腐蚀技术规程	JGJ/T 251—2011
135	钢筋锚固板应用技术规程	JGJ 256—2011
136	预制带肋底板混凝土叠合楼板技术规程	JGJ/T 258—2011
137	建筑排水塑料管道工程技术规程	CJJ/T 29—2010
138	民用房屋修缮工程施工规程	CJJ/T 53—1993
139	聚乙烯燃气管道工程技术规程	CJJ 63—2008
140	城镇直埋供热管道工程技术规程	CJJ/T 81—2013
141	建筑给水塑料管道工程技术规程	CJJ/T 98—2014
142	埋地塑料给水管道工程技术规程	CJJ 101—2016
143	城镇供热直埋蒸汽管道技术规程	CJJ/T 104—2014
144	管道直饮水系统技术规程	CJJ 110—2006
145	预应力混凝土桥梁预制节段逐跨拼装施工技术规程	CJJ/T 111—2006
146	游泳池给水排水工程技术规程	CJJ 122—2008
147	建筑排水金属管道工程技术规程	CJJ 127—2009
148	透水水泥混凝土路面技术规程	CJJ/T 135—2009
149	城镇地热供热工程技术规程	CJJ 138—2010
150	城市桥梁桥面防水工程技术规程	CJJ 139—2010

序号	标准名称	标准编号
151	埋地塑料排水管道工程技术规程	CJJ 143—2010
152	燃气冷热电三联供工程技术规程	CJJ 145—2010
153	城市户外广告设施技术规范	CJJ 149—2010
154	建筑给水金属管道工程技术规程	CJJ/T 154—2011
155	建筑给水复合管道工程技术规程	CJJ/T 155—2011

4.2.3　重点规范中的强制性条文

（1）《膨胀土地区建筑技术规范》GB50112—2013

3.0.3　地基基础设计应符合下列规定：

1　建筑物的地基计算应满足承载力计算的有关规定；

2　地基基础设计等级为甲级、乙级的建筑物，均应按地基变形设计；

3　建造在坡地或斜坡附近的建筑物以及受水平荷载作用的高层建筑、高耸构筑物和挡土结构、基坑支护等工程，尚应进行稳定性验算。验算时应计及水平膨胀力的作用。

5.2.2　膨胀土地基上建筑物的基础埋置深度不应小于1m。

5.2.16　膨胀土地基上建筑物的地基变形计算值，不应大于地基变形允许值。地基变形允许值应符合表5.2.16的规定。表5.2.16中未包括的建筑物，其地基变形允许值应根据上部结构对地基变形的适应能力及功能要求确定。

膨胀土地基上建筑物地基变形允许值　　　　　表 5.2.16

结构类型		相对变形		变形量 (mm)
		种类	数值	
砌体结构		局部倾斜	0.001	15
房屋长度三到四开间及四角有构造柱或配筋砌体承重结构		局部倾斜	0.0015	30
工业与民用建筑相邻柱基	框架结构无填充墙时	变形差	$0.001l$	3030
	框架结构有填充墙时	变形差	$0.0005l$	20
	当基础不均匀升降时不产生附加应力的结构	变形差	$0.003l$	40

注：l 为相邻柱基的中心距离（m）。

（2）《建筑桩基技术规范》JGJ 94—2008

8.1.5　挖土应均衡分层进行，对流塑状软土的基坑开挖，高差不应超过1m。

8.1.9　在承台和地下室外墙与基坑侧壁间隙回填土前，应排除积水，清除虚土和建筑垃圾，填土应按设计要求选料，分层夯实，对称进行。

9.4.2　工程桩应进行承载力和桩身质量检验。

（3）《高层建筑筏形与箱形基础技术规范》JGJ 6—2011

1.0.3　高层建筑筏形与箱形基础的设计与施工，应综合分析整个建筑场地的地质条件、施工方法、施工顺序、使用要求以及与相邻建筑的相互影响。

3.0.2　高层建筑筏形与箱形基础的地基设计应进行承载力和地基变形计算。对建造在斜坡上的高层建筑，应进行整体稳定验算。

3.0.3　高层建筑筏形与箱形基础设计和施工前应进行岩土工程勘察，为设计和施工提供依据。

6.1.7 基础混凝土应符合耐久性要求。筏形基础和桩箱、桩筏基础的混凝土强度等级不应低于C30；箱形基础的混凝土强度等级不应低于C25。

7.3.12 基坑开挖至设计标高并经验收合格后，应立即进行垫层施工，防止暴晒和雨水浸泡造成地基土破坏。

7.4.2 当筏形与箱形基础的长度超过40m时，应设置永久性的沉降缝和温度收缩缝。当不设置永久性的沉降缝和温度收缩缝时，应采取设置沉降后浇带、温度后浇带、诱导缝或用微膨胀混凝土、纤维混凝土浇筑基础等措施。

7.4.3 后浇带的宽度不宜小于800mm，在后浇带处，钢筋应贯通。后浇带两侧应采用钢筋支架和钢丝网隔断，保持带内的清洁，防止钢筋锈蚀或被压弯、踩弯。并应保证后浇带两侧混凝土的浇注质量。

7.4.6 沉降后浇带应在其两侧的差异沉降趋于稳定后再浇筑混凝土。

7.4.7 温度后浇带从设置到浇筑混凝土的时间不宜少于两个月。

(4)《复合土钉墙基坑支护技术规范》GB 50739—2011

6.1.3 土方开挖应与土钉、锚杆及降水施工密切结合，开挖顺序、方法应与设计工况相一致；复合土钉墙施工必须符合"超前支护，分层分段，逐层施作，限时封闭，严禁超挖"的要求。

(5)《建筑基坑支护技术规程》JGJ 120—2012

8.1.3 当基坑开挖面上方的锚杆、土钉、支撑未达到设计要求时，严禁向下超挖土方。

8.1.4 采用锚杆或支撑的支护结构，在未达到设计规定的拆除条件时，严禁拆除锚杆或支撑。

8.1.5 基坑周边施工材料、设施或车辆荷载严禁超过设计要求的地面荷载限值。

8.2.2 安全等级为一级、二级的支护结构，在基坑开挖过程与支护结构使用期内，必须进行支护结构的水平位移监测和基坑开挖影响范围内建（构）筑物、地面的沉降监测。

(6)《建筑边坡工程技术规范》GB 50330—2013

3.1.3 边坡的使用年限指边坡工程的支护结构能发挥正常支护功能的年限，边坡工程设计年限临时边坡为2年，永久边坡按50年设计，当受边坡支护结构保护的建筑物（坡顶塌滑区、坡下塌方区）为临时或永久性时，支护结构的设计使用年限应不低于上述值。因此，本条为强制性条文，应严格执行。

3.3.6 本条第1~3款所列内容是支护结构承载力计算和稳定性计算的基本要求，是边坡工程满足承载能力极限状态的具体内容，是支护结构安全的重要保证；因此，本条定为强制性条文，设计时上述内容应认真计算，满足规范要求以确保工程安全。

18.4.1 边坡工程施工中常因爆破施工控制不当对边坡及邻近建（构）筑物产生震害，因此本条作为强制性条文必须严格执行，规定爆破施工时应采取严密的爆破施工方案及控制爆破等有效措施，爆破方案应经设计、监理和相关单位审查后执行，并应采取避免产生震害的工程措施。

19.1.1 边坡塌滑区有重要建（构）筑物的一级边坡工程施工时必须对坡顶水平位移、垂直位移、地表裂缝和坡顶建（构）筑物变形进行监测。

（7）《湿陷性黄土地区建筑基坑工程安全技术规程》JGJ 167—2009

13.2.4 基坑的上、下部和四周必须设置排水系统，流水坡向应明显，不得积水。基坑上部排水沟与基坑边缘的距离应大于2m，沟底和两侧必须作防渗处理。基坑底部四周应设置排水沟和集水坑。

（8）《建筑地基处理技术规范》JGJ 79—2012

4.4.2 换填垫层的施工质量检验应分层进行，并应在每层的压实系数符合设计要求后铺填土层。

5.4.2 预压地基竣工验收检验应符合下列规定：

1 排水竖井处理深度范围内和竖井底面以下受压土层，经预压所完成的竖向变形和平均固结度应满足设计要求；

2 应对预压的地基土进行原位试验和室内土工试验。

6.2.5 压实地基的施工质量检验应分层进行。每完成一道工序，应按设计要求进行验收，未经验收或验收不合格时，不得进行下一道工序施工。

6.3.10 当强夯施工所引起的振动和侧向挤压对邻近建构筑物产生有害影响时，应设置监测点，并采取挖隔振沟等隔振或防振措施。

6.3.13 强夯处理后的地基竣工验收，承载力检验应根据静载荷试验、其他原位测试和室内土工试验等方法综合确定。强夯置换后的地基竣工验收，除应采用单墩静载荷试验进行承载力检验外，尚应采用动力触探等查明置换墩着底情况及密度随深度的变化情况。

7.1.2 对散体材料复合地基增强体应进行密实度检验；对有粘结强度复合地基增强体应进行强度及桩身完整性检验。

7.1.3 复合地基承载力的验收检验应采用复合地基静载荷试验，对有粘结强度的复合地基增强体尚应进行单桩静载荷试验。

7.3.6 水泥土搅拌桩干法施工机械必须配置经国家计量部门确认的具有能瞬时检测并记录出粉体计量装置及搅拌深度自动记录仪。

8.4.4 注浆加固处理后地基的承载力应进行静载荷试验检验。

10.2.7 处理地基上的建筑物应在施工期间及使用期间进行沉降观测，直至沉降达到稳定标准为止。

（9）《混凝土异形柱结构技术规程》JGJ 149—2006

7.0.2 异形柱结构的模板及其支架应根据工程结构的形式、荷载大小、地基土类别、施工设备和材料供应等条件进行专门设计。模板及其支架应具有足够的承载力、刚度和稳定性，应能可靠地承受浇筑混凝土的重量、侧压力和施工荷载。

7.0.3 异形柱结构的纵向受力钢筋，应符合国家标准《混凝土结构设计规范》GB 50010—2002第4.2.2条的要求，对二级抗震等级设计的框架结构，检验所得的强度实测值，尚应符合下列要求：

1 钢筋的抗拉强度实测值与屈服强度实测值的比值不应小于1.25；

2 钢筋的屈服强度实测值与标准值的比值不应大于1.3。

（10）《滑动模板工程技术规范》GB 50113—2005

5.1.3 滑模装置设计计算必须包括下列荷载：

1 模板系统、操作平台系统的自重（按实际重量计算）；

2 操作平台上的施工荷载，包括操作平台上的机械设备及特殊设施等的自重（按实际重量计算），操作平台上施工人员、工具和堆放材料等；

3 操作平台上设置的垂直运输设备运转时的额定附加荷载，包括垂直运输设备的起重量及柔性滑道的张紧力等（按实际荷载计算）；垂直运输设备刹车时的制动力；

4 卸料对操作平台的冲击力，以及向模板内倾倒混凝土时混凝土对模板的冲击力；

5 混凝土对模板的侧压力；

6 模板滑动时混凝土与模板之间的摩阻力，当采用滑框倒模施工时，为滑轨与模板之间的摩阻力；

7 风荷载。

5.1.3 滑模装置设计计算必须包括下列荷载：

1 模板系统、操作平台系统的自重；

2 操作平台上的施工荷载，包括操作平台上的机械设备及特殊设施等的自重，操作平台上施工人员、工具和堆放材料等的重量；

3 操作平台上设置的垂直运输设备运转时的额定附加荷载，包括垂直运输设备的起重量及柔性滑道的张紧力、垂直运输设备刹车时的制动力；

4 卸料对操作平台的冲击力，倾倒混凝土时混凝土对模板的冲击力；

5 混凝土对模板的侧压力；

6 模板滑动时混凝土与模板之间的摩阻力，当采用滑框倒模施工时，为滑轨与模板之间的摩阻力；

7 风荷载。

6.3.1 支承杆的直径、规格应与所使用的千斤顶相适应，第一批插入千斤顶的支承杆其长度不得少于 4 种，两相邻接头高差不应小于 1m，同一高度上支承杆接头数不应大于总量的 1/4。当采用钢管支承杆且设置在混凝土体外时，对支承杆的调直、接长、加固应作专项设计，确保支承体系的稳定。

6.4.1 用于滑模施工的混凝土，应事先做好混凝土配比的试配工作，其性能除应满足设计所规定的强度、抗渗性、耐久性以及季节性施工等要求外，尚应满足下列规定：

1 混凝土早期强度的增长速度，必须满足模板滑升速度的要求；

6.6.9 在滑升过程中，应检查操作平台结构、支承杆的工作状态及混凝土的凝结状态，发现异常时，应及时分析原因并采取有效的处理措施。

6.6.14 模板滑空时，应事先验算支承杆在操作平台自重、施工荷载、风荷载等共同作用下的稳定性，稳定性不满足要求时，应对支承杆采取可靠的加固措施。

6.6.15 混凝土出模强度应控制在 0.2～0.4MPa 或混凝土贯入阻力值在 0.30～1.05kN/cm² ；采用滑框倒模施工的混凝土出模强度不得小于 0.2MPa。

6.7.1 按整体结构设计的横向结构，当采用后期施工时，应保证施工过程中的结构稳定并满足设计要求。

8.1.6

2 混凝土出模强度的检查，应在滑模平台现场进行测定，每一工作班应不少于一次；当在一个工作班上气温有骤变或混凝土配合比有变动时，必须相应增加检查次数。

（11）《建筑工程大模板技术规程》JGJ 74—2003

3.0.2　组成大模板各系统之间的连接必须安全可靠。

3.0.4　大模板的支撑系统应能保持大模板竖向放置的安全可靠和在风荷载作用下的自身稳定性。地脚调整螺栓长度应满足调节模板安装垂直度和调整自稳角的需要，地脚调整装置应便于调整，转动灵活。

3.0.5　大模板钢吊环应采用 Q235A 材料制作并应具有足够的安全储备，严禁使用冷加工钢筋。焊接式钢吊环应合理选择焊条型号，焊缝长度和焊缝高度应符合设计要求；装配式吊环与大模板采用螺栓连接时必须采用双螺母。

4.2.1　配板设计应遵循下列原则：

3　大模板的重量必须满足现场起重设备能力的要求。

6.1.6　吊装大模板时应设专人指挥，模板起吊应平稳，不得偏斜和大幅度摆动。操作人员必须站在安全可靠处，严禁人员随同大模板一同起吊。

6.1.7　吊装大模板必须采用带卡环吊钩。当风力超过 5 级时应停止吊装作业。

6.5.1　大模板的拆除应符合下列规定：

6　起吊大模板前应先检查模板与混凝土结构之间所有对拉螺栓、连接件是否全部拆除，必须在确认模板和混凝土结构之间无任何连接后方可起吊大模板，移动模板时不得碰撞墙体；

6.5.2　大模板的堆放应符合下列要求：

1　大模板现场堆放区应在起重机的有效工作范围之内，堆放场地必须坚实平整，不得堆放在松土、冻土或凹凸不平的场地上。

2　大模板堆放时，有支撑架的大模板必须满足自稳角要求；当不能满足要求时，必须另外采取措施，确保模板放置的稳定。没有支撑架的大模板应存放在专用的插放支架上，不得倚靠在其他物体上，防止模板下脚滑移倾倒。

3　大模板在地面堆放时，应采取两块大模板板面对板面相对放置的方法，且应在模板中间留置不小于 600mm 的操作间距；当长时期堆放时，应将模板连接成整体。

（12）《钢框胶合板模板技术规程》JGJ 96—2011

3.3.1　吊环应采用 HPB235 钢筋制作，严禁使用冷加工钢筋。

4.1.2　模板及支撑应具有足够的承载能力、刚度和稳定性。

6.4.7　在起吊模板前，应拆除模板与混凝土结构之间所有对拉螺栓、连接件。

（13）《混凝土结构工程施工规范》GB 50666—2011

4.1.2　模板及支架应根据施工过程中的各种工况进行设计，应具有足够的承载力和刚度，并应保证其整体稳固性。

4.1.3　模板及其支架拆除的顺序及安全措施应按施工技术方案执行。

5.1.3　当需要进行钢筋代换时，应办理设计变更文件。

5.2.2　对有抗震设防要求的结构，其纵向受力钢筋的性能应满足设计要求；当设计无具体要求时，对按一、二、三级抗震等级设计的框架和斜撑构件（含梯段）中的纵向受力钢筋应采用 HRB335E、HRB400E、HRB500E、HRBF335E、HRBF400E 或 HRBF500E 钢筋，其强度和最大力下总伸长率的实测值应符合下列规定：

1　钢筋的抗拉强度实测值与屈服强度实测值的比值不应小于 1.25；

2 钢筋的屈服强度实测值与屈服强度标准值的比值不应大于1.30；

3 钢筋的最大力下总伸长率不应小于9%。

6.2.2 当预应力筋需要代换时，应进行专门计算，并应经原设计单位确认。

6.4.10 预应力筋张拉中应避免预应力筋断裂或滑脱。当发生断裂或滑脱时，应符合下列规定：

1 对后张法预应力结构构件，断裂或滑脱的数量严禁超过同一截面预应力筋总根数的3%，且每束钢丝或钢绞线不得超过一根；对多跨双向连续板，其同一截面应按每跨计算；

2 对先张法预应力构件，在浇筑混凝土前发生断裂或滑脱的预应力筋必须予以更换。

7.2.3

2 混凝土细骨料中氯离子含量应符合下列规定：

1）对钢筋混凝土，按干砂的质量百分率计算不得大于0.06%；

2）对预应力混凝土，按干砂的质量百分率计算不得大于0.02%；

7.2.10 未经处理的海水严禁用于钢筋混凝土和预应力混凝土拌制和养护。

7.6.3 原材料进场复验符合下列规定：

1 应对水泥的强度、安定性及凝结时间进行检验。同一生产厂家、同一品种、同一等级且连续进场的水泥袋装不超过200t为一检验批，散装不超过500t为一检验批；

7.6.4 当在使用中对水泥质量有怀疑或水泥出厂超过三个月（快硬硅酸盐水泥超过一个月）时，应进行复验，并应按复验结果使用。

8.1.3 混凝土运输、输送、浇筑过程中严禁加水；混凝土运输、输送、浇筑过程中散落的混凝土严禁用于结构浇筑。

（14）《钢筋焊接及验收规程》JGJ 18—2012

3.0.6 施焊的各种钢筋、钢板均应有质量证明书；焊条、焊丝、氧气、溶解乙炔、液化石油气、二氧化碳气体、焊剂应有产品合格证。

钢筋进场时，应按国家现行相关标准的规定抽取试件并作力学性能和重量偏差检验，检验结果必须符合国家现行有关标准的规定。

4.1.3 在钢筋工程焊接开工之前，参与该项工程施焊的焊工必须进行现场条件下的焊接工艺试验，应经试验合格后，方准于焊接生产。

5.1.7 钢筋闪光对焊接头、电弧焊接头、电渣压力焊接头、气压焊接头、箍筋闪光对焊接头、预埋件钢筋T形接头的拉伸试验，应从每一检验批接头中随机切取三个接头进行试验并应按下列规定对试验结果进行评定：

1 符合下列条件之一，应评定该检验批接头拉伸试验合格：

1）3个试件均断于钢筋母材，呈延性断裂，其抗拉强度大于或等于钢筋母材抗拉强度标准值。

2）2个试件断于钢筋母材，呈延性断裂，其抗拉强度大于或等于钢筋母材抗拉强度标准值；另一试件断于焊缝，呈脆性断裂，其抗拉强度大于或等于钢筋母材抗拉强度标准值的1.0倍。

注：试件断于热影响区，呈延性断裂，应视作与断于钢筋母材等同；试件断于热影响区，呈脆性断裂，应视作与断于焊缝等同。

2 符合下列条件之一，应进行复验：

1）2个试件断于钢筋母材，呈延性断裂，其抗拉强度大于或等于钢筋母材抗拉强度标准值；另一试件断于焊缝或热影响区，呈脆性断裂，其抗拉强度小于钢筋母材抗拉强度标准值的1.0倍。

2）1个试件断于钢筋母材，呈延性断裂，其抗拉强度大于或等于钢筋母材抗拉强度标准值；另2个试件断于焊缝或热影响区，呈脆性断裂。

3 3个试件均断于焊缝，呈脆性断裂，其抗拉强度均大于或等于钢筋母材抗拉强度标准值的1.0倍，应进行复验。当3个试件中有1个试件抗拉强度小于钢筋母材抗拉强度标准值的1.0倍，应评定该检验批接头拉伸试验不合格。

4 复验时，应切取6个试件进行试验。试验结果，若有4个或4个以上试件断于钢筋母材，呈延性断裂，其抗拉强度大于或等于钢筋母材抗拉强度标准值，另2个或2个以下试件断于焊缝，呈脆性断裂，其抗拉强度大于或等于钢筋母材抗拉强度标准值的1.0倍，应评定该检验批接头拉伸试验复验合格。

5 可焊接余热处理钢筋RRB400W焊接接头拉伸试验结果，其抗拉强度应符合同级别热轧带肋钢筋抗拉强度标准值540MPa的规定。

6 预埋件钢筋T形接头拉伸试验结果，3个接头试件的抗拉强度均大于或等于表5.1.7的规定值时，应评定该检验批接头试验合格。若有1个接头试件抗拉强度小于表5.1.7的规定值时，应进行复验。

复验时，应切取6个试件进行试验。复验结果，其抗拉强度均大于或等于表5.1.7的规定值时，应评定该检验批接头拉伸试验复验合格。

预埋件钢筋T形接头抗拉强度规定值 表5.1.7

钢筋牌号	抗拉强度规定值（MPa）	钢筋牌号	抗拉强度规定值（MPa）
HPB300	400	HRB500、HRBF500	610
HRB335、HRBF335	435	RRB400W	520
HRB400、HRBF400	520		

5.1.8 钢筋闪光对焊接头、气压焊接头进行弯曲试验时，应从每一个检验批接头中随机切取3个接头，焊缝应处于弯曲中心点，弯心直径和弯曲角度应符合表5.1.8的规定。

接头弯曲试验指标 表5.1.8

钢筋牌号	弯心直径	弯曲角度（°）
HPB300	$2d$	90
HRB335、HRBF335	$4d$	90
HRB400、HRBF400、RRB400W	$5d$	90
HRB500、HRBF500	$7d$	90

注：1 d为钢筋直径（mm）；
2 直径大于25mm的钢筋焊接接头，弯心直径应增加1倍钢筋直径。

弯曲试验结果应按下列规定进行评定：

1 当试验结果，弯曲至90°，有2个或3个试件外侧（含焊缝和热影响区）未发生宽度达到0.5mm的裂纹，应评定该检验批接头弯曲试验合格。

2 当有2个试件发生宽度达到0.5mm的裂纹，应进行复验。

3 当有3个试件发生宽度达到0.5mm的裂纹时，应评定该检验批接头弯曲试验不合格。

  4 复验时，应切取 6 个试件进行试验。复验结果，当不超过 2 个试件发生宽度达到 0.5mm 的裂纹时，应评定该检验批接头弯曲试验复验合格。

  6.0.1 从事钢筋焊接施工的焊工必须持有钢筋焊工考试合格证，并应按照合格证规定的范围上岗操作。

  7.0.4 焊接作业区防火安全应符合下列规定：

  1 焊接作业区和焊机周围 6m 以内，严禁堆放装饰材料、油料、木材、氧气瓶、溶解乙炔气瓶、液化石油气瓶等易燃、易爆物品；

  2 除必须在施工工作面焊接外，钢筋应在专门搭设的防雨、防潮、防晒的工房内焊接；工房的屋顶应有安全防护和排水设施，地面应干燥，应有防止飞溅的金属火花伤人的设施；

  3 高空作业的下方和焊接火星所及范围内，必须彻底清除易燃、易爆物品；

  4 焊接作业区应配置足够的灭火设备，如水池、沙箱、水龙带、消火栓、手提灭火器。

  （15）《钢筋焊接网混凝土结构技术规程》JGJ 114—2014

  3.1.3 钢筋焊接网的钢筋强度标准值应具有不小于 95% 的保证率。焊接网的钢筋强度标准值 f_{yk} 应按表 3.1.3 采用。

焊接网的钢筋强度标准值（N/mm²）

表 3.1.3

钢筋牌号	符号	钢筋公称直径（mm）	f_{yk}
CRB550	ΦR	5～12	500
CRB600H	ΦRH	5～12	520
HRB400	Φ		400
HRBF400	ΦF	6～18	400
HRB500	Φ		500
HRBF500	ΦF		500
CPB550	ΦCP	5～12	500

  3.1.5 焊接网钢筋的抗拉强度设计值 f_y 和抗压强度设计值 f'_y 应按表 3.1.5 采用，作受剪、受扭、受冲切承载力计算时，箍筋的抗拉强度设计值大于 360N/mm² 时应取 360N/mm²。

钢筋牌号	符号	f_y	f'_y
CRB550	ΦR	400	380
CRB600H	ΦRH	415	380
HRB400	Φ	360	360
HRBF400	ΦF	360	360
HRB500	Φ	435	410
HRBF500	ΦF	435	410
CPB550	ΦCP	360	360

  （16）《钢筋机械连接技术规程》JGJ 107—2010

  3.0.5 Ⅰ级、Ⅱ级、Ⅲ级接头的抗拉强度应符合表 3.0.5 的规定。

接头的抗拉强度

表 3.0.5

接头等级	Ⅰ级	Ⅱ级	Ⅲ级
抗拉强度	$f_{0mst} \geqslant f_{0st}$ 或 $\geqslant 1.10 f_{uk}$	$f_{0mst} \geqslant f_{uk}$	$f_{0mst} \geqslant f_{yk}$

注：f_{0mst}——接头试件实际抗拉强度；

$\quad f_{0st}$——接头试件中钢筋抗拉强度实测值；

$\quad f_{uk}$——钢筋抗拉强度标准值；

$\quad f_{yk}$——钢筋屈服强度标准值。

7.0.7 对接头的每一验收批，必须在工程结构中随机截取 3 个接头试件作抗拉强度试验，按设计要求的接头等级进行评定。当 3 个接头试件的抗拉强度均符合本规程表 3.0.5 中相应等级的强度要求时，该验收批应评为合格。如有 1 个试件的抗拉强度不符合要求，应再取 6 个试件进行复检。复检中如仍有 1 个试件的抗拉强度不符合要求，则该验收批应评为不合格。

(17)《钢筋锚固板应用技术规程》JGJ 256—2011

3.2.3 钢筋锚固板试件的极限拉力不应小于钢筋达到极限强度标准值时的拉力 $f_{stk} A_s$。

6.0.7 对螺纹连接钢筋锚固板的每一验收批，应在加工现场随机抽取 3 个试件作抗拉强度试验，并应按本规程第 3.2.3 条的抗拉强度要求进行评定。3 个试件的抗拉强度均应符合强度要求，该验收批评为合格。如有 1 个试件的抗拉强度不符合要求，应再取 6 个试件进行复检。复检中如仍有 1 个试件的抗拉强度不符合要求，则该验收批应评为不合格。

6.0.8 对焊接连接钢筋锚固板的每一验收批，应随机抽取 3 个试件，并按本规程第 3.2.3 条的抗拉强度要求进行评定。3 个试件的抗拉强度均应符合强度要求，该验收批评为合格。如有 1 个试件的抗拉强度不符合要求，应再取 6 个试件进行复检。复检中如仍有 1 个试件的抗拉强度不符合要求，则该验收批应评为不合格。

(18)《预应力筋用锚具、夹具和连接器应用技术规程》JGJ 85—2010

3.0.2 锚具的静载锚固性能，应由预应力筋—锚具组装件静载试验测定的锚具效率系数（η_a）和达到实测极限拉力时组装件中预应力筋的总应变（ε_{apu}）确定。锚具效率系数（η_a）不应小于 0.95，预应力筋总应变（ε_{apu}）不应小于 2.0%。锚具效率系数应根据试验结果并按下式计算确定：

$$\eta_a = F_{apu}/(\eta_p \cdot F_{pm}) \tag{3.0.2}$$

式中 η_a——由预应力筋—锚具组装件静载试验测定的锚具效率系数；

$\quad F_{apu}$——预应力筋—锚具组装件的实测极限拉力（N）；

$\quad F_{pm}$——预应力筋的实际平均极限抗拉力（N），由预应力筋试件实测破断荷载平均值计算确定；

$\quad \eta_p$——预应力筋的效率系数，其值应按下列规定取用：预应力筋—锚具组装件中预应力筋为 1～5 根时，$\eta_p=1$；6～12 根时，$\eta_p=0.99$；13～19 根时，$\eta_p=0.98$；20 根及以上时，$\eta_p=0.97$。

预应力筋—锚具组装件的破坏形式应是预应力筋的破断，锚具零件不应碎裂。夹片式锚具的夹片在预应力筋拉应力未超过 $0.8f_{ptk}$ 时不应出现裂纹。

(19)《无粘结预应力混凝土结构技术规程》JGJ 92—2016

3.1.1 无粘结预应力混凝土结构构件，除应根据设计状况进行承载力计算及正常使用极限状态验算外，尚应在施工阶段对实际受力状态进行验算。

3.2.1 根据不同耐火极限的要求，无粘结预应力钢绞线的混凝土保护层最小厚度应按表 3.2.1-1 及表 3.2.1-2 采用。

板的混凝土保护层最小厚度（mm） 表 3.2.1-1

约束条件	耐火极限（h）			
	1	1.5	2	3
简支	25	30	40	55
连续	20	20	25	30

梁的混凝土保护层最小厚度（mm） 表 3.2.1-2

约束条件	梁宽	耐火极限（h）			
		1	1.5	2	3
简支	$200 \leqslant b < 300$	45	50	65	—
	$b \geqslant 300$	40	45	50	65
连续	$200 \leqslant b < 300$	40	40	45	50
	$b \geqslant 300$	40	40	40	45

6.3.7 无粘结预应力钢绞线张拉过程中应避免出现钢绞线滑脱或断丝。发生滑脱时，滑脱的钢绞线数量不应超过构件同一截面钢绞线总根数的 3%；发生断丝时，断丝的数量不应超过构件同一截面钢绞线钢丝总数的 3%，且每根钢绞线断丝不得超过一丝；对多跨双向连续板，其同一截面应按每跨计算。

（20）《预制组合立管技术规范》GB 50682—2011

5.4.6 预制组合立管单元节装配完成后必须进行转立试验，并应符合下列规定：

1 应进行全数试验和检查。

2 试验单元节应由平置状态起吊至垂立悬吊状态，静置 5min，过程无异响；平置后检查单元节，焊缝应无裂纹，紧固件无松动或位移，部件无形变为合格。

6.2.3 单元节松钩前应就位稳定，且可转动支架与管道框架连接螺栓应全部紧固完成。

（21）《混凝土结构后锚固技术规程》JGJ 145—2013

4.3.15 未经技术鉴定或设计许可，不得改变后锚固连接的用途和使用环境。

（22）《普通混凝土配合比设计规程》JGJ 55—2011

6.2.5 对耐久性有设计要求的混凝土应进行相关耐久性试验验证。

（23）《混凝土外加剂应用技术规范》GB 50119—2013

3.1.3 含有六价铬盐、亚硝酸盐和硫氰酸盐成分的混凝土外加剂，严禁用于饮水工程中建成后与饮用水直接接触的混凝土。

3.1.4 含有强电解质无机盐的早强型普通减水剂、早强剂、防冻剂和防水剂，严禁用于下列混凝土结构：

1 与镀锌钢材或铝铁相接触部位的混凝土结构；

2 有外露钢筋预埋铁件而无防护措施的混凝土结构；

3 使用直流电源的混凝土结构；

4 距高压直流电源 100m 以内的混凝土结构。

3.1.5 含有氯盐的早强型普通减水剂、早强剂、防水剂和氯盐类防冻剂，严禁用于预应力混凝土、钢筋混凝土和钢纤维混凝土结构。

3.1.6 含有硝酸铵、碳酸铵的早强型普通减水剂、早强剂和含有硝酸铵、碳酸铵、尿素的防冻剂，严禁用于办公、居住等有人员活动的建筑工程。

3.1.7 含有亚硝酸盐、碳酸盐的早强型普通减水剂、早强剂、防冻剂和含亚硝酸盐的阻锈剂，严禁用于预应力混凝土结构。

(24)《轻骨料混凝土结构技术规程》JGJ 12—2006

3.1.4 轻骨料混凝土轴心抗压、轴心抗拉强度标准值 f_{ck}、f_{tk} 应按表 3.1.4 采用。

轻骨料混凝土的强度标准值（N/mm²）　　　　表 3.1.4

强度种类	轻骨料混凝土强度等级									
	LC15	LC20	LC25	LC30	LC35	LC40	LC45	LC50	LC55	LC60
f_{ck}	10.0	13.4	16.7	20.1	23.4	26.8	29.6	32.4	35.5	38.5
f_{tk}	1.27	1.54	1.78	2.01	2.20	2.39	2.51	2.64	2.74	2.85

注：轴心抗拉强度标准值，对自燃煤矸石混凝土应按表中数值乘以系数 0.85，对火山渣混凝土应按表中数值乘以系数 0.80。

3.1.5 轻骨料混凝土轴心抗压、轴心抗拉强度设计值 f_c、f_t 应按表 3.1.5 采用。

轻骨料混凝土的强度设计值（N/mm²）　　　　表 3.1.5

强度种类	轻骨料混凝土强度等级									
	LC15	LC20	LC25	LC30	LC35	LC40	LC45	LC50	LC55	LC60
f_c	7.2	9.6	11.9	14.3	16.7	19.1	21.1	23.1	25.3	27.5
f_t	0.91	1.10	1.27	1.43	1.57	1.71	1.80	1.89	1.96	2.04

注：1 计算现浇钢筋轻骨料混凝土轴心受压及偏心受压构件时，如截面的长边或直径小于 300mm，则表中轻骨料混凝土的强度设计值应乘以系数 0.8；当构件质量（如混凝土成型、截面和轴线尺寸等）确有保证时，可不受此限。

2 轴心抗拉强度设计值：用于承载能力极限状态计算时，对自燃煤矸石混凝土应按表中数值乘以系数 0.85，对火山渣混凝土应按表中数值乘以系数 0.80；用于构造计算时，应按表取值。

4.1.3 未经技术鉴定或设计许可，不得改变结构的用途和使用环境。

7.1.3 纵向受力的普通钢筋及预应力钢筋，其轻骨料混凝土保护层厚度（钢筋外边缘至混凝土表面的距离）应符合下列规定：

1 陶粒混凝土保护层厚度应与普通混凝土相同。

2 自燃煤矸石混凝土和火山渣混凝土的保护层厚度应符合下列要求：

1）一类环境下应与普通混凝土相同；

2）二类、三类环境下，保护层最小厚度应按普通混凝土的要求增加 5mm。

7.1.7 钢筋轻骨料混凝土结构构件中纵向受力钢筋的最小配筋率应按国家标准《混凝土结构设计规范》GB 50010—2002 第 9.5.1 条的规定确定。当轻骨料混凝土强度等级为 LC50 及以上时，受压构件全部纵向钢筋最小配筋率应按上述规定增大 0.1%。

8.1.3 现浇轻骨料混凝土房屋应根据设防烈度、结构类型、房屋高度采用不同的抗震等级，并应符合相应的计算和构造措施要求。

丙类建筑的抗震等级应按表8.1.3确定；其他设防类别的建筑，应按国家标准《建筑抗震设计规范》GB 50011—2001第3.1.3条调整设防烈度，再按表8.1.3确定抗震等级。

现浇轻骨料混凝土房屋抗震等级 表8.1.3

结构类型		设防烈度					
		6		7		8	
框架结构	高度（m）	≤25	>25	≤25	>25	≤25	>25
	框架	四	三	三	二	二	一
	大跨度公共建筑	三		二		一	
框架结构	高度（m）	≤50	>50	≤50	>50	≤50	>50
	框架	四	三	三	二	二	一
	剪力墙	三	三	二	二	一	一

9.1.3 轻骨料进场时，应按品种、种类、密度等级和质量等级分批检验。陶粒每200m³为一批，不足200m³时也作为一批；自燃煤矸石和火山渣每100mm³为一批，不足100mm³时也作为一批。检验项目应包括颗粒级配、堆积密度、筒压强度和吸水率。对自燃煤矸石，尚应检验其烧失量和三氧化硫含量。

9.2.4 轻骨料混凝土拌合物必须采用强制式搅拌机搅拌。

9.3.1 轻骨料混凝土的强度等级必须符合设计要求。用于检查结构构件轻骨料混凝土强度的试件，应在混凝土的浇筑地点随机抽取。取样与试件留置应符合下列规定：

1 每拌制100盘且不超过100m³的同配合比的轻骨料混凝土，取样不得少于一次；

2 每工作班拌制的同一配合比的混凝土不足100盘时，取样不得少于一次；

3 当一次连续浇筑超过1000m³时，同一配合比的轻骨料混凝土每200m³取样不得少于一次；

4 每一楼层、同一配合比的轻骨料混凝土，取样不得少于一次；

5 每次取样应至少留置一组标准养护试件，同条件养护试件的留置组数应根据实际需要确定。

(25)《轻骨料混凝土技术规程》JGJ 51—2002

5.1.5 在轻骨料混凝土配合比中加入化学外加剂或矿物掺合料时，其品种、掺量和对水泥的适应性，必须通过试验确定。

5.3.6 计算出的轻骨料混凝土配合比必须通过试配予以调整。

(26)《纤维石膏空心大板复合墙体结构技术规程》JGJ 217—2010

3.2.1 纤维石膏空心大板复合墙体的全部空腔内细石混凝土的浇筑应采取切实有效的密实成型措施，不得存在对混凝土强度有影响的缺陷，混凝土强度等级不应小于C20。

(27)《清水混凝土应用技术规程》JGJ 169—2009

3.0.4 处于潮湿环境和干湿交替环境的混凝土，应选用非碱活性骨料。

(28)《大体积混凝土施工规范》GB 50496—2009

2.1.1 大体积混凝土 mass concrete

混凝土结构物实体最小几何尺寸不小于1m的大体量混凝土，或预计会因混凝土中胶凝材料水化引起的温度变化和收缩而导致有害裂缝产生的混凝土。

3.0.2 在大体积混凝土工程除应满足设计规范及生产工艺的要求外，尚应符合下列要求：

1 大体积混凝土的设计强度等级宜在 C25～C40 的范围内，并可利用混凝土 60d 或 90d 的强度作为混凝土配合比设计、混凝土强度评定及工程验收的依据；

2 大体积混凝土的结构配筋除应满足结构强度和构造要求外，还应结合大体积混凝土的施工方法配置控制温度和收缩的构造钢筋；

3 大体积混凝土置于岩石类地基上时，宜在混凝土垫层上设置滑动层；

4 设计中宜采用减少大体积混凝土外部约束的技术措施；

5 设计中宜根据工程的情况提出温度场和应变的相关测试要求。

3.0.4 温控指标宜符合下列规定：

1 混凝土浇筑体在入模温度基础上的温升值不宜大于 50℃；

2 混凝土浇筑块体的里表温差（不含混凝土收缩的当量温度）不宜大于 25℃；

3 混凝土浇筑体的降温速率不宜大于 2.0℃/d。

4 混凝土浇筑体表面与大气温差不宜大于 20℃。

4.2.2 水泥进场时应对水泥品种、强度等级、包装或散装仓号、出厂日期等进行检查，并应对其强度、安定性、凝结时间、水化热等性能指标及其他必要的性能指标进行复检。

5.1.4 超长大体积混凝土施工，应选用下列方法控制结构不出现有害裂缝：

1 留置变形缝：变形缝的设置和施工应符合现行国家有关标准的规定；

2 后浇带施工：后浇带的设置和施工应符合现行国家有关标准的规定；

3 跳仓法施工：跳仓的最大分块尺寸不宜大于 40m，跳仓间隔施工的时间不宜小于 7d，跳仓接缝处按施工缝的要求设置和处理。

5.3.2 模板和支架系统在安装、使用和拆除过程中、必须采取防倾覆的临时固定措施。

4.2.2 水泥进场时应对水泥品种、强度等级、包装或散装仓号、出厂日期等进行检查，并应对其强度、安定性、凝结时间、水化热等性能指标及其他必要的性能指标进行复检。

（29）《冷轧扭钢筋混凝土构件技术规程》JGJ 115—2006

8.2.2 严禁采用对冷轧扭钢筋有腐蚀作用的外加剂。

（30）《装配式混凝土结构技术规程》JGJ 1—2014

6.1.3 装配整体式结构构件的抗震设计，应根据设防类别、烈度、结构类型和房屋高度采用不同的抗震等级，并应符合相应的计算和构造措施要求。丙类装配整体式结构的抗震等级应按表 6.1.3 确定。

丙类装配整体式结构的抗震等级 表 6.1.3

结构类型		抗震设防烈度					
		6 度		7 度		8 度	
		≤24	>24	≤24	>24	≤24	>24
装配整体式框架结构	离度（m）						
	框架	四	二	二	二	二	一
	大跨度框架	三		二		一	

结构类型		抗震设防烈度							
		6度		7度			8度		
装配整体式框架-现浇剪力墙结构	高度（m）	≤60	>60	≤24	>24且≤60	>60	≤24	>24且≤60	>60
	框架	四	二	四	二			二	二
	剪力墙	三	三	三				一	一
装配整体式剪力墙结构	局度（m）	≤70	>70	≤24	>24且≤70	>70	≤24	>24且≤70	>70
	剪力墙	四	四		一	二	三	二	
装配整体式部分框支剪力墙结构	局度	≤70	>70	≤24	>24且≤70	>70	≤24	>24且≤70	
	现浇框支框架	二	二	二	二	二	二		
	底部加强部位剪力墙	三	三	三	二	二	二		3
	其他区域剪力墙	四	三	四	三	二	三	二	

注：大跨度框架指跨度不小于18m的框架。

11.1.4 预制结构构件采用钢筋套筒灌浆连接时，应在构件生产前进行钢筋套筒灌浆连接接头的抗拉强度试验，每种规格的连接接头试件数量不应少于3个。

（31）《钢结构工程施工规范》GB 50755—2012

11.2.4 钢结构吊装作业必须在起重设备的额定起重量范围内进行。

11.2.6 用于吊装的钢丝绳、吊装带、卸扣、吊钩等吊具应经检查合格，并应在其额定许用荷载范围内使用。

（32）《钢结构焊接规范》GB 50661—2011

4.0.1 钢结构焊接工程用钢材及焊接材料应符合设计文件的要求，并应具有钢厂和焊接材料厂出具的产品质量证明书或检验报告，其化学成分、力学性能和其他质量要求应符合国家现行有关标准的规定。

5.7.1 承受动载需经疲劳验算时，严禁使用塞焊、槽焊、电渣焊和气电立焊接头。

6.1.1 除符合本规范第6.6节规定的免予评定条件外，施工单位首次采用的钢材、焊接材料、焊接方法、接头形式、焊接位置、焊后热处理制度以及焊接工艺参数、预热和后热措施等各种参数的组合条件，应在钢结构构件制作及安装施工之前进行焊接工艺评定。

8.1.8 抽样检验应按下列规定进行结果判定：

1 抽样检验的焊缝数不合格率小于2％时，该批验收合格；

2 抽样检验的焊缝数不合格率大于5％时，该批验收不合格；

3 除本条第5款情况外抽样检验的焊缝数不合格率为2％～5％时，应加倍抽检，且必须在原不合格部位两侧的焊缝延长线各增加一处，在所有抽检焊缝中不合格率不大于3％时，该批验收合格，大于3％时，该批验收不合格；

4 批量验收不合格时，应对该批余下的全部焊缝进行检验；

5 检验发现1处裂纹缺陷时，应加倍抽查，在加倍抽检焊缝中未再检查出裂纹缺陷时，该批验收合格；检验发现多于1处裂纹缺陷或加倍抽查又发现裂纹缺陷时，该批验收不合格，应对该批余下焊缝的全数进行检查。

（33）《钢结构高强度螺栓连接技术规程》JGJ 82—2011

3.1.7 在同一连接接头中，高强度螺栓连接不应与普通螺栓连接混用。承压型高强度螺栓连接不应与焊接连接并用。

4.3.1　每一杆件在高强度螺栓连接节点及拼接接头的一端，其连接的高强度螺栓数量不应少于 2 个。

6.1.2　高强度螺栓连接副应按批配套进场，并附有出厂质量保证书。高强度螺栓连接副应在同批内配套使用。

6.2.6　高强度螺栓连接处的钢板表面处理方法及除锈等级应符合设计要求。连接处钢板表面应平整、无焊接飞溅、无毛刺、无油污。经处理后的摩擦型高强度螺栓连接的摩擦面抗滑移系数应符合设计要求。

6.4.5　在安装过程中，不得使用螺纹损伤及沾染脏物的高强度螺栓连接副，不得用高强度螺栓兼作临时螺栓。

6.4.8　安装高强度螺栓时，严禁强行穿入。当不能自由穿入时，该孔应用铰刀进行修整，修整后孔的最大直径不应大于 1.2 倍螺栓直径，且修孔数量不应超过该节点螺栓数量的 25％。修孔前应将四周螺栓全部拧紧，使板迭密贴后再进行铰孔。严禁气割扩孔。

(34)《墙体材料应用统一技术规范》GB 50574—2010

3.1.4　墙体不应采用非蒸压硅酸盐砖（砌块）及非蒸压加气混凝土制品。

3.1.5　应用氯氧镁墙材制品时应进行吸潮返卤、翘曲变形及耐水性试验，并应在其试验指标满足使用要求后用于工程。

3.2.1
1　非烧结含孔块材的孔洞率、壁及肋厚度等应符合表 3.2.1 的要求；

非烧结含孔块材的孔洞率、壁及肋厚度要求　　　　表 3.2.1

块体材料类型及用途		孔洞率（％）	最小外壁（mm）	最小肋厚（mm）	其他要求
含孔砖	用于承重墙	≤35	15	15	孔的长度与宽度比应小于 2
	用于自承重墙	—	10	10	—
砌块	用于承重墙	≤47	30	25	孔的圆角半径不应小于 20mm
	用于自承重墙		15	15	

注：1　承重墙体的混凝土多孔砖的孔洞应垂直于铺浆面。当孔的长度与宽度比不小于 2 时，外壁的厚度不应小于 18mm；当孔的长度与宽度比小于 2 时，壁的厚度不应小于 15mm。
　　2　承重含孔块材，其长度方向的中部不得设孔，中肋厚度不宜小于 20mm。

6　蒸压加气混凝土砌块不应有未切割面，其切割面不应有切割附着屑；

3.2.2　块体材料强度等级应符合下列规定：

1　产品标准除应给出抗压强度等级外，尚应给出其变异系数的限值；

2　承重砖的折压比不应小于表 3.2.2-1 的要求；

承重砖的折压比　　　　表 3.2.2-1

砖种类	高度（mm）	砖强度等级				
		MU30	MU25	MU20	MU15	MU10
		折压比				
蒸压普通砖	53	0.16	0.18	0.20	0.25	—
多孔砖	90	0.21	0.23	0.24	0.27	0.32

注：1　蒸压普通砖包括蒸压灰砂实心砖和蒸压粉煤灰实心砖；
　　2　多孔砖包括烧结多孔砖和混凝土多孔砖。

3.4.1 设计有抗冻性要求的墙体时，砂浆应进行冻融试验，其抗冻性能应与墙体块材相同。

（35）《屋面工程技术规范》GB 50345—2012

3.0.5 屋面防水工程应根据建筑物的类别、重要程度、使用功能要求确定防水等级，并应按相应等级进行防水设防；对防水有特殊要求的建筑屋面，应进行专项防水设计。屋面防水等级和设防要求应符合表3.0.5的规定。

屋面防水等级和设防要求 表3.0.5

防水等级	建筑类别	设防要求
Ⅰ级	重要建筑和高层建筑	两道防水设防
Ⅱ级	一般建筑	一道防水设防

4.5.1 卷材、涂膜屋面防水等级和防水做法应符合表4.5.1的规定。

卷材、涂膜屋面防水等级和防水做法 表4.5.1

防水等级	防水做法
Ⅰ级	卷材防水层和卷材防水层、卷材防水层和涂膜防水层、复合防水层
Ⅱ级	卷材防水层、涂膜防水层、复合防水层

注：在Ⅰ级屋面防水做法中，防水层仅作单层卷材时，应符合有关单层防水卷材屋面技术的规定。

4.5.5 每道卷材防水层最小厚度应符合表4.5.5的规定。

每道卷材防水层最小厚度（mm） 表4.5.5

防水等级	合成高分子防水卷材	高聚物改性沥青防水卷材		
		聚酯胎、玻纤胎、聚乙烯胎	自粘聚酯胎	自粘无胎
Ⅰ级	1.2	3.0	2.0	1.5
Ⅱ级	1.5	4.0	3.0	2.0

4.5.6 每道涂膜防水层最小厚度应符合表4.5.6的规定。

每道涂膜防水层最小厚度（mm） 表4.5.6

防水等级	合成高分子防水涂膜	聚合物水泥防水涂膜	高聚物改性沥青防水涂膜
Ⅰ级	1.5	1.5	2.0
Ⅱ级	2.0	2.0	3.0

4.5.7 复合防水层最小厚度应符合表4.5.7的规定。

复合防水层最小厚度（mm） 表4.5.7

防水等级	合成高分子防水卷材＋合成高分子防水涂膜	自粘聚合物改性沥青防水卷材（无胎）＋合成高分子防水涂膜	高聚物改性沥青防水卷材＋高聚物改性沥青防水涂膜	聚乙烯丙纶卷材＋聚合物水泥防水胶结材料
Ⅰ级	1.2＋1.5	1.5＋1.5	3.0＋2.0	(0.7＋1.3)×2
Ⅱ级	1.0＋1.0	1.2＋1.0	3.0＋1.2	0.7＋13

4.8.1 瓦屋面防水等级和防水做法应符合表4.8.1的规定。

瓦屋面防水等级和防水做法 　　表 4.8.1

防水等级	防水做法
Ⅰ级	瓦＋防水层
Ⅰ级	瓦＋防水垫层

注：防水层厚度应符合本规范第 4.5.5 条或第 4.5.6 条Ⅰ级防水的规定。

4.9.1　金属板屋面防水等级和防水做法应符合表 4.9.1 的规定。

金属板屋面防水等级和防水做法 　　表 4.9.1

防水等级	防水做法
Ⅰ级	压型金属板＋防水垫层
Ⅱ级	压型金属板、金属面绝热夹芯板

注：1　当防水等级为Ⅰ级时，压型铝合金板基板厚度不应小于 0.9mm；压型钢板基板厚度不应小于 0.6mm；
　　2　当防水等级为Ⅰ级时，压型金属板应采用 360°咬口锁边连接方式；
　　3　在Ⅰ级屋面防水做法中，仅作压型金属板时，应符合《金属压型板应用技术规范》等相关技术的规定。

5.1.6　屋面工程施工必须符合下列安全规定：

1　严禁在雨天、雪天和五级风及其以上时施工；

2　屋面周边和预留孔洞部位，必须按临边、洞口防护规定设置安全护栏和安全网；

3　屋面坡度大于 30％时，应采取防滑措施；

4　施工人员应穿防滑鞋，特殊情况下无可靠安全措施时，操作人员必须系好安全带并扣好保险钩。

(36)《坡屋面工程技术规范》GB 50693—2011

10.2.1　单层防水卷材的厚度和搭接宽度应符合表 10.2.1-1 和表 10.2.1-2 的规定：

单层防水卷材厚度（mm） 　　表 10.2.1-1

防水卷材名称	一级防水厚度	二级防水厚度
高分子防水卷材	≥1.5	≥1.2
弹性体、塑性体改性沥青防水卷材	≥5	

单层防水卷材搭接宽度（mm） 　　表 10.2.1-2

防水卷材名称	场边、短边搭接方式				
	满粘法	机械固定法			
		热风焊接		搭接胶带	
		无覆盖机械固定垫片	有覆盖机械固定垫片	无覆盖机械固定垫片	有覆盖机械固定垫片
高分子防水卷材	≥80	≥80 且有效焊缝宽度≥25	≥120 且有效焊缝宽度≥25	≥120 且有效粘结宽度≥75	≥200 且有效粘结宽度≥150
弹性体、塑性体改性沥青防水卷材	≥100	≥80 且有效焊缝宽度≥40	≥120 且有效焊缝宽度≥40	—	

(37)《外墙饰面砖工程施工及验收规程》JGJ 126—2015

4.0.4　外墙饰面砖伸缩缝应采用耐候密封胶嵌缝。

4.0.8　窗台、檐口、装饰线等墙面凹凸部位应采用防水和排水构造。

5.1.4　现场粘贴外墙饰面砖所用材料和施工工艺必须与施工前粘结强度检验合格的饰面砖样板相同。

（38）《建筑遮阳工程技术规范》JGJ 237—2011

7.3.4　在遮阳装置安装前，后置锚固件应在同条件的主体结构上进行现场见证拉拔试验，并应符合设计要求。

8.2.4　遮阳装置与主体结构的锚固连接应符合设计要求。

检验数量：全数检查验收记录。

检验方法：检查预埋件或后置锚固件与主体结构的连接等隐蔽工程施工验收记录和试验报告。

8.2.5　电力驱动装置应有接地措施。

检验数量：全数检查。

检验方法：观察检查电力驱动装置的接地措施，进行接地电阻测试。

（39）《金属与石材幕墙工程技术规范》JGJ 133—2001

3.2.2　花岗石板材的弯曲强度应经法定检测机构检测确定，其弯曲强度不应小于8.0MPa。

3.5.2　同一幕墙工程应采用同一品牌的单组分或双组分的硅酮结构密封胶，并应有保质年限的质量证书。用于石材幕墙的硅酮结构密封胶还应有证明无污染的试验报告。

3.5.3　同一幕墙工程应采用同一品牌的硅酮结构密封胶和硅酮耐候密封胶配套使用。

4.2.3　幕墙构架的立柱与横梁在风荷载标准值作用下，钢型材的相对挠度不应大于 $l/300$（l 为立柱或横梁两支点间的跨度），绝对挠度不应大于 15mm；铝合金型材的相对挠度不应大于 $l/180$，绝对挠度不应大于 20mm。

4.2.4　幕墙在风荷载标准值除以阵风系数后的风荷载值作用下，不应发生雨水渗漏。其雨水渗漏性能应符合设计要求。

5.2.3　作用于幕墙上的风荷载标准值应按下式计算，且不应小于 $1.0kN/m^2$：

$$\omega_k = \beta_{gz}\mu_z\mu_s\omega_o \tag{5.2.3}$$

式中　ω_k——作用于幕墙上的风荷载标准值（kN/m^2）；

β_{gz}——阵风系数，可取 2.25；

μ_s——风荷载体型系数。竖直幕墙外表面可按±1.5采用，斜幕墙风荷载体型系数可根据实际情况，按现行国家标准《建筑结构荷载规范》（GBJ 9）的规定采用。当建筑物进行了风洞试验时，幕墙的风荷载体型系数可根据风洞试验结果确定；

μ_z——风压高度变化系数，应按现行国家标准《建筑结构荷载规范》（GBJ 9）的规定采用；

ω_o——基本风压（kN/m^2），应根据按现行国家标准《建筑结构荷载规范》（GBJ 9）的规定采用。

5.5.2　钢销式石材幕墙可在非抗震设计或6度、7度抗震设计幕墙中应用，幕墙高度不宜大于 20m，石板面积不宜大于 $1.0m^2$。钢销和连接板应采用不锈钢。连接板截面尺寸不宜小于 40mm×4mm。钢销与孔的要求应符合本规范第 6.3.2 条的规定。

5.6.6　横梁应通过角码、螺钉或螺栓与立柱连接，角码应能承受横梁的剪力。螺钉直径不得小于 4mm，每处连接螺钉数量不应少于 3 个，螺栓不应少于 2 个。横梁与立柱之间应有一定的相对位移能力。

5.7.2　上下立柱之间应有不小于 15mm 的缝隙，并应采用芯柱连结。芯柱总长度不应小于 400mm。芯柱与立柱应紧密接触。芯柱与下柱之间应采用不锈钢螺栓固定。

5.7.11　立柱应采用螺栓与角码连接，并再通过角码与预埋件或钢构件连接。螺栓直径不应小于 10mm，连接螺栓应按现行国家标准《钢结构设计规范》（GBJ 17）进行承载力计算。立柱与角码采用不同金属材料时应采用绝缘垫片分隔。

6.1.3　用硅酮结构密封胶黏结固定构件时，注胶应在温度 15℃以上 30℃以下、相对湿度 50%以上、且洁净、通风的室内进行，胶的宽度、厚度应符合设计要求。

6.3.2　钢销式安装的石板加工应符合下列规定：

1　钢销的孔位应根据石板的大小而定。孔位距离边端不得小于石板厚度的 3 倍，也不得大于 180mm；钢销间距不宜大于 600mm；边长不大于 1.0m 时每边应设两个钢销，边长大于 1.0m 时应采用复合连接；

2　石板的钢销孔的深度宜为 22～33mm，孔的直径宜为 7mm 或 8mm，钢销直径宜为 5mm 或 6mm，钢销长度宜为 20～30mm；

3　石板的钢销孔处不得有损坏或崩裂现象，孔径内应光滑、洁净。

6.5.1　金属与石材幕墙构件应按同一种类构件的 5%进行抽样检查，且每种构件不得少于 5 件。当有一个构件抽检不符合上述规定时，应加倍抽样复验，全部合格后方可出厂。

7.2.4　金属、石材幕墙与主体结构连接的预埋件，应在主体结构施工时按设计要求埋设。预埋件应牢固，位置准确，预埋件的位置误差应按设计要求进行复查。当设计无明确要求时，预埋件的标高偏差不应大于 10mm，预埋件位置差不应大于 20mm。

7.3.4　金属板与石板安装应符合下列规定：

1　应对横竖连接件进行检查、测量、调整：

2　金属板、石板安装时，左右、上下的偏差不应大于 1.5mm；

3　金属板、石板空缝安装时，必须有防水措施，并应有符合设计要求的排水出口；

4　填充硅酮耐候密封胶时，金属板、石板缝的宽度、厚度应根据硅酮耐候密封胶的技术参数，经计算后确定。

7.3.10　幕墙安装施工应对下列项目进行验收：

1　主体结构与立柱、立柱与横梁连接节点安装及防腐处理；

2　幕墙的防火、保温安装；

3　幕墙的伸缩缝、沉降缝、防震缝及阴阳角的安装；

4　幕墙的防雷节点的安装；

5　幕墙的封口安装。

（40）《玻璃幕墙工程技术规范》JGJ 102—2003

3.1.4　隐框和半隐框玻璃幕墙，其玻璃与铝型材的粘结必须采用中性硅酮结构密封胶；全玻幕墙和点支承幕墙采用镀膜玻璃时，不应采用酸性硅酮结构密封胶粘结。

3.1.5　硅酮结构密封胶和硅酮建筑密封胶必须在有效期内使用。

3.6.2　硅酮结构密封胶使用前，应经国家认可的检测机构进行与其相接触材料的相容性和剥离粘结性试验，并应对邵氏硬度、标准状态拉伸粘结性能进行复验。检验不合格的产品不得使用。进口硅酮结构密封胶应具有商检报告。

9.1.4 除全玻幕墙外，不应在现场打注硅酮结构密封胶。

10.7.4 当高层建筑的玻璃幕墙安装与主体结构施工交叉作业时，在主体结构的施工层下方应设置防护网；在距离地面约3m高度处，应设置挑出宽度不小于6m的水平防护网。

(41)《塑料门窗工程技术规程》JGJ 103—2008

3.1.2 门窗工程有下列情况之一时，必须使用安全玻璃：

1 面积大于1.5m² 的窗玻璃；

2 距离可踏面高度900mm以下的窗玻璃；

3 与水平面夹角不大于75°的倾斜窗，包括天窗、采光顶等在内的顶棚；

4 7层及7层以上建筑外开窗。

6.2.19 推拉门窗扇必须有防脱落装置。

6.2.23 安装滑撑时，紧固螺钉必须使用不锈钢材质，并应与框扇增强型钢或内衬局部加强钢板可靠连接。螺钉与框扇连接处应进行防水密封处理。

(42)《铝合金门窗工程技术规范》JGJ 214—2010

3.1.2 铝合金门窗主型材的壁厚应经计算或试验确定，除压条、扣板等需要弹性装配的型材外，门用主型材主要受力部位基材截面最小实测壁厚不应小于2.0mm，窗用主型材主要受力部位基材截面最小实测壁厚不应小于1.4mm。

4.12.1 人员流动性大的公共场所，易于受到人员和物体碰撞的铝合金门窗应采用安全玻璃。

4.12.2 建筑物中下列部位的铝合金门窗应使用安全玻璃：

1 七层及七层以上建筑物外开窗；

2 面积大于1.5m² 的窗玻璃或玻璃底边离最终装修面小于500mm的落地窗；

3 倾斜安装的铝合金窗。

4.12.4 铝合金推拉门、推拉窗的扇应有防止从室外侧拆卸的装置。推拉窗用于外墙时，应设置防止窗扇向室外脱落的装置。

(43)《建筑排水金属管道工程技术规程》CJJ 127—2009

4.2.5 当建筑排水金属管道穿过地下室或底下构筑物外墙时，应采取有效的防水措施。对有严格防水要求的建筑物，必须采用柔性防水套管。

6.1.1 埋地及所有隐蔽的生活排水金属管道，在隐蔽前，根据工程进度必须做灌水试验或分层灌水试验，并应符合下列规定：

1 灌水高度不应低于该层卫生器具的上边缘或底层地面高度；

2 试验时应连续向试验管段灌水，直至达到稳定水面（即水面不再下降）；

3 达到稳定水面后，应继续观察15min，水面应不再下降，同时管道及接口应无渗漏，则为合格，同时应做好灌水试验记录。

(44)《二次供水工程技术规程》CJJ 140—2010

3.0.2 二次供水不得影响城镇供水管网正常供水。

3.0.8 二次供水设施中的涉水产品应符合现行国家标准《生活饮用水输配水设备及防护材料的安全性评价标准》GB/T 17219 的规定。

4.0.1 二次供水的水质应符合现行国家标准《生活饮用水卫生标准》GB 5749 的规定。

6.4.4 严禁二次供水管道与非饮用水管道连接。

10.1.11 调试后必须对供水设备、管道进行冲洗和消毒。

11.3.6 水池（箱）的清洗消毒应符合下列规定：

1 水池（箱）必须定期清洗消毒，每半年不得少于一次；

2 应根据水池（箱）的材质选择相应的消毒剂，不得采用单纯依靠投放消毒剂的清洗消毒方式；

3 水池（箱）清洗消毒后应对水质进行检测，检测结果应符合现行国家标准《生活饮用水卫生标准》GB 5749 的规定；

4 水池（箱）清洗消毒后的水质检测项目至少应包括：色度、浑浊度、臭和味、肉眼可见物、PH、总大肠菌群、菌落总数、余氯。

(45)《埋地塑料排水管道工程技术规程》CJJ 143—2010

4.1.8 塑料排水管道不得采用刚性管基基础，严禁采用刚性桩直接支撑管道。

4.5.2 塑料排水管道在外压荷载作用下，其最大环截面（拉）压应力设计值不应大于抗（拉）压强度设计值。管道环截面强度计算应采用下列极限状态表达式：

$$\gamma_0 \sigma \leqslant f \qquad (4.5.2)$$

式中 σ——管道最大环向（拉）压应力设计值（MPa），可根据不同管材种类分别按本规程公式（4.5.3-1）、公式（4.5.3-3）计算；

γ_0——管道重要性系数，污水管（含合流管）可取 1.0；雨水管道可取 0.9；

f——管道环向弯曲抗（拉）压强度设计值（MPa），可按本规程表 3.1.2-1、表 3.1.2-2 的规定取值。

4.5.4 塑料排水管道截面压屈稳定性应依据各项作用的不利组合进行计算，各项作用均应采用标准值，且环向稳定性抗力系数 K_s 不得低于 2.0。

4.5.5 在外部压力作用下，塑料排水管道管壁截面的环向稳定性计算应符合下式要求：

$$\frac{F_{cr,k}}{F_{vk}} \geqslant K_s \qquad (4.5.5)$$

式中 $F_{cr,k}$——管壁失稳临界压力标准值（kN/m²），应按本规程公式（4.5.7）计算；

F_{vk}——管顶在各项作用下的竖向压力标准值（kN/m²），应按本规程公式（4.5.6）计算；

K_s——管道的环向稳定性抗力系数。

4.5.9 塑料排水管道的抗浮稳定性计算应符合下列要求：

$$F_{G,k} \geqslant K_f F_{w,k} \qquad (4.5.9-1)$$

$$F_{G,k} = \sum F_{sw,k} + \sum F'_{sw,k} + G_p \qquad (4.5.9-2)$$

式中 $F_{G,k}$——抗浮永久作用标准值（kN）；

$\sum F_{sw,k}$——地下水位以上各层土自重标准值之和（kN）；

$\sum F'_{sw,k}$——地下水位以下至管顶处各竖向作用标准值之和（kN）；

G_p——管道自重标准值（kN）；

$F_{fw,k}$——浮托力标准值，等于管道实际排水体积与地下水密度之积（kN）；

K_f——管道的抗浮稳定性抗力系数，取 1.10。

4.6.3 在外压荷载作用下，塑料排水管道竖向直径变形率不应大于管道允许变形率 $[\rho]＝0.05$，即应满足下式的要求。

$$\rho = \frac{w_\mathrm{d}}{D_0} \leqslant [\rho] \qquad (4.6.3)$$

式中 ρ——管道竖向直径变形率；

$[\rho]$——管道允许竖向直径变形率；

w_d——管道在外压作用下的长期竖向挠曲值（mm），可按本规程公式（4.6.2）计算；

D_0——管道计算直径（mm）。

5.3.6 塑料排水管道地基基础应符合设计要求，当管道天然地基的强度不能满足设计要求时，应按设计要求加固。

5.5.11 塑料排水管道管区回填施工应符合下列规定：

1 管底基础至管顶以上 0.5m 范围内，必须采用人工回填，轻型压实设备夯实，不得采用机械推土回填。

2 回填、夯实应分层对称进行，每层回填土高度不应大于 200mm，不得单侧回填、夯实。

3 管顶 0.5m 以上采用机械回填压实时，应从管轴线两侧同时均匀进行，并夯实、碾压。

6.1.1 污水、雨污水合流管道及湿陷土、膨胀土、流沙地区的雨水管道，必须进行密闭性检验，检验合格后，方可投入运行。

6.2.1 当塑料排水管道沟槽回填至设计高程后，应在 12～24h 内测量管道竖向直径变形量，并应计算管道变形率。

(46)《城镇地热供热工程技术规程》CJJ 138—2010

5.1.6 当地热井水温超过 45℃时，地下或半地下式井泵房必须设置直通室外的安全通道。

9.2.5 严禁采用在地热流体中添加防腐剂的防腐处理方法。

9.3.3 回灌系统严禁使用化学法阻垢。

11.0.5 地热供热尾水排放温度必须小于 35℃。

(47)《太阳能供热采暖工程技术规范》GB 50495—2009

1.0.5 在既有建筑上增设或改造太阳能供热采暖系统，必须经建筑结构安全复核，满足建筑结构及其他相应的安全性要求，并经施工图设计文件审查合格后，方可实施。

3.1.3 太阳能供热采暖系统应根据不同地区和使用条件采取防冻、防结霜、防过热、防雷、防雹、抗风、抗震和保证电气安全等技术措施。

3.4.1

1 建筑物上安装太阳能集热系统，严禁降低相邻建筑的日照标准。

3.6.3

4 为防止因系统过热而设置的安全阀应安装在泄压时排出的高温蒸汽和水不会危及周围人员的安全的位置上，并应配备相应的措施；其设定的开启压力，应与系统可耐受的最高工作温度对应的饱和蒸汽压力相一致。

4.1.1 太阳能供热采暖系统的施工安装不得破坏建筑物的结构、屋面、地面防水层和附属设施，不得削弱建筑物在寿命期内承受荷载的能力。

(48)《燃气冷热电三联供工程技术规程》CJJ 145—2010

4.3.9　独立设置的能源站，主机间必须设置 1 个直通室外的出入口；

当主机间的面积大于或等于 200m² 时，其出入口不应少于 2 个，且应分别设在主机间两侧。

4.3.10　设置于建筑物内的能源站，主机间出入口不应少于 2 个，且直通室外或通向安全出口的出入口不应少于 1 个。

4.3.11　燃气增压间、调压间、计量间直通室外或通向安全出口的出入口不应少于 1 个。变配电室出入口不应少于 2 个，且直通室外或通向安全出口的出入口不应少于 1 个。

4.5.1　主机间、燃气增压间、调压间，计量间应设置独立的机械通风系统。

5.1.8　独立设置的能源站，当室内燃气管道设计压力大于 0.8MPa 且小于或等于 2.5MPa 时，以及建筑物内的能源站，当室内燃气管道设计压力大于 0.4MPa 且小于或等于 1.6MPa 时，应符合下列规定：

1　燃气管道应采用无缝钢管和无缝钢制管件。

2　燃气管道应采用焊接连接，管道与设备、阀门的连接应采用法兰连接或焊接连接。

3　管道上严禁采用铸铁阀门及附件。

4　焊接接头应进行 100％射线检测和超声波检测。不适用上述检测方法的焊接接头，应进行磁粉或液体渗透检测。焊接质量不得低于现行国家标准《现场设备、工业管道焊接工程施工及验收规范》GB 50236 中Ⅱ级的要求。

5　主机间、燃气增压间、调压间、计量间的通风量应符合下列规定：

1) 燃气系统正常工作时，通风换气次数不应小于 12 次/h；

2) 事故通风时，通风换气次数不应小于 20 次/h；

3) 燃气系统不工作且关闭燃气总阀门时，通风换气次数不应小于 3 次/h。

5.1.10　燃气管道应直接引入燃气增压间、调压间或计量间，不得穿过易燃易爆品仓库、变配电室、电缆沟、烟道和进风道。

(49)《通风与空调工程施工规范》GB 50738—2011

3.1.5　施工图变更需经原设计单位认可，当施工图变更涉及通风与空调工程的使用效果和节能效果时，该项变更应经原施工图设计文件审查机构审查，在实施前应办理变更手续，并应获得监理和建设单位的确认。

11.1.2　管道穿过地下室或地下构筑物外墙时，应采取防水措施，并应符合设计要求。对有严格防水要求的建筑物，必须采用柔性防水套管。

16.1.1　通风与空调系统安装完毕投入使用前，必须进行系统的试运行与调试，包括设备单机试运转与调试、系统无生产负荷下的联合试运行与调试。

(50)《通风管道技术规程》JGJ 141—2004

2.0.7　隐蔽工程的风管在隐蔽前必须经监理人员验收及认可签证。

3.1.3

1　非金属风管材料的燃烧性能应符合现行国家标准《建筑材料燃烧性能分级方法》GB 8624 中不燃 A 级或难燃 B1 级的规定。

4.1.6　风管内不得敷设各种管道、电线或电缆，室外立管的固定拉索严禁拉在避雷针或避雷网上。

(51)《多联机空调系统工程技术规程》JGJ 174—2010

5.4.6 严禁在管道内有压力的情况下进行焊接。

5.5.3 当多联机空调系统需要排空制冷剂进行维修时，应使用专用回收机对系统内剩余的制冷剂回收。

(52)《智能建筑工程施工规范》GB 50606—2010

4.1.1 电力线缆和信号线缆严禁在同一线管内敷设。

8.2.5

10 用于火灾隐患区的扬声器应由阻燃材料制成或采用阻燃后罩；广播扬声器在短期喷淋的条件下应能正常工作。

9.2.1

3 当广播系统具备消防应急广播功能时，应采用阻燃线槽、阻燃线管和阻燃线缆敷设；

9.3.1

2 当广播系统具有紧急广播功能时，其紧急广播应由消防分机控制，并应具有最高优先权；在火灾和突发事故发生时，应能强制切换为紧急广播并以最大音量播出。系统应能在手动或警报信号触发的 10s 内，向相关广播区播放警示信号（含警笛）、警报语音文件或实时指挥语音。以现场环境噪声为基准，紧急广播的信噪比不应小于 15dB。

(53)《矿物绝缘电缆敷设技术规程》JGJ 232—2011

3.1.7 有耐火要求的线路，矿物绝缘电缆中间连接附件的耐火等级不应低于电缆本体的耐火等级。

4.1.7 交流系统单芯电缆敷设应采取下列防涡流措施：

1 电缆应分回路进出钢制配电箱（柜）、桥架；

2 电缆应采用金属件固定或金属线绑扎，且不得形成闭合铁磁回路；

3 当电缆穿过钢管（钢套管）或钢筋混凝土楼板、墙体的预留洞时，电缆应分回路敷设。

4.1.9 电缆首末端、分支处及中间接头处应设标志牌。

4.1.10 当电缆穿越不同防火区时，其洞口应采用不燃材料进行封堵。

4.10.1 当电缆铜护套作为保护导体使用时，终端接地铜片的最小截面积不应小于电缆铜护套截面积，电缆接地连接线允许最小截面积应符合表 4.10.1 的规定。

接地连接线允许最小截面积　　　　　　　　　　　　　　　　　表 4.10.1

电缆芯线截面积 S（mm^2）	接地连接线允许最小截面积（mm^2）
$S \leqslant 16$	S
$16 < S \leqslant 35$	16
$35 < S \leqslant 400$	$S/2$

(54)《建筑工程冬期施工规程》JGJ/T 104—2011

1.0.3 冬期施工期限划分原则是：根据当地多年气象资料统计，当室外日平均气温连续 5d 稳定低于 5℃即进入冬期施工，当室外日平均气温连续 5d 高于 5℃即解除冬期施工。

2.0.2 受冻临界强度：冬期浇筑的混凝土在受冻以前必须达到的最低强度。

2.0.3 蓄热法：混凝土浇筑后，利用原材料加热以及水泥水化放热，并采取适当保温措施延缓混凝土冷却，在混凝土温度降到0℃以前达到受冻临界强度的施工方法。

3.4.1 冻土地基可采用干作业钻孔桩、挖孔灌注桩等或沉管灌注桩、预制桩等施工。

5.1.2 钢筋负温焊接，可采用闪光对焊、电弧焊、电渣压力焊等方法。当采用细晶粒热轧钢筋时，其焊接工艺应经试验确定。当环境温度低于−20℃时，不宜进行施焊。

6.1.1 冬期浇筑的混凝土，其受冻临界强度应符合下列规定：

1 采用蓄热法、暖棚法，加热法等施工的普通混凝土，采用硅酸盐水泥、普通硅酸盐水泥配制时，其受冻临界强度不应小于设计混凝土强度等级值的30%；采用矿渣硅酸盐水泥、粉煤灰硅酸盐水泥、火山灰质硅酸盐水泥、复合硅酸盐水泥时。不应小于设计混凝土强度等级值的40%；

2 当室外最低气温不低于−15℃时，采用综合蓄热法、负温养护法施工的混凝土受冻临界强度不应小于4.0MPa；当室外最低气温不低于−30℃时，采用负温养护法施工的混凝土受冻临界强度不应小于5.0MPa；

3 对强度等级等于或高于C50的混凝土，不宜小于设计混凝土强度等级值的30%；

4 对有抗渗要求的混凝土，不宜小于设计混凝土强度等级值的50%；

5 对有抗冻耐久性要求的混凝土，不宜小于设计混凝土强度等级值的70%；

6 当采用暖棚法施工的混凝土中掺入早强剂时，可按综合蓄热法受冻临界强度取值；

7 当施工需要提高混凝土强度等级时，应按提高后的强度等级确定受冻临界强度。

8.2.1 室内抹灰的环境温度不应低于5℃。抹灰前，应将门口和窗口、外墙脚手眼或孔洞等封堵好，施工洞口、运料口及楼梯间等处应封闭保温。

(55)《预防混凝土碱骨料反应技术规范》GB/T 50733—2011

2.0.1 混凝土碱骨料反应 alkali-aggregate reaction in concrete

混凝土中的碱（包括外界渗入的碱）与骨料中的碱活性矿物成分发生化学反应，导致混凝土膨胀开裂等现象。

4.1.1 骨料碱活性检验项目应包括岩石类型、碱-硅酸反应活性和碱-碳酸盐反应性检验。

4.2.1 用于检验骨料的岩石类型和碱活性的岩相法，应符合现行行业标准《普通混凝土用砂、石质量及检验方法标准》JGJ 52 的规定。

4.2.2 用于检验骨料碱-硅酸反应活性的快速砂浆棒法，应符合现行国家标准《建筑用卵石、碎石》GB/T 14685 中快速碱-硅酸反应试验方法的规定。

4.2.3 用于检验碳酸盐骨料的碱-碳酸盐反应活性的岩石柱法，应符合现行行业标准《普通混凝土用砂、石质量及检验方法标准》JGJ 52 的规定。

4.2.4 用于检验骨料碱-硅酸反应活性和碱-碳酸盐反应活性的混凝土棱柱体法，应符合现行国家标准《普通混凝土长期性能和耐久性能试验方法标准》GB/T 50082 中碱骨料反应试验方法的规定。

(56)《建筑工程施工质量评价标准》GB/T 50375—2006

2.0.9 观感质量 impressional quality

对一些不便用数据表示的布局、表面、色泽、整体协调性、局部做法及使用的方便性等质量项目由有资格的人员通过目测、体验或辅以必要的量测，根据检查项目的总体情况，综合对其质量项目给出的评价。

3.2.1 建筑工程施工质量评价应根据建筑工程特点按照工程部位、系统分为地基及桩基工程、结构工程、屋面工程、装饰装修工程及安装工程等五部分，其框架体系应符合表3.2.1建筑工程施工质量评价应根据建筑工程特点按照工程部位、系统分为地基及桩基工程、结构工程、屋面工程、装饰装修工程及安装工程等五部分，其框架体系应符合表3.2.1的规定。

工程质量评价框架体系　　　　　　　　　　　　　　　　表3.2.1

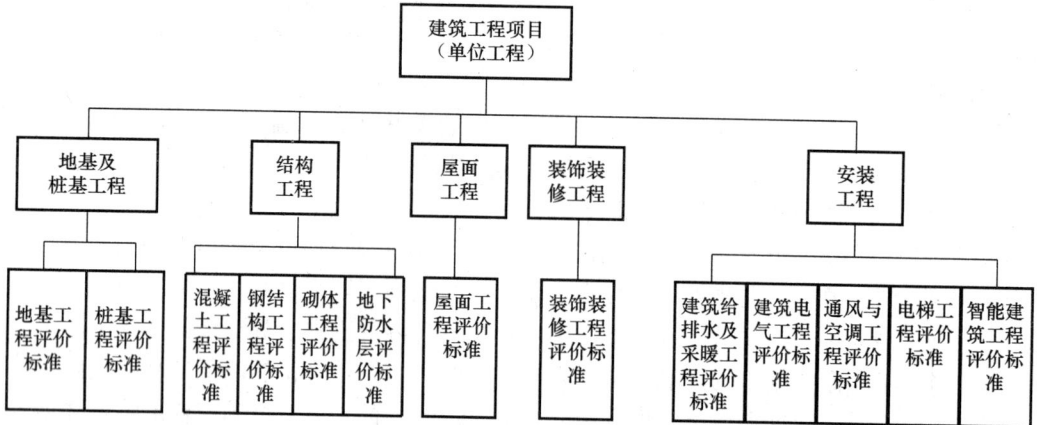

3.2.5 建筑工程施工质量优良评价应分为工程结构和单位工程两个阶段分别进行评价。

3.3.6 单位工程施工质量优良评价应在工程结构施工质量优良评价的基础上，经过竣工验收合格之后进行，工程结构质量评价达不到优良的，单位工程施工质量不能评为优良。

6.1.1 结构工程性能检测应检查的项目包括：

1 混凝土结构工程

1）结构实体混凝土强度；

2）结构实体钢筋保护层厚度。

2 钢结构工程

1）焊缝内部质量；

2）高强度螺栓连接副紧固质量；

3）钢结构涂装质量。

3 砌体工程

1）砌体每层垂直度；

2）砌体全高垂直度。

4 地下防水层渗漏水。

（57）《建筑工程绿色施工评价标准》GB/T 50640—2010

2.0.1 绿色施工 green construction

在保证质量、安全等基本要求的前提下，通过科学管理和技术进步，最大限度地节约资源，减少对环境负面影响，实现"四节一环保"（节能、节材、节水、节地和环境保护）的建筑工程施工活动。

3.0.1 绿色施工评价应以建筑工程施工过程为对象进行评价。

（58）《建筑施工组织设计规范》（GB/T 50502—2009）

2.0.2 施工组织总设计：以若干单位工程组成的群体工程或特大型项目为主要对象编制的施工组织设计，对整个项目的施工过程起统筹规划、重点控制的作用。

2.0.3 单位工程施工组织设计：以单位（子单位）工程为主要对象编制的施工组织设计，对单位（子单位）工程的施工过程起指导和制约作用。

2.0.4 施工方案：以分部（分项）工程或专项工程为主要对象编制的施工技术与组织方案，用以具体指导其施工过程。

3.0.1 施工组织设计按编制对象，可分为施工组织总设计、单位工程施工组织设计和施工方案。

3.0.5 施工组织设计的编制和审批应符合下列规定：

1 施工组织设计应由项目负责人主持编制，可根据需要分阶段编制和审批；

2 施工组织总设计应由总承包单位技术负责人审批；单位工程施工组织设计应由施工单位技术负责人或技术负责人授权的技术人员审批，施工方案应由项目技术负责人审批；重点、难点分部（分项）工程和专项工程施工方案应由施工单位技术部门组织相关专家评审，施工单位技术负责人批准；

3 由专业承包单位施工的分部（分项）工程或专项工程的施工方案，应由专业承包单位技术负责人或技术负责人授权的技术人员审批；有总承包单位时，应由总承包单位项目技术负责人核准备案；

4 规模较大的分部（分项）工程和专项工程的施工方案应按单位工程施工组织设计进行编制和审批。

4.2.1 施工组织总设计应对项目总体施工做出下列宏观部署：

1 确定项目施工总目标，包括进度、质量、安全、环境和成本目标；

2 根据项目施工总目标的要求，确定项目分阶段（期）交付的计划；

3 确定项目分阶段（期）施工的合理顺序及空间组织。

4.4.1 总体施工准备应包括技术准备、现场准备和资金准备等。

4.3 质量验收规范

4.3.1 概念

"质量验收规范"是整个施工标准规范的主干，指导各专项工程施工质量验收规范是《建筑工程施工质量验收统一标准》GB 50300—2013，验收这一主线贯穿建筑工程施工活动的始终。施工质量要与《建设工程质量管理条例》提出的事前控制、过程控制结合起来，分为生产控制和合格控制。施工质量验收规范属于合格控制的范畴，也属于"贸易标准"的范畴，可以由"验收"促进前期的生产控制，从而达到保证质量的目的。

4.3.2 重要施工质量验收规范列表

重要施工质量验收规范列表

表 4-2

序号	标准名称	标准编号
1	建筑工程施工质量验收统一标准	GB 50300—2013
2	烟囱工程施工及验收规范	GB 50078—2008
3	沥青路面施工及验收规范	GB 50092—1996
4	水泥混凝土路面施工及验收规范	GBJ 97—1987
5	给水排水构筑物工程施工及验收规范	GB 50141—2008
6	建筑地基基础工程施工质量验收规范	GB 50202—2002
7	砌体结构工程施工质量验收规范	GB 50203—2011
8	混凝土结构工程施工质量验收规范	GB 50204—2015
9	钢结构工程施工质量验收规范	GB 50205—2001
10	木结构工程施工质量验收规范	GB 50206—2012
11	屋面工程质量验收规范	GB 50207—2012
12	地下防水工程施工质量验收规范	GB 50208—2011
13	建筑地面工程施工质量验收规范	GB 50209—2010
14	建筑装饰装修工程质量验收规范	GB 50210—2001
15	建筑防腐蚀工程施工规范	GB 50212—2014
16	建筑防腐蚀工程施工质量验收规范	GB 50224—2010
17	建筑给水排水及采暖工程施工质量验收规范	GB 50242—2002
18	通风与空调工程施工质量验收规范	GB 50243—2002
19	给水排水管道工程施工及验收规范	GB 50268—2008
20	地下铁道工程施工及验收规范	GB 50299—1999
21	建筑电气工程施工质量验收规范	GB 50303—2015
22	电梯工程施工质量验收规程	GB 50310—2002
23	建筑内部装修防火施工及验收规范	GB 50354—2005
24	建筑工程施工质量评价标准	GB/T 50375—2006
25	建筑节能工程施工质量验收规范	GB 50411—2007
26	盾构法隧道施工与验收规范	GB 50446—2008
27	建筑结构加固工程施工质量验收规范	GB 50550—2010
28	铝合金结构工程施工质量验收规范	GB 50576—2010
29	建筑物防雷工程施工与质量验收规范	GB 50601—2010
30	跨座式单轨交通施工及验收规范	GB 50614—2010
31	住宅区和住宅建筑内通信设施工程验收规范	GB/T 50624—2010
32	钢管混凝土工程施工质量验收规范	GB 50628—2010
33	无障碍设施施工验收及维护规范	GB 50642—2011
34	钢筋混凝土筒仓施工与质量验收规范	GB 50669—2011
35	传染病医院建筑施工及验收规范	GB 50686—2011
36	建筑涂饰工程施工及验收规程	JGJ/T 29—2015
37	外墙饰面砖工程施工及验收规程	JGJ 126—2015
38	城镇道路工程施工与质量验收规范	CJJ 1—2008
39	城市桥梁工程施工与质量验收规范	CJJ 2—2008
40	城镇供热管网工程施工及验收规范	CJJ 28—2014

序号	标准名称	标准编号
41	城镇燃气输配工程施工及验收规范	CJJ 33—2005
42	城镇道路沥青路面再生利用技术规程	CJJ/T 43—2014
43	无轨电车牵引供电网工程技术规范	CJJ 72—2015
44	城镇地道桥顶进施工及验收规程	CJJ 74—1999
45	园林绿化工程施工及验收规范	CJJ 82—2012
46	城市道路照明工程施工及验收规程	CJJ 89—2012
47	城镇燃气室内工程施工与质量验收规范	CJJ 94—2009

4.3.3 重点规范中的强制性条文

（1）《建筑工程施工质量验收统一标准》GB 50300—2013

5.0.8 经返修或加固处理不能满足安全或重要使用要求的分部工程及单位工程，严禁验收。

6.0.6 建设单位收到工程竣工报告后，应有建设单位项目负责人组织监理、施工设计、勘察等单位项目负责人进行单位工程验收。

（2）《建筑地基基础工程施工质量验收规范》GB 50202—2002

4.1.5 对灰土地基、砂和砂石地基、土工合成材料地基、粉煤灰地基、强夯地基、注浆地基、预压地基，其竣工后的结果（地基强度或承载力）必须达到设计要求的标准。检验数量，每单位工程不应少于 3 点，1000m² 以上工程，每 100m² 至少有 1 点，3000m² 以上工程，每 300m² 至少有 1 点。每一独立基础下至少应有 1 点，基槽每 20 延米应有 1 点。

4.1.6 对水泥土搅拌桩复合地基、高压喷射注浆桩复合地基、砂桩地基、振冲桩复合地基、土和灰土挤密桩复合地基、水泥粉煤灰碎石桩复合地基及夯实水泥土桩复合地基，其承载力检验，数量为总数的 0.5%~1%，但不应少于 3 处。有单桩强度检验要求时，数量为总数的 0.5%~1%，但不应少于 3 根。

5.1.3 打（压）入桩（预制混凝土方桩、先张法预应力管桩、钢桩）的桩位偏差，必须符合表 5.1.3 的规定。斜桩倾斜度的偏差不得大于倾斜正切值的 15%（倾斜角系桩的纵向中心线与铅垂线间夹角）。

预制桩（钢桩）桩位的允许偏差（mm）　　　　　　　　　　　表 5.1.3

序号	项目	允许偏差（mm）
1	盖有基础梁的桩： （1）垂直基础梁的中心线， （2）沿基础梁的中心线	$100+0.01H$ $150+0.01H$
2	桩数为 1~3 根桩基中的桩	100
3	桩数为 4~16 根桩基中的桩	1/2 桩径或边长
4	桩数大于 16 根桩基中的桩： （1）最外边的桩， （2）中间桩	1/3 桩径或边长 1/2 桩径或边长

注：H 为施工现场地面标高与桩顶设计标高的距离。

5.1.4 灌注桩的桩位偏差必须符合表 5.1.4 的规定，桩顶标高至少要比设计标高高出 0.5m，桩底清孔质量按不同的成桩工艺有不同的要求，应按本章的各节要求执行。每

浇注 $50m^3$ 必须有 1 组试件，小于 $50m^3$ 的桩，每根桩必须有 1 组试件。

灌注桩的平面位置和垂直度的允许偏差　　　　表 5.1.4

序号	成孔方法		桩径允许偏差（mm）	垂直度允许偏差（%）	桩位允许偏差（mm）	
					1～3 根、单排桩基垂直于中心线方向和群桩基础的边桩	条形桩基沿中心线方向和群桩基础的中间桩
1	泥浆护壁钻孔桩	$D\leqslant1000mm$	±50	<1	$D/6$，且不大于 100	$D/4$，且不大于 150
		$D>1000mm$	±50		$100+0.01H$	$150+0.01H$
2	套管成孔灌注桩	$D\leqslant500mm$	-20	<1	70	150
		$D>500mm$	-20		100	150
3	干成孔灌注桩		-20	<1	70	150
4	人工挖孔桩	混凝土护壁	$+50$	<0.5	50	150
		钢套管护壁	$+50$	<1	100	200

注：1　桩径允许偏差的负值是指个别断面。
　　2　采用复打、反插法施工的桩，其桩径允许偏差不受上表限制。
　　3　H 为施工现场地面标高与桩顶设计标高的距离，D 为设计桩径。

5.1.5　工程桩应进行承载力检验。对于地基基础设计等级为甲级或地质条件复杂、成桩质量可靠性低的灌注桩，应采用静载荷试验的方法进行检验，检验桩数不应少于总数的 1%，且不应少于 3 根，当总桩数少于 50 根时，不应少于 2 根。

7.1.3　土方开挖的顺序、方法必须与设计工况一致，并遵循"开槽支撑，先撑后挖，分层开挖，严禁超挖"的原则。

7.1.7　基坑（槽）、管沟土方工程验收必须确保支护结构安全和周围环境安全为前提。当设计有指标时，以设计要求为依据，如无设计指标时应按表 7.1.7 的规定执行。

基坑变形的监控值（cm）　　　　表 7.1.7

基坑类别	围护结构墙顶位移监控值	围护结构墙体最大位移监控值	地面最大沉降监控值
一级基坑	3	5	3
二级基坑	6	8	6
三级基坑	8	10	10

注：1　符合下列情况之一，为一级基坑：
　　（1）重要工程或支护结构做主体结构的一部分；
　　（2）开挖深度大于 10m；
　　（3）与临近建筑物、重要设施的距离在开挖深度以内的基坑。
　　（4）基坑范围内有历史文物、近代优秀建筑、重要管线等需严加保护的基坑。
　　2　三级基坑为开挖深度小于 7m，且周围环境无特别要求时的基坑。
　　3　除一级和三级外的基坑属二级基坑。
　　4　当周围已有的设施有特殊要求时，尚应符合这些要求。

（3）《土方与爆破工程施工及验收规范》GB 50201—2012

4.5.4　土方回填应填筑压实，且压实系数应满足设计要求。当采用分层回填时，应在下层的压实系数经试验合格后，才能进行上层施工。

（4）《钢筋混凝土筒仓施工与质量验收规范》GB 50669—2011

3.0.4　筒仓工程所用的材料、半成品、成品应有产品合格证和检验报告，其品种规格、技术指标和质量等级应符合设计要求和相关标准的规定。用于筒仓工程的材料、构配件必须进行现场验收，混凝土原材料、钢筋及连接件、预应力筋及锚夹具、连接器、钢结构钢材、防水材料、保温材料等应在现场抽取试样进行复试检验。

3.0.5 存放谷物及其他食品的筒仓，仓壁及内涂层应严格选用符合设计和卫生要求的产品。

5.2.1 筒体水平钢筋的品种、规格、间距及连接方式必须满足设计要求。

5.4.3 滑模工艺施工，应在现场操作面随机抽取试样检查混凝土出模强度，每一工作班不少于一次；气温有骤变或混凝土配合比有调整时，应相应增加检查次数。

5.4.8 筒体结构的混凝土取样和试件留置应符合国家现行标准《混凝土结构工程施工质量验收规范》GB 50204 和《建筑工程冬期施工规程》JGJ 104 的有关规定。当工程设计有耐久性指标要求时，应按不同配合比留置混凝土耐久性检验试件。

5.5.1 预应力筋的品种、级别、规格、数量必须符合设计要求。

5.6.2 筒仓内衬材料的品种、规格必须符合设计要求，筒仓内衬材料以及耐磨层的粘结材料、安装紧固件等应分批进行现场验收。

8.0.3 筒仓工程的避雷引下线应在筒体外敷设，严禁利用其竖向受力钢筋作为避雷线。

11.2.2 工程耐久性必须符合设计要求。

(5)《混凝土结构工程施工质量验收规范》GB 50204—2015

4.1.2 模板及支架应根据安装、使用和拆除工况进行设计，并应满足承载力、刚度和整体稳固性要求。

5.2.1 钢筋进场时，应按国家现行相关标准的规定抽取试件作屈服强度、抗拉强度、伸长率、弯曲性能和重量偏差检验，检验结果应符合相应标准的规定。

检查数量：按进场批次和产品的抽样检验方案确定。检验方法：检查质量证明文件和抽样检验报告。

5.2.3 对按一、二、三级抗震等级设计的框架和斜撑构件（含梯段）中的纵向受力普通钢筋应采用 HRB335E、HRB400E、HRB500E、HRBF335E、HRBF400E 或 HRBF500E 钢筋，其强度和最大力下总伸长率的实测值应符合下列规定：

1 抗拉强度实测值与屈服强度实测值的比值不应小于 1.25；

2 屈服强度实测值与屈服强度标准值的比值不应大于 1.30；

3 最大力下总伸长率不应小于 9%。

检查数量：按进场的批次和产品的抽样检验方案确定。

检验方法：检查抽样检验报告。

5.5.1 钢筋安装时，受力钢筋的牌号、规格和数量必须符合设计要求。

检查数量：全数检查。

检验方法：观察，尺量。

6.2.1 预应力筋进场时，应按国家现行相关标准的规定抽取试件作抗拉强度、伸长率检验，其检验结果应符合相应标准的规定。

检查数量：按进场的批次和产品的抽样检验方案确定。检验方法：检查质量证明文件和抽样检验报告。

6.3.1 预应力筋安装时，其品种、规格、级别和数量必须符合设计要求。

检查数量：全数检查。

检验方法：观察，尺量。

6.4.2 对后张法预应力结构构件，钢绞线出现断裂或滑脱的数量不应超过同一截面钢绞线总根数的 3%，且每根断裂的钢绞线断丝不得超过一丝；对多跨双向连续板，其同一截面应按每跨计算。

检查数量：全数检查。

检验方法：观察，检查张拉记录。

7.2.1 水泥进场时，应对其品种、代号、强度等级、包装或散装编号、出厂日期等进行检查，并应对水泥的强度、安定性和凝结时间进行检验，检验结果应符合现行国家标准《通用硅酸盐水泥》GB 175 等的相关规定。

检查数量：按同一厂家、同一品种、同一代号、同一强度等级、同一批号且连续进场的水泥，袋装不超过 200t 为一批，散装不超过 500t 为一批，每批抽样数量不应少于一次。

检验方法：检查质量证明文件和抽样检验报告。

7.4.1 混凝土的强度等级必须符合设计要求。用于检验混凝土强度的试件应在浇筑地点随机抽取。

检查数量：对同一配合比混凝土，取样与试件留置应符合下列规定：

1 每拌制 100 盘且不超过 100m³ 时，取样不得少于一次；

2 每工作班拌制不足 100 盘时，取样不得少于一次；

3 连续浇筑超过 1000m³ 时，每 200m³ 取样不得少于一次；

4 每一楼层取样不得少于一次；

5 每次取样应至少留置一组试件。

检验方法：检查施工记录及混凝土强度试验报告。

（6）《钢管混凝土工程施工质量验收规范》GB 50628—2010

3.0.4 钢管、钢板、钢筋、连接材料、焊接材料及钢管混凝土的材料应符合设计要求和国家现行有关标准的规定。

3.0.6 焊工必须经考试合格并取得合格证书，持证焊工必须在其考试合格项目及合格证规定的范围内施焊。

3.0.7 设计要求全焊透的一、二级焊缝应采用超声波探伤进行焊缝内部缺陷检查，超声波探伤不能对缺陷作出判断时，应采用射线探伤检验。其内部缺陷分级及探伤应符合现行国家标准《钢焊缝手工超声波探伤方法和探伤结果分级》GB 11345、《金属熔化焊焊接接头射线照相》GB/T 3323 的有关规定。一、二级焊缝的质量等级及缺陷分级应符合表 3.0.7 的规定。

一、二级焊缝质量等级及缺陷分级 表 3.0.7

焊缝质量等级		一级	二级
内部缺陷超声波探伤	评定等级	2	3
	检验等级	B 级	B 级
	探伤比例	100%	20%
内部缺陷射线探伤	评定等级	2	3
	检验等级	AB 级	AB 级
	探伤比例	100%	20%

注：探伤比例的计数方法应按以下原则：（1）对工厂制作焊缝，应按每条焊缝计算百分比，且探伤长度不应小于 200mm，当焊缝长度不足 200mm 时，应对整条焊缝进行探伤；（2）对现场安装焊缝，应按同一类型、同一施焊条件的焊缝条数计算百分比，探伤长度不应小于 200mm，并不应少于 1 条焊缝。

4.5.1 钢管混凝土柱和钢筋混凝土梁连接节点核心区的构造及钢筋的规格、位置、数量应符合设计要求。

4.7.1 钢管内混凝土的强度等级应符合设计要求。

（7）《钢结构工程施工质量验收规范》GB 50205—2001

4.2.1 钢材、钢铸件的品种、规格、性能等应符合现行国家产品标准和设计要求。进口钢材产品的质量应符合设计和合同规定标准的要求。

4.3.1 焊接材料的品种、规格、性能等应符合现行国家产品标准和设计要求。

4.4.1 钢结构连接用高强度大六角头螺栓连接副、扭剪型高强度螺栓连接副、钢网架用高强度螺栓、普通螺栓、铆钉、自攻钉、拉铆钉、射钉、锚栓（机械型和化学试剂型）、地脚锚栓等紧固标准件及螺母、垫圈等标准配件，其品种、规格、性能等应符合现行国家产品标准和设计要求。高强度大六角头螺栓连接副和扭剪型高强度螺栓连接副出厂时应分别随箱带有扭矩系数和紧固轴力（预拉力）的检验报告。

5.2.2 焊工必须经考试合格并取得合格证书。持证焊工必须在其考试合格项目及其认可范围内施焊。

5.2.4 设计要求全焊透的一、二级焊缝应采用超声波探伤进行内部缺陷的检验，超声波探伤不能对缺陷作出判断时，应采用射线探伤，其内部缺陷分级及探伤方法应符合现行国家标准《钢焊缝手工超声波探伤方法和探伤结果分级法》GB 11345 或《钢熔化焊对接接头射线照相和质量分级》GB 3323 的规定。

焊接球节点网架焊缝、螺栓球节点网架焊缝及圆管 T、K、Y 形节点相关线焊缝，其内部缺陷分级及探伤方法应分别符合国家现行标准《焊接球节点钢网架焊缝超声波探伤方法及质量分级法》JBJ/T 3034.1、《螺栓球节点钢网架焊缝超声波探伤方法及质量分级法》JBJ/T 3034.2、《建筑钢结构焊接技术规程》JGJ 81 的规定。

一级、二级焊缝的质量等级及缺陷分级应符合表 5.2.4 的规定。

一、二级焊缝质量等级及缺陷分级 表 5.2.4

焊缝质量等级		一级	二级
内部缺陷超声波探伤	评定等级	2	3
	检验等级	B 级	B 级
	探伤比例	100%	20%
内部缺陷射线探伤	评定等级	2	3
	检验等级	AB 级	AB 级
	探伤比例	100%	20%

注：探伤比例的计数方法应按以下原则确定：（1）对工厂制作焊缝，应按每条焊缝计算百分比，且探伤长度应不小于200mm，当焊缝长度不足200mm时，应对整条焊缝进行探伤；（2）对现场安装焊缝，应按同一类型、同一施焊条件的焊缝条数计算百分比，探伤长度应不小于200mm，并应不少于1条焊缝。

6.3.1 钢结构制作和安装单位应按本规范附录 B 的规定分别进行高强度螺栓连接摩擦面的抗滑移系数试验和复验，现场处理的构件摩擦面应单独进行摩擦面抗滑移系数试验，其结果应符合设计要求。

8.3.1 吊车梁和吊车桁架不应下挠。

10.3.4 单层钢结构主体结构的整体垂直度和整体平面弯曲的允许偏差应符合

表 10.3.4 的规定。

整体垂直度和整体平面弯曲的允许偏差（mm）　　　表 10.3.4

项目	允许偏差	图例
主体结构的整体垂直度	H/1000，且不应大于 25.0	
主体结构的整体平面弯曲	L/1500，且不应大于 25.0	

11.3.5　多层及高层钢结构主体结构的整体垂直度和整体平面弯曲的允许偏差应符合表 11.3.5 的规定。

整体垂直度和整体平面弯曲的允许偏差（mm）　　　表 11.3.5

项目	允许偏差	图例
主体结构的整体垂直度	(H/2500＋10.0)，且不应大于 50.0	
主体结构的整体平面弯曲	L/1500，且不应大于 25.0	

12.3.4　钢网架结构总拼完成后及屋面工程完成后应分别测量其挠度值，且所测的挠度值不应超过相应设计值的 1.15 倍。

14.2.2　涂料、涂装遍数、涂层厚度均应符合设计要求。当设计对涂层厚度无要求时，涂层干漆膜总厚度：室外应为 $150\mu m$，室内应为 $125\mu m$，其允许偏差为 $-25\mu m$。每遍涂层干漆膜厚度的允许偏差为 $-5\mu m$。

14.3.3　薄涂型防火涂料的涂层厚度应符合有关耐火极限的设计要求。

厚涂型防火涂料涂层的厚度，80% 及以上面积应符合有关耐火极限的设计要求，且最薄处厚度不应低于设计要求的 85%。

（8）《砌体结构工程施工质量验收规范》GB 50203—2011

4.0.1　水泥使用应符合下列规定：

1　水泥进场时应对其品种、等级、包装或散装仓号、出厂日期等进行检查，并应对其强度、安定性进行复验，其质量必须符合现行国家标准《通用硅酸盐水泥》GB 175 的有关规定。

2　当在使用中对水泥质量有怀疑或水泥出厂超过三个月（快硬硅酸盐水泥超过一个月）时，应复查试验，并按复验结果使用。

5.2.1 砖和砂浆的强度等级必须符合设计要求。

5.2.3 砖砌体的转角处和交接处应同时砌筑，严禁无可靠措施的内外墙分砌施工。在抗震设防烈度为8度及8度以上地区，对不能同时砌筑而又必须留置的临时间断处应砌成斜槎，普通砖砌体斜槎水平投影长度不应小于高度的2/3，多孔砖砌体的斜槎长高比不应小于1/2。斜槎高度不得超过一步脚手架的高度。

6.1.8 承重墙体使用的小砌块应完整、无破损、无裂缝。

6.1.10 小砌块应将生产时的底面朝上反砌于墙上。

6.2.1 小砌块和芯柱混凝土、砌筑砂浆的强度等级必须符合设计要求。

6.2.3 墙体转角处和纵横交接处应同时砌筑。临时间断处应砌成斜槎，斜槎水平投影长度不应小于斜槎高度。施工洞口可预留直槎，但在洞口砌筑和补砌时，应在直槎上下搭砌的小砌块孔洞内用强度等级不低于C20（或Cb20）的混凝土灌实。

7.1.10 挡土墙的泄水孔当设计无规定时，施工应符合下列规定：

1 泄水孔应均匀设置，在每米高度上间隔2m左右设置一个泄水孔；

2 泄水孔与土体间铺设长宽各为300mm、厚200mm的卵石或碎石作疏水层。

7.2.1 石材及砂浆强度等级必须符合设计要求。

8.2.1 钢筋的品种、规格、数量和设置部位应符合设计要求。

8.2.2 构造柱、芯柱、组合砌体构件、配筋砌体剪力墙构件的混凝土及砂浆的强度等级应符合设计要求。

10.0.4 冬期施工所用材料应符合下列规定：

1 石灰膏、电石膏等应防止受冻，如遭冻结，应经融化后使用；

2 拌制砂浆用砂，不得含有冰块和大于10mm的冻结块；

3 砌体用块体不得遭水浸冻。

（9）《工业炉砌筑工程施工与验收规范》GB 50211—2014

3.2.44 拱胎及其支柱所用材料应满足支撑强度要求。

3.2.65 拆除拱顶的拱胎，必须在锁砖全部打紧、拱脚处的凹沟砌筑完毕，以及骨架拉杆的螺母最终拧紧之后进行。

4.1.6 模板安装应尺寸准确、稳固，模板接缝应严密，施工过程中模板不得产生变形、位移、漏浆，且应采取防粘措施。捣打时，连接件、加固件不得脱开。

4.3.10 承重模板应在耐火浇注料达到设计强度的70％以上后拆除。热硬性耐火浇注料应烘烤到指定温度之后拆模。

4.4.13 炉顶合门处模板必须在施工完毕经自然养护24h之后拆除。用热硬性耐火可塑料捣打的孔洞，其拱胎应在烘炉前拆除。

7.1.9 所有砖缝均应耐火泥浆饱满和严密。无法用挤浆法砌筑的砖，其垂直缝的耐火泥浆饱满度不应小于95％。砌筑过程中必须勾缝，隐蔽缝应在砌筑上一层砖以前勾好，墙面砖缝必须在砌砖的当班勾好。蓄热室和炭化室的墙面砖缝应在最终清扫后进行复查，对不饱满的砖缝应予以补勾。

7.1.39 炭化室跨顶砖除长度方向的端面外，其他面均不得加工。跨顶砖的工作面不得有横向裂纹。

8.1.2 砌筑前应固定转动装置，其电源必须切断。

8.2.11 活炉底与炉身的接缝处的施工必须符合下列规定：

1 活炉底水平接缝处，里（靠工作面）、外（靠炉壳）应用稠的镁质耐火泥浆，中间应用与炉衬材质相应的材料铺填平整均匀。

2 炉身必须放正，炉底必须放平，必须试装加压，经检查合格后，才可正式上炉底。

3 安装活炉底时，应将炉底和炉身顶紧。接缝时必须将所有的销钉敲紧，并应将销钉焊接牢固。

4 活炉底垂直接缝时，在炉底对接完后，必须将接缝内的填料捣实。

5 接缝料未硬化前，炉体不得倾动。

9.2.7 步进式、推钢式连续加热炉砌筑之前，其水冷梁系统必须做水压试验和试通水。步进式加热炉的步进梁系统应做试运转。

13.3.9 熔化部和冷却部窑拱砌筑完毕后，应逐步并均匀对称地拧紧各对立柱间拉杆的螺母。用于检查拱顶中间和两肋上升、下沉的标志，应先行设置。必须在窑拱脱离开拱胎，并应经过检查未发现下沉、变形和局部下陷时拆除拱胎。

20.0.4 工业炉投产前，必须烘炉。烘炉前，必须先烘烟囱和烟道。

21.1.7 起重设备、机械设备和电器设备必须由专人操作，并应设专人检查和维护。

(10)《木结构工程施工质量验收规范》GB 50206—2012

4.2.1 方木、原木结构的形式、结构布置和构件尺寸，应符合设计文件的规定。

检查数量：检验批全数。

4.2.2 结构用木材应符合设计文件的规定，并应具有产品质量合格证书。

检查数量：检验批全数。

4.2.12 钉连接、螺栓连接节点的连接件（钉、螺栓）的规格、数量，应符合设计文件的规定。

检查数量：检验批全数。

5.2.1 胶合木结构的结构形式、结构布置和构件截面尺寸，应符合设计文件的规定。

检查数量：检验批全数。

5.2.2 结构用层板胶合木的类别、强度等级和组坯方式，应符合设计文件的规定，并应有产品质量合格证书和产品标识，同时应有满足产品标准规定的胶缝完整性检验和层板指接强度检验合格证书。

检查数量：检验批全数。

5.2.7 各连接节点的连接件类别、规格和数量应符合设计文件的规定。桁架端节点齿连接胶合木端部的受剪面及螺栓连接中的螺栓位置，不应与漏胶胶缝重合。

检查数量：检验批全数。

6.2.1 轻型木结构的承重墙（包括剪力墙）、柱、楼盖、屋盖布置、抗倾覆措施及屋盖抗掀起措施等，应符合设计文件的规定。

检查数量：检验批全数。

6.2.2 进场规格材应有产品质量合格证书和产品标识。

检查数量：检验批全数。

6.2.11 轻型木结构各类构件间连接的金属连接件的规格、钉连接的用钉规格与数量，应符合设计文件的规定。

检查数量：检验批全数。

7.1.4 阻燃剂、防火涂料以及防腐、防虫等药剂，不得危及人畜安全，不得污染环境。

(11)《铝合金结构工程施工质量验收规范》GB 50576—2010

14.4.1 当铝合金材料与不锈钢以外的其他金属材料或含酸性、碱性的非金属材料接触、紧固时，应采用隔离材料。

14.4.2 隔离材料严禁与铝合金材料及相接触的其他金属材料产生电偶腐蚀。

(12)《屋面工程质量验收规范》GB 50207—2012

3.0.6 屋面工程所用的防水、保温材料应有产品合格证书和性能检测报告，材料的品种、规格、性能等必须符合国家现行产品标准和设计要求。产品质量应由经过省级以上建设行政主管部门对其资质认可和质量技术监督部门对其计量认证的质量检测单位进行检测。

3.0.12 屋面防水工程完工后，应进行观感质量检查和雨后观察或淋水、蓄水试验，不得有渗漏和积水现象。

5.1.7 保温材料的导热系数、表观密度或干密度、抗压强度或压缩强度、燃烧性能，必须符合设计要求。

7.2.7 瓦片必须铺置牢固。在大风及地震设防地区或屋面坡度大于100％时，应按设计要求采取固定加强措施。

(13)《地下防水工程质量验收规范》GB 50208—2011

4.1.16 防水混凝土结构的施工缝、变形缝、后浇带、穿墙管、埋设件等设置和构造必须符合设计要求。

4.4.8 涂料防水层的平均厚度应符合设计要求，最小厚度不得小于设计厚度的90％。

5.2.3 中埋式止水带埋设位置应准确，其中间空心圆环与变形缝的中心线应重合。

5.3.4 采用掺膨胀剂的补偿收缩混凝土，其抗压强度、抗渗性能和限制膨胀率必须符合设计要求。

7.2.12 隧道、坑道排水系统必须通畅。

(14)《建筑地面工程施工质量验收规范》GB 50209—2010

3.0.3 建筑地面工程采用的材料或产品应符合设计要求和国家现行有关标准的规定。无国家现行标准的，应具有省级住房和城乡建设行政主管部门的技术认可文件。材料或产品进场时还应符合下列规定：

1 应有质量合格证明文件；

2 应对型号、规格、外观等进行验收，对重要材料或产品应抽样进行复验。

3.0.5 厕浴间和有防滑要求的建筑地面应符合设计防滑要求。

3.0.18 厕浴间、厨房和有排水（或其他液体）要求的建筑地面面层与相连接各类面层的标高差应符合设计要求。

4.9.3 有防水要求的建筑地面工程，铺设前必须对立管、套管和地漏与楼板节点之间进行密封处理，并应进行隐蔽验收；排水坡度应符合设计要求。

4.10.11 厕浴间和有防水要求的建筑地面必须设置防水隔离层。楼层结构必须采用现浇混凝土或整块预制混凝土板，混凝土强度等级不应小于C20；房间的楼板四周除门洞外应做混凝土翻边，高度不应小于200mm，宽同墙厚，混凝土强度等级不应小于C20。施工时结构层标高和预留孔洞位置应准确，严禁乱凿洞。

4.10.13　防水隔离层严禁渗漏，排水的坡向应正确、排水通畅。

5.7.4　不发火（防爆）面层中碎石的不发火性必须合格；砂应质地坚硬、表面粗糙，其粒径应为 0.15mm～5mm，含泥量不应大于 3%，有机物含量不应大于 0.5%；水泥应采用硅酸盐水泥、普通硅酸盐水泥；面层分格的嵌条应采用不发生火花的材料配制。配制时应随时检查，不得混入金属或其他易发生火花的杂质。

（15）《建筑装饰装修工程质量验收规范》GB 50210—2001

3.1.1　建筑装饰装修工程必须进行设计，并出具完整的施工图设计文件。

3.1.5　建筑装饰装修工程设计必须保证建筑物的结构安全和主要使用功能。当涉及主体和承重结构改动或增加荷载时，必须由原结构设计单位或具备相应资质的设计单位核查有关原始资料，对既有建筑结构的安全性进行核验、确认。

3.2.3　建筑装饰装修工程所用材料应符合国家有关建筑装饰装修材料有害物质限量标准的规定。

3.2.9　建筑装饰装修工程所使用的材料应按设计要求进行防火、防腐和防虫处理。

3.3.4　建筑装饰装修工程施工中，严禁违反设计文件擅自改动建筑主体、承重结构或主要使用功能；严禁未经设计确认和有关部门批准擅自拆改水、暖、电、燃气、通信等配套设施。

3.3.5　施工单位应遵守有关环境保护的法律法规，并应采取有效措施控制施工现场的各种粉尘、废气、废弃物、噪声、振动等对周围环境造成的污染和危害。

4.1.12　外墙和顶棚的抹灰层与基层之间及各抹灰层之间必须粘结牢固。

5.1.11　建筑外门窗的安装必须牢固。在砌体上安装门窗严禁用射钉固定。

6.1.12　重型灯具、电扇及其他重型设备严禁安装在吊顶工程的龙骨上。

8.2.4　饰面板安装工程的预埋件（或后置埋件）、连接件的数量、规格、位置、连接方法和防腐处理必须符合设计要求。后置埋件的现场拉拔强度必须符合设计要求。饰面板安装必须牢固。

8.3.4　饰面砖粘贴必须牢固。

9.1.8　隐框、半隐框幕墙所采用的结构粘结材料必须是中性硅酮结构密封胶，其性能必须符合《建筑用硅酮结构密封胶》GB 16776 的规定；硅酮结构密封胶必须在有效期内使用。

9.1.13　主体结构与幕墙连接的各种预埋件，其数量、规格、位置和防腐处理必须符合设计要求。

9.1.14　幕墙的金属框架与主体结构预埋件的连接、立柱与横梁的连接及幕墙面板的安装必须合设计要求，安装必须牢固。

12.5.6　护栏高度、栏杆间距、安装位置必须符合设计要求。护栏安装必须牢固。

（16）《无障碍设施施工验收及维护规范》GB 50642—2011

3.1.12　安全抓杆预埋件应进行验收。

3.1.14　通过返修或加固处理仍不能满足安全和使用要求的无障碍设施分项工程，不得验收。

3.14.8　厕所和厕位的安全抓杆应安装牢固，支撑力应符合设计要求。

3.15.8　浴室的安全抓杆应安装坚固，支撑力应符合设计要求。

（17）《建筑防腐蚀工程施工质量验收规范》GB 50224—2010

3.2.6　通过返修处理仍不能满足安全使用要求的工程，严禁验收。

（18）《建筑给水排水及采暖工程施工质量验收规范》GB 50242—2002

3.3.3　地下室或地下构筑物外墙有管道穿过的，应采取防水措施。对有严格防水要求的建筑物，必须采用柔性防水套管。

3.3.16　各种承压管道系统和设备应做水压试验，非承压管道系统和设备应做灌水试验。

4.1.2　给水管道必须采用与管材相适应的管件。生活给水系统所涉及的材料必须达到饮用水卫生标准。

4.2.3　生活给水系统管道在交付使用前必须冲洗和消毒，并经有关部门取样检验，符合国家《生活饮用水标准》方可使用。

4.3.1　室内消火栓系统安装完成后应取屋顶层（或水箱间内）试验消火栓和首层取二处消火栓做试射试验，达到设计要求为合格。

5.2.1　隐蔽或埋地的排水管道在隐蔽前必须做灌水试验，其灌水高度应不低于底层卫生器具的上边缘或底层地面高度。

8.2.1　管道安装坡度，当设计未注明时，应符合下列规定：

1　气、水同向流动的热水采暖管道和汽、水同向流动的蒸汽管道及凝结水管道，坡度应为3‰，不得小于2‰；

2　气、水逆向流动的热水采暖管道和汽、水逆向流动的蒸汽管道，坡度不应小于5‰；

3　散热器支管的坡度应为1‰，坡向应利于排气和泄水。

8.3.1　散热器组对后，以及整组出厂的散热器在安装之前应作水压试验。试验压力如设计无要求时应为工作压力的1.5倍，但不小于0.6MPa。

8.5.1　地面下敷设的盘管埋地部分不应有接头。

8.5.2　盘管隐蔽前必须进行水压试验，试验压力为工作压力的1.5倍，且不小于0.6MPa。

8.6.1　采暖系统安装完毕，管道保温之前应进行水压试验。试验压力应符合设计要求。当设计未注明时，应符合下列规定：

1　蒸汽、热水采暖系统，应以系统顶点工作压力加0.1MPa作水压试验，同时在系统顶点的试验压力不小于0.3MPa。

2　高温热水采暖系统，试验压力应为系统顶点工作压力加0.4MPa。

3　使用塑料管及复合管的热水采暖系统，应以系统顶点工作压力加0.2MPa作水压试验，同时在系统顶点的试验压力不小于0.4MPa。

8.6.3　系统冲洗完毕应充水、加热，进行试运行和调试。

9.2.7　给水管道在竣工后，必须对管道进行冲洗，饮用水管道还要在冲洗后进行消毒，满足饮用水卫生要求。

10.2.1　排水管道的坡度必须符合设计要求，严禁无坡或倒坡。

11.3.3　管道冲洗完毕应通水、加热，进行试运行和调试。当不具备加热条件时，应延期进行。

13.2.6　锅炉的汽、水系统安装完毕后，必须进行水压试验。水压试验的压力应符合

表 13.2.6 的规定。

水压试验压力规定

表 13.2.6

项次	设备名称	工作压力（MPa）	试验压力（MPa）
1	锅炉本体	$P<0.59$	1.5P 但不小于 0.2
		$0.59 \leqslant P \leqslant 1.18$	$P+0.3$
		>1.18	$1.25P$
2	可分式省煤器	P	$1.25P+0.5$
3	非承压锅炉	大气压力	0.3

注：① 工作压力 P 对蒸汽锅炉指炉筒工作压力，对热水锅炉指锅炉额定出水压力；
② 铸铁锅炉水压试验同热水锅炉；
③ 非承压锅炉水压试验为 0.2MPa，试验期间压力保持不变。

13.4.1 锅炉和省煤器安全阀的定压和调整应符合表 13.4.1 的规定。锅炉上装有两个安全阀时，其中的一个按表中较高值定压，另一个按较低值定压。装有一个安全阀时，应按较低值定压。

安全阀定压规定

表 13.4.1

项次	工作设备	安全阀开启压力（MPa）
1	蒸汽锅炉	工作压力+0.02MPa
		工作压力+0.04MPa
2	热水锅炉	1.12 倍工作压力，但不少于工作压力+0.07MPa
		1.14 倍工作压力，但不少于工作压力+0.10MPa
3	省煤器	1.1 倍工作压力

13.4.4 锅炉的高、低水位报警器和超温、超压报警器及联锁保护装置必须按设计要求安装齐全和有效。

13.5.3 锅炉在烘炉、煮炉合格后，应进行 48h 的带负荷连续试运行，同时应进行安全阀的热状态定压检验和调整。

13.6.1 热交换器应以最大工作压力的 1.5 倍作水压试验，蒸汽部分应不低于蒸汽供汽压力加 0.3MPa；热水部分应不低于 0.4MPa。

(19)《城镇燃气室内工程施工与质量验收规范》CJJ 94—2009

3.2.1 国家规定实行生产许可证、计量器具许可证或特殊认证的产品，产品生产单位必须提供相关证明文件，施工单位必须在安装使用前查验相关文件，不符合要求的产品不得安装使用。

3.2.2 燃气室内工程所用的管道组成件、设备及有关材料的规格、性能等应符合国家现行有关标准及设计文件的规定，并应有出厂合格文件；燃具、用气设备和计量装置等必须选用经国家主管部门认可的检测机构检测合格的产品，不合格者不得选用。

4.2.1 在地下室、半地下室、设备层和地上密闭房间以及地下车库安装燃气引入管道时应符合设计文件的规定；当设计文件无明确要求时，应符合下列规定：

1 引入管道应使用钢号为 10、20 的无缝钢管或具有同等及同等以上性能的其他金属管材；

2　管道的敷设位置应便于检修，不得影响车辆的正常通行，且应避免被碰撞；

3　管道的连接必须采用焊接连接。其焊缝外观质量应按现行国家标准《现场设备、工业管道焊接工程施工及验收规范》GB 50236 进行评定，Ⅲ级合格；焊缝内部质量检查应按现行国家标准《无损检测金属管道熔化焊环向对接接头射线照相检测》GB/T 12605 进行评定，Ⅲ级合格。

检查数量：100%检查。

检查方法：目视检查和查看无损检测报告。

6.3.1　当商业用气设备安装在地下室、半地下室或地上密闭房间内时，应严格按设计文件要求施工。

检查方法：查阅设计文件。

6.4.1　工业企业生产用气设备的安装场所应符合现行国家标准《城镇燃气设计规范》GB 50028 的规定；当用气设备安装在地下室、半地下室或地上密闭房间内时，应严格按设计文件要求施工。

检查方法：查阅设计文件和目视检查。

7.2.3　地下室、半地下室和地上密闭房间室内燃气钢管的固定焊口应进行 100%射线照相检验，活动焊口应进行 10%射线照相检验，其质量应达到国家标准《无损检测金属管道熔化焊环向对接接头射线照相检测》GB/T 12605 中的Ⅲ级。

检查数量：100%检查。

检查方法：外观检查、查阅无损探伤报告和设计文件。

8.1.3　严禁用可燃气体和氧气进行试验。

8.2.4　强度试验压力应为设计压力的 1.5 倍且不得低于 0.1MPa。

8.2.5　强度试验应符合下列要求：

1　在低压燃气管道系统达到试验压力时，稳定不少于 0.5h 后，应用发泡剂检查所有接头，无渗漏、压力计量装置无压力降为合格；

2　在中压燃气管道系统达到试验压力时，稳压不少于 0.5h 后，应用发泡剂检查所有接头，无渗漏、压力计量装置无压力降为合格；或稳压不少于 1h，观察压力计量装置，无压力降为合格；

3　当中压以上燃气管道系统进行强度实验时，应在达到试验压力的 50%时停止不少于 15min，用发泡剂检查所有接头，无渗漏后方可继续缓慢升压至试验压力并稳定不少于 1h 后，压力计量装置无压力降为合格。

8.3.2　室内燃气系统的严密性试验应在强度试验合格之后进行。

8.3.3　严密性试验应符合下列要求：

1　低压管道系统

试验压力应为设计压力且不得低于 5kPa。在试验压力下，居民用户应稳定不少于 15min，商业和工业企业用户应稳压不少于 30min，并用发泡剂检查全部连接点，无渗漏、压力计无压力降为合格。

当试验系统中有不锈钢波纹软管、覆塑铜管、铝塑复合管、耐油胶管时，在试验压力下的稳压时间不宜小于 1h，除对各密封点检查外，还应对外包覆层端面是否有渗漏现象进行检查。

2 中压及以上压力管道系统

试验压力应为设计压力且不得低于 0.1MPa。在试验压力下稳压不得少于 2h，用发泡剂检查全部连接点，无渗漏、压力计量装置无压力降为合格。

（20）《家用燃气燃烧器具安装及验收规程》CJJ 12—2013

3.1.2 燃具铭牌上标定的燃气类别必须与安装处所供应的燃气类别相一致。

3.1.5 住宅中应预留燃具的安装位置，并应设置专用烟道或在外墙上留有通往室外的孔洞。

4.1.2 使用液化石油气的燃具不应设置在地下室和半地下室。使用人工煤气、天然气的燃具不应设置在地下室，当燃具设置在半地下室或地上密闭房间时，应设置机械通风、燃气/烟气（一氧化碳）浓度检测报警等安全设施。

4.6.16 在燃具停用时，主、支并列型共用烟道的支烟道口处静压值应小于零（负压）。

（21）《通风与空调工程施工质量验收规范》GB 50243—2002

4.2.3 防火风管的本体、框架与固定材料、密封垫料必须为不燃材料，其耐火等级应符合设计的规定。

4.2.4 复合材料风管的覆面材料必须为不燃材料，内部的绝热材料应为不燃或难燃 A 级，且对人体无害的材料。

5.2.4 防爆风阀的制作材料必须符合设计规定，不得自行替换。

5.2.7 防、排烟系统柔性短管的制作材料必须为不燃材料。

6.2.1 在风管穿过需要封闭的防火、防爆的墙体或楼板时，应设预埋管或防护套管，其钢板厚度不应小于 1.6mm。风管与防护套管之间，应用不燃且对人体无危害的柔性材料封堵。

6.2.2 风管安装必须符合下列规定：

1 风管内严禁其他管线穿越；

2 输送含有易燃、易爆气体或安装在易燃、易爆环境的风管系统应有良好的接地，通过生活区或其他辅助生产房间时必须严密，并不得设置接口；

3 室外立管的固定拉索严禁拉在避雷针或避雷网上。

6.2.3 输送空气温度高于 80℃ 的风管，应按设计规定采取防护措施。

7.2.2 通风机传动装置的外露部位以及直通大气的进、出口，必须装设防护罩（网）或采取其他安全设施。

7.2.7 静电空气过滤器金属外壳接地必须良好。

7.2.8 电加热器的安装必须符合下列规定：

3 连接电加热器的风管的法兰垫片，应采用耐热不燃材料。

8.2.6 燃油管道系统必须设置可靠的防静电接地装置，其管道法兰应采用镀锌螺栓连接或在法兰处用铜导线进行跨接，且接合良好。

8.2.7 燃气系统管道与机组的连接不得使用非金属软管。燃气管道的吹扫和压力试验应为压缩空气或氮气，严禁用水。当燃气供气管道压力大于 0.005MPa 时，焊缝的无损检测的执行标准应按设计规定。当设计无规定，且采用超声波探伤时，应全数检测，以质量不低于 II 级为合格。

11.2.1 通风与空调工程安装完毕，必须进行系统的测定和调整（简称调试）。系统调试应包括下列项目：

    1 设备单机试运转及调试；

    2 系统无生产负荷下的联合试运转及调试。

    11.2.4 防排烟系统联合试运行与调试的结果（风量及正压），必须符合设计与消防的规定。

    （22）《洁净室施工及验收规范》GB 50591—2010

    4.6.11 产生化学、放射、微生物等有害气溶胶或易燃、易爆场合的观察窗，应采用不易破碎爆裂的材料制作。

    5.5.6 在回、排风口上安有高效过滤器的洁净室及生物安全柜等装备，在安装前应用现场检漏装置对高效过滤器扫描检漏，并应确认无漏后安装。回、排风口安装后，对非零泄漏边框密封结构，应再对其边框扫描检漏，并应确认无漏；当无法对边框扫描检漏时，必须进行生物学等专门评价。

    5.5.7 当在回、排风口上安装动态气流密封排风装置时，应将正压接管与接嘴牢靠连接，压差表应安装于排风装置近旁目测高度处。排风装置中的高效过滤器应在装置外进行扫描检漏，并应确认无漏后再安装。

    5.5.8 当回、排风口通过的空气含有高危险性生物气溶胶时，在改建洁净室拆装其回、排风过滤器前必须对风口进行消毒，工作人员人身应有防护措施。

    5.6.7 用于以过滤生物气溶胶为主要目的、5级或5级以上洁净室或者有专门要求的送风末端高效过滤器或其末端装置安装后，应逐台进行现场扫描检漏，并应合格。

    6.3.7 医用气体管道安装后应加色标。不同气体管道上的接口应专用，不得通用。

    6.4.1 可燃气体和高纯气体等特殊气体阀门安装前应逐个进行强度和严密性试验。管路系统安装完毕后应对系统进行强度试验。强度试验应采用气压试验，并应采取严格的安全措施，不得采用水压试验。当管道的设计压力大于 0.6MPa 时，应按设计文件规定进行气压试验。

    11.4.3 生物安全柜安装就位之后，连接排风管道之前，应对高效过滤器安装边框及整个滤芯面扫描检漏。当为零泄漏排风装置时，应对滤芯面检漏。

    （23）《建筑电气工程施工质量验收规范》GB 50303—2015

    3.1.5 高压的电气设备、布线系统以及继电保护系统必须交接试验合格。

    3.1.7 电气设备的外露可导电部分应单独与保护导体相连接，不得串联连接，连接导体的材质、截面积应符合设计要求。

    6.1.1 电动机、电加热器及电动执行机构的外露可导电部分必须与保护导体可靠连接。

    检查数量：电动机、电加热器全数检查，电动执行机构按总数抽查10%，且不得少于1台。

    检查方法：观察检查并用工具拧紧检查。

    10.1.1 母线槽的金属外壳等外露可导电部分应与保护导体可靠连接，并应符合下列规定：

    1 每段母线槽的金属外壳间应连接可靠，且母线槽全长与保护导体可靠连接不应少于2处；

    2 分支母线槽的金属外壳末端应与保护导体可靠连接；

3 连接导体的材质、截面积应符合设计要求。

检查数量：全数检查。

检查方法：观察检查并用尺量检查。

11.1.1 金属梯架、托盘或槽盒本体之间的连接应牢固可靠，与保护导体的连接应符合下列规定：

1 梯架、托盘和槽盒全长不大于 30m 时，不应少于 2 处与保护导体可靠连接；全长大于 30m 时，每隔 20m～30m 应增加一个连接点，起始端和终点端均应可靠接地。

2 非镀锌梯架、托盘和槽盒本体之间连接板的两端应跨接保护联结导体，保护联结导体的截面积应符合设计要求。

3 镀锌梯架、托盘和槽盒本体之间不跨接保护联结导体时，连接板每端不应少于 2 个有防松螺帽或防松垫圈的连接固定螺栓。

检查数量：第 1 款全数检查，第 2 款和第 3 款按每个检验批的梯架或托盘或槽盒的连接点数量各抽查 10%，且各不得少于 2 个点。

检查方法：观察检查并用尺量检查。

12.1.2 钢导管不得采用对口熔焊连接；镀锌钢导管或壁厚小于或等于 2mm 的钢导管，不得采用套管熔焊连接。

检查数量，按每个检验批的钢导管连接头总数抽查 20%，并应能覆盖不同的连接方式，且各不得少于 1 处。

检查方法：施工时观察检查。

13.1.1 金属电缆支架必须与保护导体可靠连接。

检查数量：明敷的全数检查，暗敷的按每个检验批抽查 20%，且不得少于 2 处。

检查方法：观察检查并查阅隐蔽工程检查记录。

13.1.5 交流单芯电缆或分相后的每相电缆不得单根独穿于钢导管内，固定用的夹具和支架不应形成闭合磁路。

检查数量：全数检查。

检查方法：核对设计图观察检查。

14.1.1 同一交流回路的绝缘导线不应敷设于不同的金属槽盒内或穿于不同金属导管内。

检查数量：按每个检验批的配线总回路数抽查 20%，且不得少于 1 个回路。

检查方法：观察检查。

15.1.1 塑料护套线严禁直接敷设在建筑物顶棚内、墙体内、抹灰层内、保温层内或装饰面内。

检查数量：全数检查。

检查方法：施工中观察检查。

18.1.1 灯具固定应符合下列规定：

1 灯具固定应牢固可靠，在砌体和混凝土结构上严禁使用木楔、尼龙塞或塑料塞固定；

2 质量大于 10kg 的灯具，固定装置及悬吊装置应按灯具重量的 5 倍恒定均布载荷做强度试验，且持续时间不得少于 15min。

检查数量：第 1 款按每检验批的灯具数量抽查 5%，且不得少于 1 套；第 2 款全数检查。

检查方法：施工或强度试验时观察检查，查阅灯具固定装置及悬吊装置的载荷强度试验记录。

18.1.5 普通灯具的Ⅰ类灯具外露可导电部分必须采用铜芯软导线与保护导体可靠连接，连接处应设置接地标识，铜芯软导线的截面积应与进入灯具的电源线截面积相同。

检查数量：按每检验批的灯具数量抽查5％，且不得少于1套。

检查方法：尺量检查、工具拧紧和测量检查。

19.1.1 专用灯具的Ⅰ类灯具外露可导电部分必须用铜芯软导线与保护导体可靠连接，连接处应设置接地标识，铜芯软导线的截面积应与进入灯具的电源线截面积相同。

检查数量：按每检验批的灯具数量抽查5％，且不得少于1套。

检查方法：尺量检查、工具拧紧和测量检查。

19.1.6 景观照明灯具安装应符合下列规定：

1 在人行道等人员来往密集场所安装的落地式灯具，当无围栏防护时，灯具距地面高度应大于2.5m；

2 金属构架及金属保护管应分别与保护导体采用焊接或螺栓连接，连接处应设置接地标识。

检查数量：全数检查。

检查方法：观察检查并用尺量检查，查阅隐蔽工程检查记录。

20.1.3 插座接线应符合下列规定：

1 对于单相两孔插座，面对插座的右孔或上孔应与相线连接，左孔或下孔应与中性导体（N）连接；对于单相三孔插座，面对插座的右孔应与相线连接，左孔应与中性导体（N）连接。

2 单相三孔、三相四孔及三相五孔插座的保护接地导体（PE）应接在上孔；插座的保护接地导体端子不得与中性导体端子连接；同一场所的三相插座，其接线的相序应一致。

3 保护接地导体（PE）在插座之间不得串联连接。

4 相线与中性导体（N）不应利用插座本体的接线端子转接供电。

检查数量：按每检验批的插座型号各抽查5％且不得少于1套。

检查方法：观察检查并用专用测试工具检查。

23.1.1 接地干线应与接地装置可靠连接。

检查数量：全数检查。

检查方法：观察检查。

24.1.3 接闪器与防雷引下线必须采用焊接或卡接器连接，防雷引下线与接地装置必须采用焊接或螺栓连接。

检查数量：全数检查。

检查方法：观察检查，并采用专用工具拧紧检查。

(24)《电气装置安装工程高压电器施工及验收规范》GB 50147—2010

4.4.1

4 断路器及其操动机构的联动应正常，无卡阻现象；分、合闸指示应正确；辅助开关动作应正确可靠。

5 密度继电器的报警、闭锁值应符合产品技术文件的要求，电气回路传动应正确。

6 六氟化硫气体压力、泄漏率和含水量应符合现行国家标准《电气装置安装工程电气设备交接试验标准》GB 50150 及产品技术文件的规定。

5.2.7

6 预充氮气的箱体应先经排氮，然后充干燥空气，箱体内空气中的氧气含量必须达到 18％以上时，安装人员才允许进入内部进行检查或安装。

5.6.1

4 GIS 中的断路器、隔离开关、接地开关及其操动机构的联动应正常、无卡阻现象；分、合闸指示应正确；辅助开关及电气闭锁应动作正确、可靠。

5 密度继电器的报警、闭锁值应符合规定，电气回路传动应正确。

6 六氟化硫气体漏气率和含水量，应符合现行国家标准《电气装置安装工程电气设备交接试验标准》GB 50150 及产品技术文件的规定。

6.4.1

3 真空断路器与操动机构联动应正常、无卡阻；分、合闸指示应正确；辅助开关动作应准确、可靠。

6 高压开关柜应具备防止电气误操作的"五防"功能。

(25)《电气装置安装工程电力变压器、油浸电抗器、互感器施工及验收规范》GB 50148—2010

4.1.3 变压器、电抗器在装卸和运输过程中，不应有严重冲击和振动。电压在 220kV 及以上且容量在 150MV·A 及以上的变压器和电压为 330kV 及以上的电抗器均应装设三维冲击记录仪。冲击允许值应符合制造厂及合同的规定。

4.1.7 充干燥气体运输的变压器、电抗器油箱内的气体压力应保持在 0.01MPa～0.03MPa；干燥气体露点必须低于－40℃；每台变压器、电抗器必须配有可以随时补气的纯净、干燥气体瓶，始终保持变压器、电抗器内为正压力，并设有压力表进行监视。

4.4.3 充氮的变压器、电抗器需吊罩检查时，必须让器身在空气中暴露 15min 以上，待氮气充分扩散后进行。

4.5.3

2 变压器、电抗器运输和装卸过程中冲撞加速度出现大于 3g 或冲撞加速度监视装置出现异常情况时，应由建设、监理、施工、运输和制造厂等单位代表共同分析原因并出具正式报告。必须进行运输和装卸过程分析，明确相关责任，并确定进行现场器身检查或返厂进行检查和处理。

4.5.5 进行器身检查时必须符合以下规定：

1 凡雨、雪天，风力达 4 级以上，相对湿度 75％以上的天气，不得进行器身检查。

2 在没有排氮前，任何人不得进入油箱。当油箱内的含氧量未达到 18％以上时，人员不得进入。

3 在内检过程中，必须向箱体内持续补充露点低于－40℃的干燥空气，以保持含氧量不得低于 18％，相对湿度不应大于 20％；补充干燥空气的速率，应符合产品技术文件要求。

4.9.1 绝缘油必须按现行国家标准《电气装置安装工程电气设备交接试验标准》GB 50150 的规定试验合格后，方可注入变压器、电抗器中。

4.9.2 不同牌号的绝缘油或同牌号的新油与运行过的油混合使用前，必须做混油试验。

4.9.6 在抽真空时，必须将不能承受真空下机械强度的附件与油箱隔离；对允许抽同样真空度的部件，应同时抽真空；真空泵或真空机组应有防止突然停止或因误操作而引起真空泵油倒灌的措施。

4.12.1

3 事故排油设施应完好，消防设施齐全。

5 变压器本体应两点接地。中性点接地引出后，应有两根接地引线与主接地网的不同干线连接，其规格应满足设计要求。

6 铁芯和夹件的接地引出套管、套管的末屏接地应符合产品技术文件的要求；电流互感器备用二次线圈端子应短接接地；套管顶部结构的接触及密封应符合产品技术文件的要求。

4.12.2

1 中性点接地系统的变压器，在进行冲击合闸时，其中性点必须接地。

5.3.1

5 气体绝缘的互感器应检查气体压力或密度符合产品技术文件的要求，密封检查合格后方可对互感器充 SF。气体至额定压力，静置 24h 后进行 SF6 气体含水量测量并合格。气体密度表、继电器必须经核对性检查合格。

5.3.6 互感器的下列各部位应可靠接地：

1 分级绝缘的电压互感器，其一次绕组的接地引出端子；电容式电压互感器的接地应符合产品技术文件的要求。

2 电容型绝缘的电流互感器，其一次绕组末屏的引出端子、铁芯引出接地端子。

3 互感器的外壳。

4 电流互感器的备用二次绕组端子应先短路后接地。

5 倒装式电流互感器二次绕组的金属导管。

6 应保证工作接地点有两根与主接地网不同地点连接的接地引下线。

(26)《电气装置安装工程-母线装置施工及验收规范》GB 50149—2010

3.5.7 耐张线夹压接前应对每种规格的导线取试件两件进行试压，并应在试压合格后再施工。

(27)《建筑物防雷工程施工与质量验收规范》GB 50601—2010

3.2.3 除设计要求外，兼做引下线的承力钢结构构件、混凝土梁、柱内钢筋与钢筋的连接，应采用土建施工的绑扎法或螺丝扣的机械连接，严禁热加工连接。

5.1.1

3 建筑物外的引下线敷设在人员可停留或经过的区域时，应采用下列一种或多种方法，防止接触电压和旁侧闪络电压对人员造成伤害：

1) 外露引下线在高 2.7m 以下部分应穿不小于 3mm 厚的交联聚乙烯管，交联聚乙烯管应能耐受 100kV 冲击电压（1.2/50μs 波形）。

2) 应设立阻止人员进入的护栏或警示牌。护栏与引下线水平距离不应小于 3m。

6 引下线安装与易燃材料的墙壁或墙体保温层间距应大于 0.1m。

6.1.1

1 建筑物顶部和外墙上的接闪器必须与建筑物栏杆、旗杆、吊车梁、管道、设备、太阳能热水器、门窗、幕墙支架等外露的金属物进行等电位连接。

(28)《建筑电气照明装置施工与验收规范》GB 50617—2010

3.0.6 在砌体和混凝土结构上严禁使用木楔、尼龙塞或塑料塞安装固定电气照明装置。

4.1.12 I类灯具的不带电的外露可导电部分必须与保护接地线（PE）可靠连接，且应有标识。

4.1.15 质量大于10kg的灯具，其固定装置应按5倍灯具重量的恒定均布载荷全数作强度试验，历时15min，固定装置的部件应无明显变形。

4.3.3 建筑物景观照明灯具安装应符合下列规定：

1 在人行道等人员来往密集场所安装的灯具，无围栏防护时灯具底部距地面高度应在2.5m以上；

2 灯具及其金属构架和金属保护管与保护接地线（PE）应连接可靠，且有标识；

3 灯具的节能分级应符合设计要求。

5.1.2

1 单相两孔插座，面对插座，右孔或上孔应与相线连接，左孔或下孔应与中性线连接；单相三孔插座，面对插座，右孔应与相线连接，左孔应与中性线连接；

2 单相三孔、三相四孔及三相五孔插座的保护接地线（PE）必须接在上孔。插座的保护接地端子不应与中性线端子连接。同一场所的三相插座，接线的相序应一致；

3 保护接地线（PE）在插座间不得串联连接。

7.2.1 当有照度和功率密度测试要求时，应在无外界光源的情况下，测量并记录被检测区域内的平均照度和功率密度值，每种功能区域检测不少于2处。

1 照度值不得小于设计值；

2 功率密度值应符合现行国家标准《建筑照明设计标准》GB 50034的规定或设计要求。

(29)《电梯工程施工质量验收规范》GB 50310—2002

4.2.3 井道必须符合下列规定：

1 当底坑底面下有人员能到达的空间存在，且对重（或平衡重）上未设有安全钳装置时，对重缓冲器必须能安装在（或平衡重运行区域的下边必须）一直延伸到坚固地面上的实心桩墩上；

2 电梯安装之前，所有层门预留孔必须设有高度不小于1.2m的安全保护围封，并应保证有足够的强度；

3 当相邻两层门地坎间的距离大于11m时，其间必须设置井道安全门，井道安全门严禁向井道内开启，且必须装有安全门处于关闭时电梯才能运行的电气安全装置。当相邻轿厢间有相互救援用轿厢安全门时，可不执行本条款。

4.5.2 层门强迫关门装置必须动作正常。

4.5.4 层门锁钩必须动作灵活，在证实锁紧的电气安全装置动作之前，锁紧元件的最小啮合长度为7mm。

4.8.1 限速器动作速度整定封记必须完好，且无拆动痕迹。

4.8.2 当安全钳可调节时，整定封记应完好，且无拆动痕迹。

4.9.1　绳头组合必须安全可靠，且每个绳头组合必须安装防螺母松动和脱落的装置。

4.10.1　电气设备接地必须符合下列规定：

1　所有电气设备及导管、线槽的外露可导电部分均必须可靠接地（PE）；

2　接地支线应分别直接接至接地干线接线柱上，不得互相连接后再接地。

4.11.3　层门与轿门的试验必须符合下列规定：

1　每层层门必须能够用三角钥匙正常开启；

2　当一个层门或轿门（在多扇门中任何一扇门）非正常打开时，电梯严禁启动或继续运行。

6.2.2　在安装之前，井道周围必须设有保证安全的栏杆或屏障，其高度严禁小于1.2m。

（30）《擦窗机安装工程质量验收规程》JGJ 150—2008

4.2.3　当安装在屋面、女儿墙或其他建筑结构上时，屋面、女儿墙或其他建筑结构应能承受擦窗机及其附件的重量和工作荷载。

4.6.3　在使用台车、滑梯或爬轨器前，应对后备保护装置进行检查，后备保护装置动作必须准确可靠。

4.6.6　台车抗倾覆系数不应小于2。

4.7.1　在使用伸缩变幅的吊臂或仰俯变幅的吊臂前，应对其伸缩限位装置或上下限位装置进行检查，其限位装置动作必须准确可靠。

4.8.1　在停电或电源故障时，手动升降机构应能正常工作。

4.8.2　在使用吊船前，应检查其上下限位保护装置，上下限位保护装置动作必须准确可靠。

4.8.3　卷扬式起升机构的制动器应符合下列规定：

1　主制动器或后备制动器应能制动悬吊总载荷的 1.25 倍；

2　主制动器应为常闭式，在停电或紧急状态下，应能手动打开制动器。后备制动器（或超速保护装置）必须独立于主制动器，在主制动器失效时应能使吊船在 1m 的距离内可靠停住。

4.8.6　卷扬机构必须设置钢丝绳的防松装置，当钢丝绳发生松弛、乱绳、断绳时，卷筒应能立即自动停止转动。

4.11.4　吊船底部必须设置防撞杆，并应保证防撞杆的动作准确可靠。

4.11.5　吊船上必须设有超载保护装置，当工作载重量超过额定载重量的 1.25 倍时，应能制止吊船运动。

4.13.1

1　主电路相间绝缘电阻不小于 0.5MΩ。

2　电气线路绝缘电阻不小于 2MΩ。

4.13.2

1　擦窗机的主体结构、电机及所有电气设备的金属外壳和护套必须接地。

2　接地电阻不大于 4Ω。

4.13.4

1　电气系统必须设置过载、短路、漏电等保护装置。

2 必须设置在紧急状态下能切断主电源控制回路的急停按钮。急停按钮不得自动复位。

4.14.1 在液压系统中必须设平衡阀或液压锁。平衡阀或液压锁应直接安装在液压缸上。

4.15.4 擦窗机采用爬升式提升机时必须设置安全锁或具有相同作用的独立安全装置，其功能应满足下列要求：

1 对于离心触发式安全锁，当吊船运行速度达到安全锁锁绳速度时，应能自动锁住安全钢丝绳，使吊船在200mm范围内锁住。

2 对于摆臂式防倾斜安全锁，吊船工作时的纵向倾斜角度不得大于8°；当大于8°时，应能自动锁住并停止运行。

（31）《智能建筑工程质量验收规范》GB 50339—2013

12.0.2 当紧急广播系统具有火灾应急广播功能时，应检查传输线缆、槽盒和导管的防火保护措施。

22.0.4 智能建筑的接地系统必须保证建筑内各智能化系统的正常运行和人身、设备安全。

11.1.7 电源与接地系统必须保证建筑物内各智能化系统的正常运行和人身、设备安全。

（32）《城镇道路工程施工与质量验收规范》CJJ 1—2008

3.0.7 施工中必须建立安全技术交底制度，并对作业人员进行相关的安全技术教育与培训。作业前主管施工技术人员必须向作业人员进行详尽的安全技术交底，并形成文件。

3.0.9 施工中，前一分项工程未经验收合格严禁进行后一分项工程施工。

6.3.3 人机配合土方作业，必须设专人指挥。机械作业时，配合作业人员严禁处在机械作业和走行范围内。配合人员在机械走动范围内作业时，机械必须停止作业。

6.3.10 挖方施工应符合下列规定：

1 挖土时应自上向下分层开挖，严禁掏洞开挖。作业中断或作业后，开挖面应做成稳定边坡。

2 机械开挖作业时，必须避开构筑物，管线，在距管道边1m范围内应采用人工开挖；在距直埋缆线2m范围内必须采用人工开挖。

3 严禁挖掘机等机械在电力架空线路下作业。需在其一侧作业时，垂直及水平安全距离应符合表6.3.10的规定。

挖掘机、起重机（含吊物，载物）等机械与电力架空线路的最小安全距离 表6.3.10

电压（kV）		<1	10	35	110	220	330	500
安全距离（m）	沿垂直方向	1.5	3.0	4.0	5.0	6.0	7.0	8.5
	沿水平方向	1.5	2.0	3.5	4.0	6.0	7.0	8.5

8.1.2 沥青混合料面层不得在雨、雪天气及环境最高温度低于5℃时施工。

8.2.20 热拌沥青混合料路面应待摊铺层自然降温至表面温度低于5℃后，方可开放交通。

10.7.6 在面层混凝土弯拉强度达到设计强度，且填缝完成前，不得开放交通。

11.1.9 铺砌面层完成后，必须封闭交通，并应湿润养护，当水泥砂浆达到设计强度后，方可开放交通。

17.3.8　当面层混凝土弯拉强度未达到 1MPa 或抗压强度未达到 5MPa 时，必须采取防止混凝土受冻的措施，严禁混凝土受冻。

（33）《建筑节能工程施工质量验收规范》GB 50411—2007

1.0.5　单位工程竣工验收应在建筑节能分部工程验收合格后进行。

3.1.2　设计变更不得降低建筑节能效果。当设计变更涉及建筑节能效果时，应经原施工图设计审查机构审查，在实施前应办理设计变更手续，并获得监理或建设单位的确认。

3.3.1　建筑节能工程应按照经审查合格的设计文件和经审查批准的施工方案施工。

4.2.2　墙体节能工程使用的保温隔热材料，其导热系数、密度、抗压强度或压缩强度、燃烧性能应符合设计要求。

检验方法：核查质量证明文件及进场复验报告。

检查数量：全数检查。

4.2.7　墙体节能工程的施工，应符合下列规定：

1　保温隔热材料的厚度必须符合设计要求。

2　保温板材与基层及各构造层之间的粘结或连接必须牢固。粘结强度和连接方式应符合设计要求。保温板材与基层的粘结强度应做现场拉拔试验。

3　保温浆料应分层施工。当采用保温浆料做外保温时，保温层与基层之间及各层之间的粘结必须牢固，不应脱层、空鼓和开裂。

4　当墙体节能工程的保温层采用预埋或后置锚固件固定时，锚固件数置、位置、锚固深度和拉拔力应符合设计要求。后置锚固件应进行锚固力现场拉拔试验。

检验方法：观察；手扳检查；保温材料厚度采用钢针插入或剖开尺量检查；粘结强度和锚固力核查试验报告；核查隐蔽工程验收记录。

检查数量：每个检验批抽查不少于 3 处。

4.2.15　严寒和寒冷地区外墙热桥部位，应按设计要求采取节能保温等隔断热桥措施。

检验方法：对照设计和施工方案观察检查；核查隐蔽工程验收记录。

检查数量：按不同热桥种类，每种抽查 20%，并不少于 5 处。

5.2.2　幕墙节能工程使用的保温隔热材料，其导热系数、密度、燃烧性能应符合设计要求。幕墙玻璃的传热系数、遮阳系数、可见光透射比、中空玻璃露点应符合设计要求。

检验方法：核查质量证明文件和复验报告。

检查数量：全数核查。

6.2.2　建筑外窗的气密性、保温性能、中空玻璃露点、玻璃遮阳系数和可见光透射比应符合设计要求。

检验方法：核查质量证明文件和复验报告。

检查数量：全数核查。

7.2.2　屋面节能工程使用的保温隔热材料，其导热系数、密度、抗压强度或压缩强度、燃烧性能应符合设计要求。

检验方法：核查质量证明文件及进场复验报告。

检查数量：全数检查。

8.2.2　地面节能工程使用的保温材料，其导热系数、密度、抗压强度或压缩强度、燃烧性能应符合设计要求。

　　检验方法：核查质量证明文件和复验报告。

　　检查数量：全数核查。

　　9.2.3　采暖系统的安装应符合下列规定：

　　1　采暖系统的制式，应符合设计要求；

　　2　散热设备、阀门、过滤器、温度计及仪表应按设计要求安装齐全，不得随意增减和更换；

　　3　室内温度调控装置、热计量装置、水力平衡装置以及热力入口装置的安装位置和方向应符合设计要求，并便于观察、操作和调试；

　　4　温度调控装置和热计量装置安装后，采暖系统应能实现设计要求的分室（区）温度调控、分栋热计量和分户或分室（区）热量分摊的功能。

　　检验方法：观察检查。

　　检查数量：全数检查。

　　9.2.10　采暖系统安装完毕后，应在采暖期内与热源进行联合试运转和调试。联合试运转和调试结果应符合设计要求，采暖房间温度相对于设计计算温度不得低于2℃，且不高于1℃。

　　检验方法：检查室内采暖系统试运转和调试记录。

　　检查数量：全数检查。

　　10.2.3　通风与空调节能工程中的送、排风系统及空调风系统、空调水系统的安装，应符合下列规定：

　　1　各系统的制式，应符合设计要求；

　　2　各种设备、自控阀门与仪表应按设计要求安装齐全，不得随意增减和更换；

　　3　水系统各分支管路水力平衡装置、温控装置与仪表的安装位置、方向应符合设计要求，并便于观察、操作和调试；

　　4　空调系统应能实现设计要求的分室（区）温度调控功能。对设计要求分栋、分区或分户（室）冷、热计量的建筑物，空调系统应能实现相应的计量功能。

　　检验方法：观察检查。

　　检查数量：全数检查。

　　10.2.14　通风与空调系统安装完毕，应进行通风机和空调机组等设备的单机试运转和调试，并应进行系统的风量平衡调试。单机试运转和调试结果应符合设计要求；系统的总风量与设计风量的允许偏差不应大于10%，风口的风量与设计风量的允许偏差不应大于15%。

　　检验方法：观察检查；核查试运转和调试记录。

　　检验数量：全数检查。

　　11.2.3　空调与采暖系统冷热源设备和辅助设备及其管网系统的安装，应符合下列规定：

　　1　管道系统的制式，应符合设计要求；

　　2　各种设备、自控阀门与仪表应按设计要求安装齐全，不得随意增减和更换；

　　3　空调冷（热）水系统，应能实现设计要求的变流量或定流量运行；

　　4　供热系统应能根据热负荷及室外温度变化实现设计要求的集中质调节、量调节或质-量调节相结合的运行。

检验方法：观察检查。

检查数量：全数检查。

11.2.5 冷热源侧的电动两通调节阀、水力平衡阀及冷（热）量计量装置等自控两门与仪表的安装，应符合下列确定：

1 规格、数量应符合设计要求；

2 方向应正确，位置应便于操作和观察。

检验方法：观察检查。

检查数量：全数检查。

11.2.11 空调与采暖系统冷热通和辅助设备及其管道和管网系统安装完毕后，系统试运转及调试必须符合下列规定：

1 冷热源和辅助设备必须进行单机试运转及调试；

2 冷热源和辅助设备必须同建筑物室内空调或采暖系统进行联合试运转及调试。

3 联合试运转及调试结果应符合设计要求，且允许偏差或规定值应符合表 11.2.11 的有关规定。当联合试运转及调试不在制冷期或采暖期时，应先对表 11.2.11 中序号 2、3、5、6 四个项目进行检测，并在第一个制冷期或采播期内，带冷（热）源补做序号 1、4 两个项目的检测。

联合试运转及调试检测项目与允许偏着或规定值 表 11.2.11

序号	检测项目	允许偏差或规定值
1	室内温度	冬季不得低于设计计算温度 2℃，且不应离高于 1℃；夏季不得高于设计计算温度 2℃，且不应低于 1℃
2	供热系统室外管网的水力平衡度	0.9~1.2
3	供热系统的补水率	≤0.5%
4	室外管网的热输送效率	≥0.92
5	空调机组的水流量	≤20%
6	空调系统冷热水、冷却水总流量	≤10%

检验方法：观察检查；核查试运转和调试记录。

检验数量：全数检查。

12.2.2 低压配电系统选择的电缆、电线截面不得低于设计值，进场时应对其截面和每芯导体电阻值进行见证取样送检。每芯导体电阻值应符合表 12.2.2 的规定。

不同标称截面的电缆、电线每芯导体最大电阻值 表 12.2.2

标称截面（mm²）	20℃时导体最大电阻（Ω/km）圆铜导体（不镀金属）
0.5	36.0
0.75	24.5
1.0	18，1
1.5	12.1
2.5	7.41
4	4.61

标称截面（mm²）	20℃时导体最大电阻（Ω/km）圆铜导体（不镀金属）
6	3.08
10	1.83
16	1.15
25	0.727
25	0.524
50	0.387
70	0.268
95	0.193
120	0.153
150	0.124
180	0.0991
240	0.0754
300	0.0601

检验方法：进场时抽样送检，验收时核查检验报告。

检查数量：同厂家各种规格总数的10%，且不少于2个规格。

13.2.5 通风与空调监测控制系统的控制功能及故障报警功能应符合设计要求。

检验方法：在中央工作站使用检测系统软件，或采用在直接数字控制器或通风与空调系统自带控制器上改变参数设定值和输入参数值，检测控制系统的投入情况及控制功能；在工作站或现场模拟故障，检测故障监视、记录和报警功能。

检查数量：按总数的20%抽样检测，不足5台全部检测。

15.0.5 建筑节能分部工程质量验收合格，应符合下列规定：

1 分项工程应全部合格；

2 质量控制资料应完整；

3 外墙节能构造现场实体检验结果应符合设计要求；

4 严寒、寒冷和夏热冬冷地区的外窗气密性现场实体检测结果应合格；

5 建筑设备工程系统节能性能检测结果应合格。

4.4 试验、检验标准

4.4.1 概念

由于工程建设是多道工序和众多构件组成的，工程建设的现场抽样检测能较好地评价工程的实际质量。为了确定工程是否安全和是否满足功能要求，所以制定了工程建设试验、检测标准。

另外，工程建设施工质量的实体检验，涉及地基基础和结构安全以及主要功能的抽样检验，能够较客观和科学地评价单体工程施工质量是否达到规范要求的结论。由于20世纪80年代的验评标准着重于外观和定性检验，对抽样检验和定量检验的要求没有涉及，致使工程建设现场抽样检验标准发展不快。随着工程建设检验技术、方法和仪器研制的进展，这方面的技术标准逐步得到了重视，已制订和正在制定相应的工程建设质量试验、检测技术标准，比如《砌体工程现场检测技术标准》GB/T 50315—2011、《玻璃幕墙工程质量检验标准》JGJ/T 139—2001 和《建筑结构检测技术标准》GB/T 50344—2004 等。

4.4.2 重要试验、检验标准列表

	重要试验、检验标准列表	表 4-3
序号	标准名称	标准编号
1	普通混凝土拌合物性能试验方法标准	GB/T 50080—2002
2	普通混凝土力学性能试验方法标准	GB/T 50081—2002
3	普通混凝土长期性能和耐久性能试验方法标准	GB/T 50082—2009
4	混凝土强度检验评定标准	GB/T 50107—2010
5	砌体基本力学性能试验方法标准	GB/T 50129—2011
6	混凝土结构试验方法标准	GB/T 50152—2012
7	砌体工程现场检测技术标准	GB/T 50315—2011
8	木结构试验方法标准	GB/T 50329—2012
9	建筑结构检测技术标准	GB/T 50344—2004
10	住宅性能评定技术标准	GB/T 50362—2005
11	建筑基坑工程监测技术规范	GB 50497—2009
12	钢结构现场检测技术标准	GB/T 50621—2010
13	建筑变形测量规范	JGJ 8—2016
14	早期推定混凝土强度试验方法标准	JGJ/T 15—2008
15	回弹法检测混凝土抗压强度技术规程	JGJ/T 23—2011
16	钢筋焊接接头试验方法标准	JGJ/T 27—2014
17	建筑砂浆基本性能试验方法标准	JCJ/T 70—2009
18	建筑工程检测试验技术管理规范	JGJ 190—2010
19	建筑基桩检测技术规范	JGJ 106—2014
20	建筑工程饰面砖粘结强度检验标准	JGJ 110—2008
21	贯入法检测砌筑砂浆抗压强度技术规程	JGJ/T 136—2001
22	玻璃幕墙工程质量检验标准	JGJ/T 139—2001
23	混凝土中钢筋检测技术规程	JGJ/T 152—2008
24	房屋建筑与市政基础设施工程检测分类标准	JGJ/T 181—2009
25	锚杆锚固质量无损检测技术规程	JGJ/T 182—2009
26	混凝土耐久性检验评定标准	JGJ/T 193—2009
27	建筑门窗工程检测技术规程	JGJ/T 205—2010
28	后锚固法检测混凝土抗压强度技术规程	JGJ/T 208—2010
29	择压法检测砌筑砂浆抗压强度技术规程	JGJ/T 234—2011
30	城市地下管线探测技术规程	CJJ 61—2003
31	城镇供水管网漏水探测技术规程	CJJ 159—2011
32	盾构隧道管片质量检测技术标准	CJJ/T 164—2011

4.4.3 重点规范中的强制性条文

（1）《建筑变形测量规范》JGJ 8—2016

3.1.1 下列建筑在施工期间和使用期间应进行变形测量：

1 地基基础设计等级为甲级的建筑。

2 软弱地基上的地基基础设计等级为乙级的建筑。

3 加层、扩建建筑或处理地基上的建筑。

4 受邻近施工影响或受场地地下水等环境因素变化影响的建筑。

5 采用新型基础或新型结构的建筑。

6 大型城市基础设施。

7 体型狭长且地基土变化明显的建筑。

3.1.6 建筑变形测量过程中发生下列情况之一时，应立即实施安全预案，同时应提高观测频率或增加观测内容：

1 变形量或变形速率出现异常变化。

2 变形量或变形速率达到或超出变形预警值。

3 开挖面或周边出现塌陷、滑坡。

4 建筑本身或其周边环境出现异常。

5 由于地震、暴雨、冻融等自然灾害引起的其他变形异常情况。

(2)《建筑基桩检测技术规范》JGJ 106—2014

4.3.4 为设计提供依据的单桩竖向抗压静载试验应采用慢速维持荷载法

9.2.3 高应变检测专用锤击设备应具有稳固的导向装置。重锤应形状对称，高径（宽）比不得小于1。

9.2.5 采用高应变法进行承载力检测时，锤的重量与单桩竖向抗压承载力特征值的比值不得小于0.02。

9.4.5 高应变实测的力和速度信号第一峰起始段不成比例时，不得对实测力或速度信号进行调整。

(3)《建筑基坑工程监测技术规范》GB 50497—2009

3.0.1 开挖深度大于等于5m或开挖深度小于5m但现场地质情况和周围环境较复杂的基坑工程以及其他需要监测的基坑工程应实施基坑工程监测。

7.0.4 当出现下列情况之一时，应提高监测频率：

1 监测数据达到报警值。

2 监测数据变化较大或者速率加快。

3 存在勘察未发现的不良地质。

4 超深、超长开挖或未及时加撑等违反设计工况施工。

5 基坑及周边大量积水、长时间连续降雨、市政管道出现泄漏。

6 基坑附近地面荷载突然增大或超过设计限值。

7 支护结构出现开裂。

8 周边地面突发较大沉降或出现严重开裂。

9 邻近建筑突发较大沉降、不均匀沉降或出现严重开裂。

10 基坑底部、侧壁出现管涌、渗漏或流沙等现象。

8.0.1 基坑工程监测必须确定监测报警值，监测报警值应满足基坑工程设计、地下结构设计以及周边环境中被保护对象的控制要求。监测报警值应由基坑工程设计方确定。

8.0.7 当出现下列情况之一时，必须立即进行危险报警，并应对基坑支护结构和周边环境中的保护对象采取应急措施。

1 监测数据达到监测报警值的累计值。

2 基坑支护结构或周边土体的位移值突然明显增大或基坑出现流沙、管涌、隆起、陷落或较严重的渗漏等。

3 基坑支护结构的支撑或锚杆体系出现过大变形、压屈、断裂、松弛或拔出的迹象。

4 周边建筑的结构部分、周边地面出现较严重的突发裂缝或危害结构的变形裂缝。

5 周边管线变形突然明显增长或出现裂缝、泄漏等。

6 根据当地工程经验判断，出现其他必须进行危险报警的情况。

(4)《普通混凝土用砂、石质量及检验方法标准》JGJ 52—2006

1.0.3 对于长期处于潮湿环境的重要混凝土结构所用的砂、石，应进行碱活性检验。

3.1.10 砂中氯离子含量应符合下列规定：

1 对于钢筋混凝土用砂，其氯离子含量不得大于 0.06％（以干砂的质量百分率计）；

2 对于预应力混凝土用砂，其氯离子含量不得大于 0.02％（以干砂的质量百分率计）。

(5)《建筑工程饰面砖粘结强度检验标准》JGJ 110—2008

3.0.2 带饰面砖的预制墙板进入施工现场后，应对饰面砖粘结强度进行复验。

3.0.5 现场粘贴的外墙饰面砖工程完工后，应对饰面砖粘结强度进行检验。

(6)《普通混凝土力学性能试验方法标准》GB/T 50081—2002

2.0.2 普通混凝土力学性能试验应以三个试件为一组，每组试件所用的拌合物应从同一盘混凝土或同一车混凝土中取样。

3.2.1 抗压强度和劈裂抗拉强度试件应符合下列规定：

1 边长为 150mn 的立方体试件是标准试件。

2 边长为 100mn 和 200mn 的立方体试件是非标准试件。

3 在特殊情况下，可采用 $\phi 50mm \times 300mm$ 的圆柱体标准试件或 $\phi 100mm \times 200mm$ 和 $\phi 200mm \times 400mm$ 的圆柱体非标准试件。

3.2.2 轴心抗压强度和静力受压弹性模量试件应符合下列规定：

1 边长为 150mm×150mm×300mm 的棱柱体试件是标准试件。

2 边长为 100mm×100mm×300mm 和 200mm×200mm×400mm 的棱柱体试件是非标准试件。

3 在特殊情况下，可采用 $\phi 150mm \times 300mm$ 的圆柱体标准试件或 $\phi 100mm \times 200mm$ 和 $\phi 200mm \times 400mm$ 的圆柱体非标准试件。

5.1.2 混凝土试件制作应按下列步骤进行：

1 取样或拌制好的混凝土拌合物应至少用铁锹再来回拌合三次。

2 按本章第 5.1.1 条中第 4 款的规定，选择成型方法成型。

1）用振动台振实制作试件应按下述方法进行：

a.将混凝土拌合物一次装入试模，装料时应用抹刀沿各试模壁插捣，并使混凝土拌合物高出试模口；

b.试模应附着或固定在符合第 4.2 节要求的振动台上，振动时试模不得有任何跳动，振动应持续到表面出浆为止；不得过振。

2）用人工插捣制作试件应按下述方法进行：

a. 混凝土拌合物应分两层装入模内，每层的装料厚度大致相等；

b. 插捣应按螺旋方向从边缘向中心均匀进行。在插捣底层混凝土时，捣棒应达到试模底部；插捣上层时，捣棒应贯穿上层后插入下层 20～30mm；插捣时捣棒应保持垂直，不得倾斜。然后应用抹刀沿试模内壁插拔数次；

c. 每层插捣次数按在 10000mm² 截面积内不得少于 12 次；

d. 插捣后应用橡皮锤轻轻敲击试模四周，直至插捣棒留下的空洞消失为止。

3）用插入式振捣棒振实制作试件应按下述方法进行：

a. 将混凝土拌合物一次装入试模，装料时应用抹刀沿各试模壁插捣，并使混凝土拌合物高出试模口；

b. 宜用直径为 $\phi25mm$ 的插入式振捣棒，插入试模振捣时，振捣棒距试模底板 10～20mm 且不得触及试模底板，振动应持续到表面出浆为止，且应避免过振，以防止混凝土离析；一般振捣时间为 20s。振捣棒拔出时要缓慢，拔出后不得留有孔洞。

3 刮除试模上口多余的混凝土，待混凝土临近初凝时，用抹刀抹平。

5.2.2 采用标准养护的试件，应在温度为 20±5℃ 的环境中静置一昼夜至二昼夜，然后编号、拆模。拆模后应立即放入温度为 20±2℃，相对湿度为 95% 以上的标准养护室中养护，或在温度为 20±2℃ 的不流动的 $Ca(OH)_2$ 饱和溶液中养护。标准养护室内的试件应放在支架上，彼此间隔 10～20mm，试件表面应保持潮湿，并不得被水直接冲淋。

5.2.4 标准养护龄期为 28d（从搅拌加水开始计时）。

（7）《混凝土强度检验评定标准》GB/T 50107—2010

4.3.1 混凝土试件的立方体抗压强度试验应根据现行国家标准《普通混凝土力学性能试验方法标准》GB/T 50081 的规定执行。每组混凝土试件强度代表值的确定，应符合下列规定：

1 取 3 个试件强度的算术平均值作为每组试件的强度代表值；

2 当一组试件中强度的最大值或最小值与中间值之差超过中间值的 15% 时，取中间值作为该组试件的强度代表值；

3 当一组试件中强度的最大值和最小值与中间值之差均超过中间值的 15% 时，该组试件的强度不应作为评定的依据。

注：对掺矿物掺合料的混凝土进行强度评定时，可根据设计规定，可采用大于 28d 龄期的混凝土强度。

4.5 施工安全标准

4.5.1 概念

建筑施工安全，既包括建筑物本身的性能安全，又包括建造过程中施工作业人员的安全。建筑物本身的性能安全与建筑工程勘察设计、施工和维护使用等有关，目前在工程勘察、地基基础、建筑结构设计、工程防灾、建筑施工质量和建筑维护加固专业中已建立了相应的标准体系。建造过程中施工作业人员的安全主要是指建造过程中施工作业人员的安全和健康。建筑施工安全技术即是指建筑施工过程中保证施工作业人员的生命安全及身体健康不受侵害的施工技术。

自80年代初，建设部开始制定完善建筑施工安全技术标准，1980年颁发了《建筑安装工人安全技术操作规程》，1988年制定了《施工现场临时用电安全技术规范》JGJ 46—1988后修订为JGJ 46—2005，《建筑施工安全检查评分标准》JGJ 59—1988后修订为《建筑施工安全检查标准》JGJ 59—1999，以后又陆续制定了《液压滑动模板安全技术规程》JGJ 65—1989、《建筑施工高处作业安全技术规范》JGJ 80—1991、《龙门架及井架物料提升机安全技术规范》JGJ 88—1992、《建筑施工门式钢管脚手架安全技术规范》JGJ 128—2000、《建筑施工扣件式钢管脚手架安全技术规范》JGJ 130—2001、《建筑机械使用安全技术规程》JGJ 33—2001、《建设工程施工现场供用电安全规范》GB 50194—1993。我国建筑施工安全技术标准虽然起步较晚，但目前建筑施工安全标准体系已经基本形成，并在逐步加快完善。

4.5.2 重要施工安全技术规范列表

重要施工安全

表 4-4

序号	标准名称	标准编号
1	《大体积混凝土施工规范》	GB 50496—2009
2	《岩土工程勘察安全规范》	GB 50585—2010
3	《建设工程施工现场消防安全技术规范》	GB 50720—2011
4	《建筑机械使用安全技术规程》	JGJ 33—2012
5	《施工现场临时用电安全技术规范》	JGJ 46—2005
6	《建筑施工高处作业安全技术规范》	JGJ 80—2016
7	《龙门架及井架物料提升机安全技术规范》	JGJ 88—2010
8	《钢框胶合板模板技术规程》	JGJ 96—2011
9	《塑料门窗工程技术规程》	JGJ 103—2008
10	《建筑施工门式钢管脚手架安全技术规范》	JGJ 128—2010
11	《建筑施工扣件式钢管脚手架安全技术规范》	JGJ130—2011
12	《建筑施工现场环境与卫生标准》	JGJ 146—2013
13	《建筑拆除工程安全技术规范》	JGJ 147—2004
14	《施工现场机械设备检查技术规程》	JGJ 160—2008
15	《建筑施工模板安全技术规范》	JGJ 162—2008
16	《建筑施工木脚手架安全技术规范》	JGJ 164—2008
17	《地下建筑工程逆作法技术规程》	JGJ 165—2010
18	《建筑施工碗扣式钢管脚手架安全技术规范》	JGJ 166—2008
19	《建筑外墙清洗维护技术规程》	JGJ 168—2009
20	《多联机空调系统工程技术规程》	JGJ 174—2010
21	《建筑施工土石方工程安全技术规范》	JGJ 180—2009
22	《液压升降整体脚手架安全技术规程》	JGJ 183—2009
23	《建筑施工作业劳动防护用品配备及使用标准》	JGJ 184—2009
24	《液压爬升模板工程技术规程》	JGJ 195—2010
25	《建筑施工塔式起重机安装、使用、拆卸安全技术规程》	JGJ 196—2010
26	《建筑施工工具式脚手架安全技术规范》	JGJ 202—2010
27	《建筑施工升降机安装、使用、拆卸安全技术规程》	JGJ 215—2010
28	《建筑施工承插型盘扣式钢管支架安全技术规程》	JGJ 231—2010

4.5.3 重点规范中的强制性条文

1. 施工现场临时用电

《施工现场临时用电安全技术规范》JGJ 46—2005

1.0.3 建筑施工现场临时用电工程专用的电源中性点直接接地的220/380V三相四线制低压电力系统，必须符合下列规定：

1 采用三级配电系统；

2 采用TN-S接零保护系统；

3 采用二级漏电保护系统。

3.1.4 临时用电组织设计及变更时，必须履行"编制、审核、批准"程序，由电气工程技术人员组织编制，经相关部门审核及具有法人资格企业的技术负责人批准后实施。变更用电组织设计时应补充有关图纸资料。

3.1.5 临时用电工程必须经编制、审核、批准部门和使用单位共同验收，合格后方可投入使用。

3.3.4 临时用电工程定期检查应按分部、分项工程进行，对安全隐患必须及时处理，并应履行复查验收手续。

5.1.1 在施工现场专用变压器的供电的TN-S接零保护系统中，电气设备的金属外壳必须与保护零线连接。保护零线应由工作接地线、配电室（总配电箱）电源侧零线或总漏电保护器电源侧零线处引出（图5.1.1）。

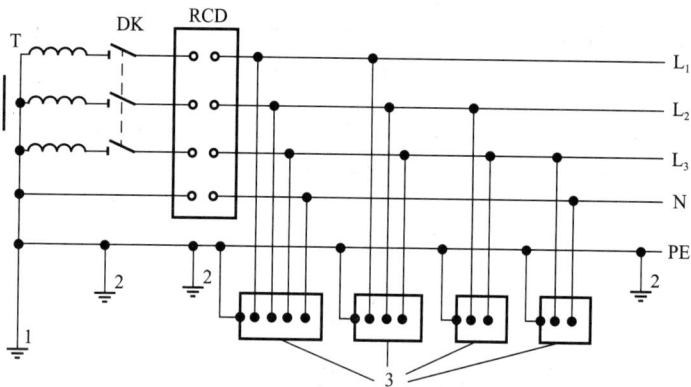

图5.1.1 专用变压器供电时TN-S接零保护系统示意

1—工作接地；2—PE线重复接地；3—电气设备金属外壳（正常不带电的外露可导电部分）；

L_1、L_2、L_3—相线；N—工作零线；PE—保护零线；DK—总电源隔离开关；RCD—总漏电保护器

（兼有短路、过载、漏电保护功能的漏电断路器）；T—变压器

5.1.2 当施工现场与外电线路共用同一供电系统时，电气设备的接地、接零保护应与原系统保持一致。不得一部分设备做保护接零，另一部分设备做保护接地。

采用TN系统做保护接零时，工作零线（N线）必须通过总漏电保护器，保护零线（PE线）必须由电源进线零线重复接地处或总漏电保护器电源侧零线处，引出形成局部TN-S接零保护系统（图5.1.2）。

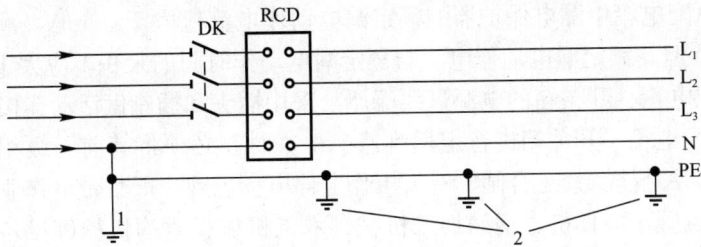

图 5.1.2 三相四线供电时局部 TN-S 接零保护系统保护零线引出示意

1—NPE线重复接地；2—PE线重复接地；L_1、L_2、L_3—相线；N—工作零线；PE—保护零线；

DK—总电源隔离开关；RCD—总漏电保护器（兼有短路、过载、漏电保护功能的漏电断路器）

5.1.10　PE线上严禁装设开关或熔断器，严禁通过工作电流，且严禁断线。

5.3.2　TN系统中的保护零线除必须在配电室或总配电箱处做重复接地外，还必须在配电系统的中间处和末端处做重复接地。

在TN系统中，保护零线每一处重复接地装置的接地电阻值不应大于10Ω。在工作接地电阻值允许达到10Ω的电力系统中，所有重复接地的等效电阻值不应大于10Ω。

5.4.7　做防雷接地机械上的电气设备，所连接的PE线必须同时做重复接地，同一台机械电气设备的重复接地和机械的防雷接地可共用同一接地体，但接地电阻应符合重复接地电阻值的要求。

6.1.6　配电柜应装设电源隔离开关及短路、过载、漏电保护电器。电源隔离开关分断时应有明显可见分断点。

6.1.8　配电柜或配电线路停电维修时，应挂接地线，并应悬挂"禁止合闸、有人工作"停电标志牌。停送电必须由专人负责。

6.2.3　发电机组电源必须与外电线路电源连锁，严禁并列运行。

6.2.7　发电机组并列运行时，必须装设同期装置，并在机组同步运行后再向负载供电。

7.2.1　电缆中必须包含全部工作芯线和用作保护零线或保护线的芯线。需要三相四线制配电的电缆线路必须采用五芯电缆。

五芯电缆必须包含淡蓝、绿/黄二种颜色绝缘芯线。淡蓝色芯线必须用作N线；绿/黄双色芯线必须用作PE线，严禁混用。

7.2.3　电缆线路应采用埋地或架空敷设，严禁沿地面明设，并应避免机械损伤和介质腐蚀。埋地电缆路径应设方位标志。

8.1.3　每台用电设备必须有各自专用的开关箱，严禁用同一个开关箱直接控制2台及2台以上用电设备（含插座）。

8.1.11　配电箱的电器安装板上必须分设N线端子板和PE线端子板。N线端子板必须与金属电器安装板绝缘；PE线端子板必须与金属电器安装板做电气连接。

进出线中的N线必须通过N线端子板连接；PE线必须通过PE线端子板连接。

8.2.10　开关箱中漏电保护器的额定漏电动作电流不应大于30mA，额定漏电动作时间不应大于0.1s。

使用于潮湿或有腐蚀介质场所的漏电保护器应采用防溅型产品，其额定漏电动作电流不应大于15mA，额定漏电动作时间不应大于0.1s。

8.2.11　总配电箱中漏电保护器的额定漏电动作电流应大于30mA，额定漏电动作时间应大于0.1s，但其额定漏电动作电流与额定漏电动作时间的乘积不应大于30mA·s。

8.2.15　配电箱、开关箱的电源进线端严禁采用插头和插座做活动连接。

8.3.4　对配电箱、开关箱进行定期维修、检查时，必须将其前一级相应的电源隔离开关分闸断电，并悬挂"禁止合闸、有人工作"停电标志牌，严禁带电作业。

9.7.3　对混凝土搅拌机、钢筋加工机械、木工机械、盾构机械等设备进行清理、检查、维修时，必须首先将其开关箱分闸断电，呈现可见电源分断点，并关门上锁。

10.2.2　下列特殊场所应使用安全特低电压照明器：

1　隧道、人防工程、高温、有导电灰尘、比较潮湿或灯具离地面高度低于2.5m等场所的照明，电源电压不应大于36V；

2　潮湿和易触及带电体场所的照明，电源电压不得大于24V；

3　特别潮湿场所、导电良好的地面、锅炉或金属容器内的照明，电源电压不得大于12V。

10.2.5　照明变压器必须使用双绕组型安全隔离变压器，严禁使用自耦变压器。

10.3.11　对夜间影响飞机或车辆通行的在建工程及机械设备，必须设置醒目的红色信号灯，其电源应设在施工现场总电源开关的前侧，并应设置外电线路停止供电时的应急自备电源。

2. 高处施工作业

《建筑施工高处作业安全技术规范》JGJ 80—2016

4.1.1　坠落高度基准面2m及以上进行临边作业时，应在临空一侧设置防护栏杆，并应采用密目式安全立网或工具式栏板封闭。

4.2.1　洞口作业时，应采取防坠落措施，并应符合下列规定：

1　当竖向洞口短边边长小于500mm时，应采取封堵措施；当垂直洞口短边边长大于或等于500mm时，应在临空一侧设置高度不小于1.2m的防护栏杆，并应采用密目式安全立网或工具式栏板封闭，设置挡脚板；

2　当非竖向洞口短边边长为25mm～500mm时，应采用承载力满足使用要求的盖板覆盖，盖板四周搁置应均衡，且应防止盖板移位；

3　当非竖向洞口短边边长为500mm～1500mm时，应采用盖板覆盖或防护栏杆等措施，并应固定牢固；

4　当非竖向洞口短边边长大于或等于1500mm时，应在洞口作业侧设置高度不小于1.2m的防护栏杆，洞口应采用安全平网封闭。

5.2.3　严禁在未固定、无防护设施的构件及管道上进行作业或通行。

6.4.1　悬挑式操作平台设置应符合下列规定：

1　操作平台的搁置点、拉结点、支撑点应设置在稳定的主体结构上，且应可靠连接；

2　严禁将操作平台设置在临时设施上；

3　操作平台的结构应稳定可靠，承载力应符合设计要求。

8.1.2　本条是强制性条文。密目式安全立网安装平面垂直水平面，冲击高度为1.5m，主要是用来防止人和物坠落的安全网。平网安装平面不垂直水平面，冲击高度为10m，主要是用来挡住人和物坠落的安全网，它们承受冲击荷载作用的能力相差5倍，故不允许做平网使用。

3. 施工现场消防

《建设工程施工现场消防安全技术规范》GB 50720—2011

3.2.1 易燃易爆危险品库房与在建工程的防火间距不应小于 15m，可燃材料堆场及其加工场、固定动火作业场与在建工程的防火间距不应小于 10m，其他临时用房、临时设施与在建工程的防火间距不应小于 6m。

4.2.1 宿舍、办公用房的防火设计应符合下列规定：

1 建筑构件的燃烧性能等级应为 A 级。当采用金属夹芯板材时，其芯材的燃烧性能等级应为 A 级。

4.2.2 发电机房、变配电房、厨房操作间、锅炉房、可燃材料库房及易燃易爆危险品库房的防火设计应符合下列规定：

1 建筑构件的燃烧性能等级应为 A 级。

4.3.3 既有建筑进行扩建、改建施工时，必须明确划分施工区和非施工区。施工区不得营业、使用和居住；非施工区继续营业、使用和居住时，应符合下列规定：

1 施工区和非施工区之间应采用不开设门、窗、洞口的耐火极限不低于 3.0h 的不燃烧体隔墙进行防火分隔。

2 非施工区内的消防设施应完好和有效，疏散通道应保持畅通，并应落实日常值班及消防安全管理制度。

3 施工区的消防安全应配有专人值守，发生火情应能立即处置。

4 施工单位应向居住和使用者进行消防宣传教育，告知建筑消防设施、疏散通道的位置及使用方法，同时应组织疏散演练。

5 外脚手架搭设不应影响安全疏散、消防车正常通行及灭火救援操作，外脚手架搭设长度不应超过该建筑物外立面周长的 1/2。

5.1.4 施工现场的消火栓泵应采用专用消防配电线路。专用消防配电线路应自施工现场总配电箱的总断路器上端接入，且应保持不间断供电。

5.3.5 临时用房的临时室外消防用水量不应小于表 5.3.5 的规定。

临时用房的临时室外消防用水量　　　　　　　　　　　表 5.3.5

临时用房的建筑面积之和	火灾延续时间（h）	消火栓用水量（L/s）	每支水枪最小流量（L/s）
1000m²＜面积≤5000m²	1	10	5
面积＞5000m²		15	5

5.3.6 在建工程的临时室外消防用水量不应小于表 5.3.6 的规定。

在建工程的临时室外消防用水量　　　　　　　　　　　表 5.3.6

在建工程（单体）体积	火灾延续时间（h）	消火栓用水量（L/s）	每支水枪最小流量（L/s）
10000m³＜体积≤30000m³	1	15	5
体积＞30000m²	2	20	5

5.3.9 在建工程的临时室内消防用水量不应小于表 5.3.9 的规定。

在建工程的临时室内消防用水量　　　　　　　　　　表5.3.9

建筑高度、在建工程体积（单体）	火灾延续时间（h）	消火栓用水量（L/s）	每支水枪最小流量（L/s）
24m＜建筑高度≤50m 或 30000m³＜体积≤50000m³	1	10	5
建筑高度＞50m 或体积＞50000m³	1	15	5

6.2.1　用于在建工程的保温、防水、装饰及防腐等材料的燃烧性能等级应符合设计要求。

6.2.3　室内使用油漆及其有机溶剂、乙二胺、冷底子油等易挥发产生易燃气体的物资作业时，应保持良好通风，作业场所严禁明火，并应避免产生静电。

6.3.1　施工现场用火应符合下列规定：

3　焊接、切割、烘烤或加热等动火作业前，应对作业现场的可燃物进行清理；作业现场及其附近无法移走的可燃物应采用不燃材料对其覆盖或隔离。

5　裸露的可燃材料上严禁直接进行动火作业。

9　具有火灾、爆炸危险的场所严禁明火。

6.3.3　施工现场用气应符合下列规定：

1　储装气体的罐瓶及其附件应合格、完好和有效；严禁使用减压器及其他附件缺损的氧气瓶，严禁使用乙炔专用减压器、回火防止器及其他附件缺损的乙炔瓶。

4. 施工机械

（1）《建筑机械使用安全技术规程》JGJ 33—2012

2.0.1　特种设备操作人员应经过专业培训、考核合格取得建设行政主管部门颁发的操作证，并应经过安全技术交底后持证上岗。

2.0.2　机械必须按出厂使用说明书规定的技术性能、承载能力和使用条件，正确操作，合理使用，严禁超载、超速作业或任意扩大使用范围。

2.0.3　机械上的各种安全防护和保险装置及各种安全信息装置必须齐全有效。

2.0.21　清洁、保养、维修机械或电气装置前，必须先切断电源，等机械停稳后再进行操作。严禁带电或采用预约停送电时间的方式进行检修。

4.1.11　建筑起重机械的变幅限位器、力矩限制器、起重量限制器、防坠安全器、钢丝绳防脱装置、防脱钩装置以及各种行程限位开关等安全保护装置，必须齐全有效，严禁随意调整或拆除。严禁利用限制器和限位装置代替操纵机构。

4.1.14　在风速达到9.0m/s及以上或大雨、大雪、大雾等恶劣天气时，严禁进行建筑起重机械的安装拆卸作业。

4.5.2　桅杆式起重机专项方案必须按规定程序审批，并应经专家论证后实施。施工单位必须指定安全技术人员对桅杆式起重机的安装、使用和拆卸进行现场监督和监测。

5.1.4　作业前，必须查明施工场地内明、暗铺设的各类管线等设施，并应采用明显记号标识。严禁在离地下管线、承压管道1m距离以内进行大型机械作业。

5.1.10　机械回转作业时，配合人员必须在机械回转半径以外工作。当需在回转半径以内工作时，必须将机械停止回转并制动。

5.5.6 作业中，严禁人员上下机械，传递物件，以及在铲斗内、拖把或机架上坐立。

5.10.20 装载机转向架未锁闭时，严禁站在前后车架之间进行检修保养。

5.13.7 夯锤下落后，在吊钩尚未降至夯锤吊环附近前，操作人员严禁提前下坑挂钩。从坑中提锤时，严禁挂钩人员站在锤上随锤提升。

7.1.23 桩孔成型后，当暂不浇注混凝土时，孔口必须及时封盖。

8.2.7 料斗提升时，人员严禁在料斗下停留或通过；当需在料斗下方进行清理或检修时，应将料斗提升至上止点，并必须用保险销锁牢或用保险链挂牢。

10.3.1 木工圆锯机上的旋转锯片必须设置防护罩。

12.1.4 焊割现场及高空焊割作业下方，严禁堆放油类、木材、氧气瓶、乙炔瓶、保温材料等易燃、易爆物品。

12.1.9 对承压状态的压力容器和装有剧毒、易燃、易爆物品的容器，严禁进行焊接或切割作业。

(2)《建筑施工塔式起重机安装、使用、拆卸安全技术规程》JGJ 196—2010

2.0.3 塔式起重机安装、拆卸作业应配备下列人员：

1 持有安全生产考核合格证书的项目负责人和安全负责人、机械管理人员；

2 具有建筑施工特种作业操作资格证书的建筑起重机械安装拆卸工、起重司机、起重信号工、司索工等特种作业操作人员。

2.0.9 有下列情况之一的塔式起重机严禁使用：

1 国家明令淘汰的产品；

2 超过规定使用年限经评估不合格的产品；

3 不符合国家现行相关标准的产品；

4 没有完整安全技术档案的产品。

2.0.14 当多台塔式起重机在同一施工现场交叉作业时，应编制专项方案，并应采取防碰撞的安全措施。任意两台塔式起重机之间的最小架设距离应符合下列规定：

1 低位塔式起重机的起重臂端部与另一台塔式起重机的塔身之间的距离不得小于2m；

2 高位塔式起重机的最低位置的部件（或吊钩升至最高点或平衡重的最低部位）与低位塔式起重机中处于最高位置部件之间的垂直距离不得小于2m。

2.0.16 塔式起重机在安装前和使用过程中，发现有下列情况之一的，不得安装和使用：

1 结构件上有可见裂纹和严重锈蚀的；

2 主要受力构件存在塑性变形的；

3 连接件存在严重磨损和塑性变形的；

4 钢丝绳达到报废标准的；

5 安全装置不齐全或失效的。

3.4.12 塔式起重机的安全装置必须齐全，并应按程序进行调试合格。

3.4.13 连接件及其防松防脱件严禁用其他代用品代用。连接件及其防松防脱件应使用力矩扳手或专用工具紧固连接螺栓。

4.0.2 塔式起重机使用前，应对起重司机、起重信号工、司索工等作业人员进行安全技术交底。

4.0.3　塔式起重机的力矩限制器、重量限制器、变幅限位器、行走限位器、高度限位器等安全保护装置不得随意调整和拆除，严禁用限位装置代替操纵机构。

5.0.7　拆卸时应先降节、后拆除附着装置。

（3）《建筑施工升降机安装、使用、拆卸安全技术规程》JGJ 215—2010

4.1.6　有下列情况之一的施工升降机不得安装使用：

1　属国家明令淘汰或禁止使用的；

2　超过由安全技术标准或制造厂家规定使用年限的；

3　经检验达不到安全技术标准规定的；

4　无完整安全技术档案的；

5　无齐全有效的安全保护装置的。

4.2.10　安装作业时必须将按钮盒或操作盒移至吊笼顶部操作。当导轨架或附墙架上有人员作业时，严禁开动施工升降机。

5.2.2　严禁施工升降机使用超过有效标定期的防坠安全器。

5.2.10　严禁用行程限位开关作为停止运行的控制开关。

5.3.9　严禁在施工升降机运行中进行保养、维修作业。

5. 施工脚手架

（1）《建筑施工扣件式钢管脚手架安全技术规范》JGJ 130—2011

3.4.3　可调托撑受压承载力设计值不应小于40kN，支托板厚不应小于5mm。

6.2.3　主节点处必须设置一根横向水平杆，用直角扣件扣接且严禁拆除。

6.3.3　脚手架立杆基础不在同一高度上时，必须将高处的纵向扫地杆向低处延长两跨与立杆固定，高低差不应大于1m。靠边坡上方的立杆轴线到边坡的距离不应小于500mm（图6.3.3）。

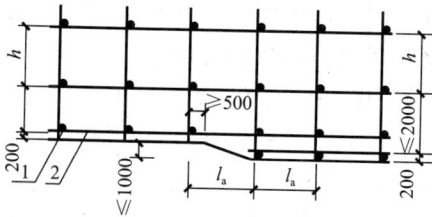

图6.3.3　纵、横向扫地杆构造
1—横向扫地杆；2—纵向扫地杆

6.3.5　单排、双排与满堂脚手架立杆接长除顶层顶步外，其余各层各步接头必须采用对接扣件连接。

6.4.4　开口型脚手架的两端必须设置连墙件，连墙件的垂直间距不应大于建筑物的层高，并且不应大于4m。

6.6.3　高度在24m及以上的双排脚手架应在外侧全立面连续设置剪刀撑；高度在24m以下的单、双排脚手架，均必须在外侧两端、转角及中间间隔不超过15m的立面上，各设置一道剪刀撑，并应由底至顶连续设置（图6.6.3）。

6.6.5　开口型双排脚手架的两端均必须设置横向斜撑。

7.4.2　单、双排脚手架拆除作业必须由上而下逐层进行，严禁上下同时作业；连墙件必须随脚手架逐层拆除，严禁先将连墙件整层或数层拆除后再拆脚手架；分段拆除高差大于两步时，应增设连墙件加固。

7.4.5　卸料时各构配件严禁抛掷至地面。

8.1.4　扣件进入施工现场应检查产品合格证，并应进行抽样复试，技术性能应符合现行国家标准《钢管脚手架扣件》GB 15831的规定。扣件在使用前应逐个挑选，有裂缝、

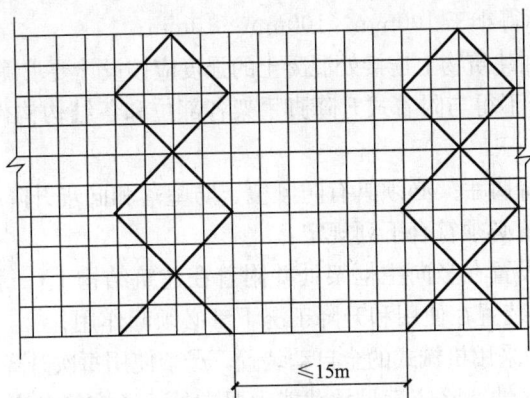

图 6.6.3 高度 24m 以下剪刀撑布置

变形、螺栓出现滑丝的严禁使用。

9.0.1 扣件式钢管脚手架安装与拆除人员必须是经考核合格的专业架子工。架子工应持证上岗。

9.0.4 钢管上严禁打孔。

9.0.5 作业层上的施工荷载应符合设计要求，不得超载。不得将模板支架、缆风绳、泵送混凝土和砂浆的输送管等固定在架体上；严禁悬挂起重设备，严禁拆除或移动架体上安全防护设施。

9.0.7 满堂支撑架顶部的实际荷载不得超过设计规定。

9.0.13 在脚手架使用期间，严禁拆除下列杆件：

1 主节点处的纵、横向水平杆，纵、横向扫地杆；

2 连墙件。

9.0.14 当在脚手架使用过程中开挖脚手架基础下的设备基础或管沟时，必须对脚手架采取加固措施。

（2）《建筑施工工具式脚手架安全技术规范》JGJ 202—2010

4.4.2 附着式升降脚手架结构构造的尺寸应符合下列规定：

1 架体高度不得大于 5 倍楼层高；

2 架体宽度不得大于 1.2m；

3 直线布置的架体支承跨度不得大于 7m，折线或曲线布置的架体，相邻两主框架支撑点处的架体外侧距离不得大于 5.4m；

4 架体的水平悬挑长度不得大于 2m，且不得大于跨度的 1/2；

5 架体全高与支承跨度的乘积不得大于 110m²。

4.4.5 附着支承结构应包括附墙支座、悬臂梁及斜拉杆，其构造应符合下列规定：

1 竖向主框架所覆盖的每个楼层处应设置一道附墙支座；

2 在使用工况时，应将竖向主框架固定于附墙支座上；

3 在升降工况时，附墙支座上应设有防倾、导向的结构装置；

4 附墙支座应采用锚固螺栓与建筑物连接，受拉螺栓的螺母不得少于两个或应采用弹簧垫圈加单螺母，螺杆露出螺母端部的长度不应少于 3 扣，并不得小于 10mm，垫板尺寸应由设计确定，且不得小于100mm×100mm×10mm；

5 附墙支座支承在建筑物上连接处混凝土的强度应按设计要求确定，且不得小于C10。

4.4.10 物料平台不得与附着式升降脚手架各部位和各结构构件相连，其荷载应直接传递给建筑工程结构。

4.5.1 附着式升降脚手架必须具有防倾覆、防坠落和同步升降控制的安全装置。

4.5.3 防坠落装置必须符合下列规定：

1 防坠落装置应设置在竖向主框架处并附着在建筑结构上，每一升降点不得少于一个防坠落装置，防坠落装置在使用和升降工况下都必须起作用；

2 防坠落装置必须采用机械式的全自动装置，严禁使用每次升降都需重组的手动装置；

3 防坠落装置技术性能除应满足承载能力要求外，还应符合表4.5.3的规定。

4 防坠落装置应具有防尘、防污染的措施，并应灵敏可靠和运转自如；

5 防坠落装置与升降设备必须分别独立固定在建筑结构上；

6 钢吊杆式防坠落装置，钢吊杆规格应由计算确定，且不应小于 ϕ25mm。

防坠落装置技术性能   表 4.5.3

脚手架类别	制动距离（mm）
整体式升降脚手架	≤80
单片式升降脚手架	≤150

5.2.11 悬挂吊篮的支架支撑点处结构的承载能力，应大于所选择吊篮各工况的荷载最大值。

5.4.7 悬挂机构前支架严禁支撑在女儿墙上、女儿墙外或建筑物挑檐边缘。

5.4.10 配重件应稳定可靠地安放在配重架上，并应有防止随意移动的措施。严禁使用破损的配重件或其他替代物。配重件的重量应符合设计规定。

5.4.13 悬挂机构前支架应与支撑面保持垂直，脚轮不得受力。

5.5.8 吊篮内的作业人员不应超过2个。

6.3.1 在提升状况下，三角臂应能绕竖向桁架自由转动；在工作状况下，三角臂与竖向桁架之间应采用定位装置防止三角臂转动。

6.3.4 每一处连墙件应至少有2套杆件，每一套杆件应能够独立承受架体上的全部荷载。

6.5.1 防护架的提升索具应使用现行国家标《重要用途钢丝绳》GB 8918 规定的钢丝绳。钢丝绳直径不应小于12.5mm。

6.5.7 当防护架提升、下降时，操作人员必须站在建筑物内或相邻的架体上，严禁站在防护架上操作；架体安装完毕前，严禁上人。

6.5.10 防护架在提升时，必须按照"提升一片、固定一片、封闭一片"的原则进行，严禁提前拆除两片以上的架体、分片处的连接杆、立面及底部封闭设施。

6.5.11 在每次防护架提升后，必须逐一检查扣件紧固程度；所有连接扣件拧紧力矩必须达到40N·m～65N·m。

7.0.1 工具式脚手架安装前，应根据工程结构、施工环境等特点编制专项施工方案，并应经总承包单位技术负责人审批、项目总监理工程师审核后实施。

7.0.3　总承包单位必须将工具式脚手架专业工程发包给具有相应资质等级的专业队伍，并应签订专业承包合同，明确总包、分包或租赁等各方的安全生产责任。

8.2.1　高处作业吊篮在使用前必须经过施工、安装、监理等单位的验收，未经验收或验收不合格的吊篮不得使用。

6. 环境与卫生

（1）《建筑施工现场环境与卫生标准》JGJ 146—2013

4.2.1　施工现场的主要道路要进行硬化处理。裸露的场地和堆放的土方应采取覆盖、固化或绿化等措施。

4.2.5　建筑物内垃圾应采用容器或搭设专用封闭式垃圾道的方式清运，严禁凌空抛掷。

4.2.6　施工现场严禁焚烧各类废弃物。

5.1.6　施工现场生活区宿舍、休息室必须设置可开启式外窗，床铺不得超过 2 层，不得使用通铺。

（2）《民用建筑工程室内环境污染控制规范（2013 版）》GB 50325—2010

1.0.5　民用建筑工程所选用的建筑材料和装修材料必须符合本规范的有关规定。

3.1.1　民用建筑工程所使用的砂、石、砖、砌块、水泥、混凝土、混凝土预制构件等无机非金属建筑主体材料的放射性限量，应符合表 3.1.1 的规定。

无机非金属建筑主体材料的放射性限量　　　　　　　　　　　　表 3.1.1

测定项目	限量
内照射指数 I_{Ra}	$\leqslant 1.0$
外照射指数 I_y	$\leqslant 1.0$

3.1.2　民用建筑工程所使用的无机非金属装修材料，包括石材、建筑卫生陶瓷、石膏板、吊顶材料、无机瓷质砖粘结材料等，进行分类时，其放射性限量应符合表 3.1.2 的规定。

3.2.1　民用建筑工程室内用人造木板及饰面人造木板，必须测定游离甲醛含量或游离甲醛释放量。

3.6.1　民用建筑工程中所使用的能释放氨的阻燃剂、混凝土外加剂，氨的释放量不应大于 0.10％，测定方法应符合现行国家标准《混凝土外加剂中释放氨的限量》GB 18588 的有关规定。

无机非金属装修材料放射性限量　　　　　　　　　　　　　　　表 3.1.2

测定项目	限量	
	A	B
内照射指数 I_{Ra}	$\leqslant 1.0$	$\leqslant 1.3$
外照射指数 I_y	$\leqslant 1.3$	$\leqslant 1.9$

4.1.1　新建、扩建的民用建筑工程设计前，应进行建筑工程所在城市区域土壤中氡浓度或土壤表面氡析出率调查，并提交相应的调查报告。未进行过区域土壤中氡浓度或土壤表面氡析出率测定的，应进行建筑场地土壤中氡浓度或土壤氡析出率测定，并提供相应的检测报告。

4.2.4 当民用建筑工程场地土壤氡浓度测定结果大于 20000Bq/m³，且小于 30000Bq/m³，或土壤表面氡析出率大于 0.05Bq/（m²·s）且小于 0.1Bq/（m²·s）时，应采取建筑物底层地面抗开裂措施。

4.2.5 当民用建筑工程场地土壤氡浓度测定结果大于或等于 30000Bq/m³，且小于 50000Bq/m³，或土壤表面氡析出率大于或等于 0.1Bq/（m²·s）且小于 0.3Bq/（m²·s）时，除采取建筑物底层地面抗开裂措施外，还必须按现行国家标准《地下工程防水技术规范》GB 50108 中的一级防水要求，对基础进行处理。

4.2.6 当民用建筑工程场地土壤氡浓度大于或等于 50000Bq/m³ 或土壤表面氡析出率平均值大于或等于 0.3Bq/（m²·s）时，应采取建筑物综合防氡措施。

4.3.1 民用建筑工程室内不得使用国家禁止使用、限制使用的建筑材料。

4.3.2 Ⅰ类民用建筑工程室内装修采用的无机非金属装修材料必须为 A 类。

4.3.4 Ⅰ类民用建筑工程的室内装修，采用的人造木板及饰面人造木板必须达到 E_1 级要求。

4.3.9 民用建筑工程室内装修中所使用的木地板及其他木质材料，严禁采用沥青、煤焦油类防腐、防潮处理剂。

5.1.2 当建筑材料和装修材料进场检验，发现不符合设计要求及本规范的有关规定时，严禁使用。

5.2.1 民用建筑工程中，建筑主体采用的无机非金属材料和建筑装修采用的花岗岩、瓷质砖、磷石膏制品必须有放射性指标检测报告，并应符合本规范第 3 章、第 4 章要求。

5.2.3 民用建筑工程室内装修中所采用的人造木板及饰面人造木板，必须有游离甲醛含量或游离甲醛释放量检测报告，并应符合设计要求和本规范的有关规定。

5.2.5 民用建筑工程室内装修中所采用的水性涂料、水性胶粘剂、水性处理剂必须有同批次产品的挥发性有机化合物（VOC）和游离甲醛含量检测报告；溶剂型涂料、溶剂型胶粘剂必须有同批次产品的挥发性有机化合物（VOC）、苯、甲苯＋二甲苯、游离甲苯二异氰酸酯（TDI）含量检测报告，并应符合设计要求和本规范的有关规定。

5.3.3 民用建筑工程室内装修时，严禁使用苯、工业苯、石油苯、重质苯及混苯作为稀释剂和溶剂。

5.3.6 民用建筑工程室内严禁使用有机溶剂清洗施工用具。

6.0.19 当室内环境污染物浓度的全部检测结果符合本规范表 6.0.4 的规定时，应判定该工程室内环境质量合格。

6.0.21 室内环境质量验收不合格的民用建筑工程，严禁投入使用。

7. 基坑工程

《地下建筑工程逆作法技术规程》JGJ 165—2010

3.0.4 地下建筑工程逆作法施工必须设围护结构，其主体结构的水平构件应作为围护结构的水平支撑；当围护结构为永久性承重外墙时，应选择与主体结构沉降相适应的岩土层作为排桩或地下连续墙的持力层。

3.0.5 逆作法施工应全过程监测。

5.1.3 地下建筑工程逆作法结构设计应根据结构破坏可能产生的后果，采用不同的安全等级及结构的重要性系数，并应符合下列规定：

1 施工期间临时结构的安全等级和重要性系数应符合表 5.1.3 的规定。

临时结构的安全等级和重要性系数　　　表 5.1.3

安全等级	破坏后果	γ_0
一级	支护结构破坏、土体变形对基坑周边环境及地下结构施工影响严重	1.1
二级	支护结构破坏、土体变形对基坑周边环境及地下结构施工影响一般	1.0
三级	支护结构破坏、土体变形对基坑周边环境及地下结构施工影响不严重	0.9

2 当支撑结构作为永久结构时，其结构安全等级和重要性系数不得小于地下结构安全等级和重要性系数。

3 支撑结构安全等级和重要性系数应按施工与使用两个阶段选用较高的结构安全等级和重要性系数。

4 当地下逆作结构的部分构件只作为临时结构构件的一部分时，应按临时结构的安全等级及结构的重要性系数取用。当形成最终永久结构的构件时，应按永久结构的安全等级及结构的重要性系数取用。

6.6.3 当水平结构作为周边围护结构的水平支承时，其后浇带处应按设计要求设置传力构件。

4.6 城镇建设、建筑工业产品标准

4.6.1 概念

产品是过程的结果，从广义上说，产品可分为四类：硬件、软件、服务、流程性材料。许多产品是由不同类别的产品构成，判断产品是硬件、软件、还是服务，主要取决于主导成分。这里所提到的产品，主要是指生产企业向顾客或市场以商品形式提供的制成品。在工程建设中，产品是指应用到工程中的材料、制品、配件等，构成建设工程的一部分。

产品标准是对产品结构、规格、质量和检验方法所做的技术规定，是保证产品适用性的依据，也是产品质量的衡量依据。在目前工程建设中所用产品数量、品种、规格较多，针对建筑产品管理常用的标准包括产品标准和产品检验标准。

这类标准规定了产品的品种，对产品的种类及其参数系列做出统一规定；另外，规定了产品的质量，既对产品的主要质量要素（项目）做出合理规定，同时对这些质量要素的检测（试验方法）以及对产品是否合格的判定规则做出规定。

4.6.2 重要标准示例

(1)《预拌混凝土》GB 14902

该标准规定了预拌混凝土的定义、分类、标记、技术要求、供货量、试验方法、检验规则及订货与交货。本标准适用于集中搅拌站生产的预拌混凝土。本标准不包括运送货到交货地点后混凝土的浇筑、振捣及养护。

(2)《预拌砂浆》GB/T 25181

主要内容包括两大类 18 个品种砂浆，规范了预拌砂浆尤其是普通预拌砂浆的技术要求，以及原材料、制备、供应、运输、验收等要求。

4.6.3 重要城镇建设、建筑工业产品标准列表

重要城镇建设、建筑工业产品标准列表

表 4-5

序号	标准名称	标准编号
1	预拌混凝土	GB/T 14902—2012
2	聚羧酸系高性能减水剂	JG/T 223—2007
3	钢纤维混凝土	JG/T 472—2015
4	预应力混凝土空心方桩	JG 197—2006
5	冷轧扭钢筋	JG 190—2006
6	建筑用不锈钢绞线	JG/T 200—2007
7	混凝土结构用成型钢筋	JG/T 226—2008
8	钢筋机械连接用套筒	JG/T 163—2013
9	结构用高频焊接薄壁 H 型钢	JG/T 137—2007
10	冷弯钢板桩	JG/T 196—2007

第5章 工程安全、质量事故分析与处理

5.1 工程质量与质量问题分析

5.1.1 基本概念

1. 质量

美·朱兰（J. M. Juran）博士从顾客的角度出发，提出了产品质量就是产品的适用性。即"产品在使用时能成功地满足用户需要的程度"；

美·克劳斯比从生产者的角度出发，曾把质量概括为"产品符合规定要求的程度"；

美·德鲁克认为"质量就是满足需要"；

全面质量控制的创始人菲根堡姆认为，产品或服务质量是指营销、设计、制造、维修中各种特性的综合体。

用户对产品的使用要求的满足程度，反映在对产品的性能、经济特性、服务特性、环境特性和心理特性等方面。

ISO定义为"反映产品或服务满足明确或隐含需要能力的特征和特性的总和"。

第一层次是产品或服务必须满足规定或潜在的需要，这种"需要"可以是技术规范中规定的要求，也可能是在技术规范中未注明，但用户在使用过程中实际存在的需要。它是动态的、变化的、发展的和相对的，"需要"随时间、地点、使用对象和社会环境的变化而变化。即"需要"＝"适用性"；第二层次是在第一层次的前提下质量是产品特征和特性的总和。需要应加以表征，必须转化成有指标的特征和特性，即是可以衡量的，"需要"＝"符合性"

在质量管理过程中，"质量"的含义是广义的，除了产品质量之外，还包括工作质量。质量管理不仅要管好产品本身的质量，还要管好质量赖以产生和形成的工作质量，并以工作质量为重点。

2005年颁布的《质量管理体系基础和术语》ISO9000：2005中对质量的定义是：一组固有特性满足要求的程度。

固有特性是事物本来就有的，例如：物质特性（如机械、电气、化学或生物特性）、官感特性（如用嗅觉、触觉、味觉、视觉等感觉控测的特性）、行为特性（如礼貌、诚实、正直）、时间特性（如准时性、可靠性、可用性）、人体工效特性（如语言或生理特性、人身安全特性）、功能特性（如飞机最高速度）等。

满足要求就是应满足明示的（如明确规定的）、通常隐含的（如组织的惯例、一般习惯）或必须履行的（如法律法规、行业规则）的需要和期望。

顾客和其他相关方对产品、体系或过程的质量要求是动态的、发展的和相对的。它将随着时间、地点、环境的变化而变化。

2. 缺陷

（1）瑕疵；缺点；欠缺。质量缺陷是指产品质量"未满足与预期或规定用途有关的要求"。在产品质量形成过程中，质量缺陷是客观存在的，按其出现的形态的不同可分为以下两种类型：

1）偶发性的质量缺陷。偶发性的质量缺陷又称急性质量缺陷，它是由系统因素引起的质量失控所出现的质量异常波动。

2）经常性的质量缺陷。经常性的质量缺陷又称慢性质量缺陷，它是由随机性的因素引起的质量正常波动所造成的质量缺陷。

两种质量缺陷的性质、区别见表5-1。

两种质量缺陷的性质、区别　　　　　　表 5-1

项目	偶发性的质量缺陷	经常性的质量缺陷
特点	缺陷原因明显、易于发现；对产品质量的影响大，要求严肃采取有力措施，予以纠正，以恢复原来的质量状态	质量长期处于"不良"状态，被视为正常缺陷、不明显，原因不明或较复杂，一时难以解决，需要进行质量改进，使产品质量提高到一个新的水平
造成的经济损失	较大	较小
引起重视的程度	相当大，会惊动负责人员	微小的，认为是不可避免的
解决的目标	恢复原状	改变原状
所需资料形式	影响质量的个别因素及有关资料	关系复杂的多个因素和有关资料
收集资料的计划	日常工作中	特别设计的
资料的收集	日常工作中	常通过特殊的试验或收集
分析的次数	频繁，可能需每小时（或每批）进行审核	不频繁，要积累几个月的资料再分析
分析者	车间人员	技术人员
分析方式	通常是简单的	可能错综复杂，需用相关、回归、方差、正交试验等方法
执行者	车间人员	通常为车间外有关部门

（2）消除和减少质量缺陷的对策

1）偶发性的质量缺陷的消除和减少。质量控制活动是对现有的质量水平进行控制，使之保持原有的质量状态和质量水平，其主要任务是消除偶发性的质量缺陷及其产生的原因，使影响质量的各种因素处于受控状态。从质量控制的性质上看，它是一种质量的维持活动，其控制的对象是质量缺陷产生的各种因素，依据是原有的质量标准，例如产品技术标准、工艺文件、操作规程、作业指导书等。

2）经常性的质量缺陷的消除和减少。质量改进活动是对现有的质量水平在控制，维持的基础上，加以突破和提高，其主要任务是消除经常性的质量缺陷。

3）土木工程中的缺陷——泛出现影响正常使用、承载能力、耐久性、整体稳定性的种种不足，统称为工程缺陷。按照其严重程度不同可分为三类：

1）轻微缺陷——它不影响结构承载能力、刚度及其完整性，但却有碍观瞻或影响耐久性。例如墙面不平整，裂缝等。

2）使用缺陷——不影响承载能力、还能保持完整性，但却影响使用功能或使结构使用性能下降，有时还会使人有不舒适感和不安全感。如梁的挠度过大、梁下部中间出现裂缝，墙体出现较长的斜向或竖向裂缝，屋面漏水等。

3）危机承载力缺陷——材料强度不足、构件截面尺寸不够、构件连接质量低劣，如钢结构焊接裂缝、咬边，地基沉降过大等。

一般来说质量通病是属于惯性，由于经常发生，犹如"多发病"、"常见病"一样，而成为质量通病。

3. 破坏

结构构件或构件截面在荷载、变形作用下承载能力和使用性能失效的协议标志。例如钢筋混凝土梁正截面受弯破坏，受拉区的裂缝宽度在 0.3～1.5mm 之间，正好介于设计规范允许值和协议破坏标志之间的状态，这是破坏的前兆，也称之为延性破坏，否则是脆性破坏。

4. 倒塌

倒塌是稳定性和整体性完全丧失的表现。倒塌具有突发性，是不可修复，既造成财产损失，还往往伴随有人员伤亡——即安全事故。建筑结构倒塌一般都要经历以下几种规律性阶段：

① 结构的承载力减弱；

② 结构超越所能承受的极限内力或极限变形；

③ 结构的稳定性和整体稳定性丧失；

④ 结构的薄弱部位先行突然破坏、倾倒；

⑤ 局部结构或整个结构倒塌。

5. 质量链

土木工程质量问题表现为结构质量和使用质量两类技术现象中的缺陷和事故，其主要原因，一是由于设计、施工技术水平低下，二是工程管理中存在弊端。

5.1.2 质量问题

建设工程质量问题通常分：质量不合格、质量问题与工程质量事故三类。

（1）质量不合格根据我国标准的规定，凡工程没有满足某个规定的要求，就称之为质量不合格；而没有满足某个预期使用要求或合理期望的要求，称为质量缺陷。

（2）质量问题凡是工程质量不合格，必须进行返修，加固或报废处理，由此造成直接经济损失低于 5000 元的称为质量问题。

（3）质量事故凡是工程质量不合格，必须进行返修，加固或报废处理，由此造成直接经济损失在 5000 元以上的成为质量事故。

5.1.3 工程质量问题成因

（1）由于建筑工程工期较长，所用材料品种复杂；在施工过程中，受社会环境和自然条件方面异常因素的影响；使生产的工程质量问题表现形式千差万别，类型多种多样。这使得引起工程质量问题的成因也错综复杂，往往一项质量问题是由于多种原因引起。虽然每次发生质量问题的类型各不相同，但是通过对大量质量问题调查与分析发现，其发生的原因有不少相同之处，归纳其最基本的因素主要有以下几方面：

1）违背建设程序；

2）违反法规行为；

3）地质勘察失真；

4）设计差错；

5）施工与管理不到位；

6）不合格的原材料、制品及设备；

7）自然环境因素；

8）使用不当。

（2）成因分析方法：

由于影响工程质量的因素众多，一个工程质量问题的实际发生，既可能因设计计算和施工图纸中存在错误，也可能因施工中出现不合格或质量问题，也可能因使用不当，或者由于设计、施工甚至使用、管理、社会体制等多种原因的复合作用。要分析究竟是哪种原因所引起，必须对质量问题的特征表现，以及其在施工中和使用中所处的实际情况和条件进行具体分析。分析方法很多，但其基本步骤和要领可概括如下：

1）基本步骤：

① 进行细致的现场研究，观察记录全部实况，充分了解与掌握引发质量问题的现象和特征。

② 收集调查与问题有关的全部设计和施工资料，分析摸清工程在施工或使用过程中所处的环境及面临的各种条件和情况。

③ 找出可能生产质量问题的所有因素。分析、比较和判断，找出最可能造成质量问题的原因。

④ 进行必要的计算分析或模拟实验予以论证确认。

2）分析要领：

分析的要领是逻辑推理法，其基本原理是：

① 确定质量问题的初始点，即所谓原点，它是一系列独立原因集合起来形成的爆发点。因其反映出质量问题的直接原因，而在分析过程中具有关键性作用。

② 围绕原点对现场各种现象和特征进行分析，区别导致同类质量问题的不同原因，逐步揭示质量问题萌生、发展和最终形成的过程。

③ 综合考虑原因复杂性，确定诱发质量问题的起源点即真正原因。工程质量问题原因分析是对一堆模糊不清的事物和现象客观属性和联系的反映，它的准确性和管理人员的能力学识、经验和态度有极大关系，其结果不单是简单的信息描述，而是逻辑推理的产物，其推理可用于工程质量的事前控制。

5.2 工程质量事故与处理

工程质量事故，是指由于建设管理、监理、勘测、设计、咨询、施工、材料、设备等原因造成工程质量不符合规程、规范和合同规定的质量标准，影响使用寿命和对工程安全运行造成隐患及危害的事件。

5.2.1　工程质量事故分类

工程质量事故按损失程度进行分类，其基本分类如下：

（1）一般质量事故：凡具备下列条件之一者为一般质量事故。

1）直接经济损失在 5000 元（含 5000 元）以上，不满 50000 元的；

2）影响使用功能和工程结构安全，造成永久质量缺陷的。

（2）严重质量事故：凡具备下列条件之一者为严重事故。

1）直接经济损失在 50000 元（含 50000 元）以上，不满 10 万元的；

2）严重影响使用工程或工程结构安全，存在重大质量隐患的；

3）事故性质恶劣或造成 2 人以下重伤的。

（3）重大质量事故：凡具备下类条件之一者为重大事故，属建设工程重大事故范畴。

1）工程倒塌或报废；

2）由于质量事故，造成人员伤亡或重伤 3 人以上；

3）直接经济损失 10 万元以上。

5.2.2　工程质量事故的处理

1. 工程质量事故处理方案的确定

工程质量事故处理方案是指技术处理方案，其目的是消除质量隐患，以达到建筑物的安全可靠和正常使用各项功能及寿命要求，并保证施工的正常进行。其一般处理原则是：正确确定事故性质，是表面性还是实质性、是结构性还是一般性、是迫切性还是可缓性；正确确定处理范围，除直接发生部位，还应检查处理事故相邻影响作用范围的结构部位或构件。其处理基本要求是：满足设计要求和用户的期望；保证结构安全可靠，不留任何质量隐患；符合经济合理的原则。

（1）质量事故处理方案类型

1）修补处理

这是最常用的一类处理方案。通常当工程的某个检验批、分项或分部的质量虽未达到规定的规范、标准或设计要求存在一定缺陷，但通过修补或更换器具、设备后还可达到要求的标准，又不影响使用功能和外观要求，在此情况下，可以进行修补处理。属于修补处理这类具体方案很多，诸如封闭保护、复位纠偏、结构补强、表面处理等，某些事故造成的结构混凝土表面裂缝，可根据其受力情况，仅作表面封闭保护。某些混凝土结构表面的蜂窝、麻面，经调查分析，可进行剔凿、抹灰等表面处理，一般不会影响其使用和外观。对较严重的问题，可能影响结构的安全性和使用功能，必须按一定的技术方案进行加固补强处理，这样往往会造成一些永久性缺陷，如改变结构外形尺寸，影响一些次要的使用功能等。

2）返工处理

当工程质量未达到规定的标准和要求，存在着严重质量问题，对结构的使用和安全构成重大影响，且又无法通过修补处理的情况下，可对检验批、分项、分部甚至整个工程返工处理。例如，某防洪堤坝填筑压实后，其压实土的干密度未达到规定值，进行返工处理。又如某公路桥梁工程预应力按规定张力系数为 1.3，实际仅为 0.8，属于严重的质量缺陷，也无法修补，只有返工处理。对某些存在严重质量缺陷，且无法采用加固补强修补处理或修补处理费用比原工程造价还高的工程，应进行整体拆除，全面返工。

3）不做处理

某些工程质量问题虽然不符合规定的要求和标准构成质量事故，但视其严重情况，经过分析、论证、法定检测单位鉴定和设计等有关单位认可，对工程或结构使用及安全影响不大，也可不做专门处理。通常不用专门处理的情况有以下几种：

① 不影响结构安全和正常使用。例如，有的工业建筑物出现放线定位偏差，且严重超过规范标准规定，若要纠正会造成重大经济损失，若经过分析、论证其偏差不影响产生工艺和正常使用，在外观上也无明显影响，可不做处理。又如，某些隐蔽部位结构混凝土表面裂缝，经检查分析，属于表面养护不够的干缩微裂，不影响使用及外观，也可不做处理。

② 质量问题，经过后续工序可以弥补。例如，混凝土表面轻微麻面，可通过后续的抹灰、喷涂或刷白等工序弥补，可不做专门处理。

③ 法定检测单位鉴定合格。例如，某检验批混凝土试块强度值不满足规范要求，强度不足，在法定检测单位，对混凝土实体采用非破损检验等方法测定其实际强度已达规范允许和设计要求值时，可不做处理。对经检测未达要求值，但相差不多，经分析论证，只要使用前经再次检测达到设计强度，也可不做处理，但应严格控制施工荷载。

④ 出现的质量问题，经检测鉴定达不到设计要求，但经原设计单位核算，仍能满足结构安全和使用功能。

（2）选择最适用工程质量事故处理方案的辅助方法

1）实验验证

即对某些有严重质量缺陷的项目，可采取合同规定的常规试验方法进一步进行验证，以便确定缺陷的严重程度。例如，混凝土构件的试件强度低于要求的标准不太大（例如10％以下）时，可进行加载实验，以证明其是否满足使用要求。又如，公路工程的沥青面层厚度误差超过了规范允许的范围，可采用弯沉实验，检查路面的整体强度等。

2）定期观测

有些工程，在发现其质量缺陷时其状态可能尚未达到稳定仍会继续发展，在这种情况下一般不宜过早做出决定，可以对其进行一段时间的观测，然后再根据情况做出决定。属于这类的质量问题如桥墩或其他工程的基础在施工期间发生沉降超过预计的或规定的标准；混凝土表面发生裂缝，并处于发展状态等。有些有缺陷的工程，短期内其影响可能不十分明显，需要较长时间的观测才能得出结论。

3）专家论证

对于某些工程质量问题，可能涉及的技术领域比较广泛，或问题很复杂，有时仅根据合同规定难以决策，这时可提请专家论证。采用这种方法时，应事先做好充分准备，尽早为专家提供尽可能详尽的情况和资料，以便使专家能够进行较充分的、全面和细致地分析、研究，提出切实的意见与建议。

4）方案比较

这是比较常用的一种方法。同类型和同一性质的事故可先设计多种处理方案，然后结合当地的资源情况、施工条件等逐项给出权重，做出对比，从而选择具有较高处理效果又便于施工的处理方案。例如，结构构件承载力达不到设计要求，可采用改变结构构造来减少结构内力、结构卸荷或结构补强等不同处理方案，可将其每一方案按经济、工期、效果等指标列项并分配相应权重值，进行对比，辅助决策。

2. 工程质量事故处理的鉴定验收

（1）检查验收

工程质量事故处理完成后，应严格按施工验收标准及有关规范的规定进行，依据质量事故技术处理方案设计要求，通过实际量测，检查各种资料数据进行验收，并应办理交工验收文件，组织各有关单位会签。

（2）必要的鉴定

为确定工程质量事故的处理效果，凡涉及结构承载力等使用安全和其他重要性能的处理工作，常需做必要的实验和检验鉴定工作。或质量事故处理施工过程中建筑材料及构配件保证资料严重缺乏，或对检查密实性和裂缝修补效果，或检测实际强度；结构荷载实验，确定其实际承载力；超声波检测焊接或结构内部质量；池、罐、箱柜工程的渗漏检验等。检测鉴定必须委托政府批准的有资质的法定检测单位进行。

（3）验收结论

对所有的质量事故无论经过技术处理，通过检查鉴定验收还是不需专门处理的，均应有明确的书面结论。若对后续工程施工有特定要求，或对建筑物使用有一定限制条件，应在结论中提出。

验收结论通常有以下几种：

① 事故已排除，可以继续施工。

② 隐患已消除，结构安全有保证。

③ 经修补处理后，完全能够满足使用要求。

④ 基本上满足使用要求，但使用时有附加限制条件，例如限制荷载等。

⑤ 对耐久性的结论。

⑥ 对建筑物外观的结论。

⑦ 对短期内难以做出结论的，可提出进一步观测检验意见。

质量问题处理方案应以原因分析为基础，如果某些问题一时认识不清，且一时不致产生严重恶化，可以继续进行调查、观测，以便掌握更充分的资料和数据，做进一步分析，找出起源点，方可确认处理方案，避免急于求成造成反复处理的不良后果。审核确认处理方案应牢记：安全可靠，不留隐患，满足建筑物的功能和使用要求，技术可行，经济合理原则。针对确认不需专门处理的质量问题，应能保证它不构成对工程安全的危害，且满足安全和使用要求。因此，总结经验，吸取教训，采取有效措施予以预防。

5.3　工程安全事故

5.3.1　概念

（1）事故是指人们在进行有目的的活动过程中，发生了违背人们意愿的不幸事件，使其有目的的行动暂时或永久地停止。事故可能造成人员的死亡、疾病、伤害、损坏、财产损失或其他损失。事故通常包含的含义：

① 事故是意外的，它出乎人们的意料和不希望看到的事情；

② 事件是引发事故，或可能引发事故的情况，主要是指活动、过程本身的情况，其结果尚不确定，若造成不良结果则形成事故，若侥幸未造成事故也应引起注意；

③ 事故涵盖的范围是：死亡、疾病、工伤事故；设备、设施破坏事故；环境污染或生态破坏事故。

（2）工程安全事故，是指由于施工过程中由于安全问题，如施工脚手架、平台倒塌，机械伤害、触电、火灾等造成人员伤害和财产损失的事故。

职业健康安全事故分两大类型，即职业伤害事故与职业病。

（3）伤亡事故是指职工在劳动的过程中发生的人身伤害、急性中毒事故。即职工在本岗位劳动，或虽不在本岗位劳动，但由于企业的设备和设施不安全、劳动条件和作业环境不良、管理不善，以及企业领导指派到企业外从事本企业活动，所发生的人身伤害（即轻伤、重伤、死亡）和急性中毒事件。当前伤亡事故统计中除职工以外，还应包括企业雇用的农民工、临时工等。

5.3.2　工程安全事故分类

1. 按事故的原因及性质分类

从建筑活动的特点及事故的原因和性质来看，建筑安全事故可以分为四类，即生产事故、质量问题、技术事故和环境事故。

（1）生产事故

生产事故主要是指在建筑产品的生产、维修、拆除过程中，操作人员违反有关施工操作规程等而直接导致的安全事故。这种事故一般都是在施工作业过程中出现的，事故发生的次数比较频繁，是建筑安全事故的主要类型之一。目前我国对建筑安全生产的管理主要是针对生产事故。

（2）质量问题

质量问题主要是指由于设计不符合规范或施工达不到要求等原因而导致建筑结构实体或使用功能存在瑕疵，进而引起安全事故的发生。在设计不符合规范标准方面，主要是一些没有相应资质的单位或个人私自出图和设计本身存在安全隐患。在施工达不到设计要求方面，一是施工过程违反有关操作规程留下的隐患；二是由于有关施工主体偷工减料的行为而导致的安全隐患。质量问题可能发生在施工作业过程中，也可能发生在建筑实体的使用过程中。特别是在建筑实体的使用过程中，质量问题带来的危害是极其严重的。如果在外加灾害（如地震、火灾）发生的情况下，其危害后果是不堪设想的。质量问题也是建筑安全事故的主要类型之一。

（3）技术事故

技术事故主要是指由于工程技术原因而导致的安全事故，技术事故的结果通常是毁灭性的。技术是安全的保证，曾被确信无疑的技术可能会在突然之间出现问题，起初微不足道的瑕疵可能导致灾难性的后果．很多时候正是由于一些不经意的技术失误才导致了严重的事故。在工程技术领域，人类历史上曾发生过多次技术灾难，包括人类和平利用核能过程中的俄罗斯切尔诺贝利核事故、美国宇航史上最严重的一次事故——"挑战者"号爆炸事故等。在工程建设领域，这方面惨痛失败的教训同样也是深刻的，如 1981 年 7 月 17 日美国密苏里州发生的海厄特摄政通道垮塌事故。技术事故的发生，可能发生在施工生产阶段，也可能发生在使用阶段。

（4）环境事故

环境事故主要是指建筑实体在施工或使用的过程中。由于使用环境或周边环境原因而导致的安全事故。使用环境原因主要是对建筑实体的使用不当。比如荷载超标、静荷载设计而动荷载使用以及使用高污染建筑材料或放射性材料等。对于使用高污染建筑材料或放射性材料的建筑物，一是给施工人员造成职业病危害，二是给使用者的身体带来伤害。周边环境原因主要是一些自然灾害方面的，比如山体滑坡等。在一些地质灾害频发的地区，应该特别注意环境事故的发生。环境事故的发生，我们往往归咎于自然灾害，其实是缺乏对环境事故的预判和防治能力。

2. 按生产的方式不同对事故分类

根据《企业职工伤亡事故分类标准》GB 6441—1986 规定，职业伤害事故分为 20 类，其中与建筑有关的有 12 类，分别是物体打击、车辆伤害、机械伤害、起重伤害、触电、灼烫、火灾、高处坠落、坍塌、火药爆炸、中毒和窒息、其他伤害（如扭伤、跌伤、冻伤、野兽咬伤等）。其中高处坠落、物体打击、机械伤害、触电、坍塌、中毒、火灾 7 类事故，为建筑业最常发生的事故，近几年来已占到事故总数的 80%～90%，应重点加以防范。

3. 按照事故发生后果程度分类

《安全生产法》规定，生产安全一般事故、较大事故、重大事故、特别重大事故的划分标准由国务院规定。

2007 年 4 月国务院颁布的《生产安全事故报告和调查处理条例》规定，根据生产安全事故（以下简称事故）造成的人员伤亡或者直接经济损失，事故一般分为以下等级：

（1）特别重大事故，是指造成 30 人以上死亡，或者 100 人以上重伤（包括急性工业中毒，下同），或者 1 亿元以上直接经济损失的事故；

（2）重大事故，是指造成 10 人以上 30 人以下死亡，或者 50 人以上 100 人以下重伤，或者 5000 万元以上 1 亿元以下直接经济损失的事故；

（3）较大事故，是指造成 3 人以上 10 人以下死亡，或者 10 人以上 50 人以下重伤，或者 1000 万元以上 5000 万元以下直接经济损失的事故；

（4）一般事故，是指造成 3 人以下死亡，或者 10 人以下重伤，或者 1000 万元以下直接经济损失的事故。所称的"以上"包括本数，所称的"以下"不包括本数。

4. 事故等级划分的要素

事故等级的划分包括了人身、经济和社会 3 个要素，可以单独适用。

（1）人身要素

人身要素就是人员伤亡的数量。施工生产安全事故危害的最严重后果，就是造成人员的死亡和重伤。因此，人员伤亡数量被列为事故分级的第一要素。

（2）经济要素

经济要素就是直接经济损失的数额。施工生产安全事故不仅会造成人员伤亡，往往还会造成直接经济损失。因此，要保护国家、单位和人民群众的财产权，还应根据造成直接经济损失的多少来划分事故等级。

（3）社会要素

社会要素就是社会影响。在实践中，有些生产安全事故的伤亡人数、直接经济损失数额虽然达不到法定标准，但是造成了恶劣的社会影响、政治影响和国际影响，也应当列为特殊事故进行调查处理。例如，事故严重影响周边单位和居民正常的生产生活，社会反应强烈；造成较大的国际影响；对公众健康构成潜在威胁等。对此《生产安全事故报告和调查处理条例》规定，没有造成人员伤亡，但是社会影响恶劣的事故，国务院或者有关地方人民政府认为需要调查处理的，依照本条例的有关规定执行。

《生产安全事故报告和调查处理条例》规定，国务院安全生产监督管理部门可以会同国务院有关部门，制定事故等级划分的补充性规定。

由于不同行业和领域的事故各有特点，发生事故的原因和损失情况也差异较大，很难用同一标准来划分不同行业或者领域的事故等级，因此授权国务院安全生产监督管理部门可以会同国务院有关部门，针对某些特殊行业或者领域的实际情况来制定事故等级划分的补充性规定，是十分必要的。

5.3.3 安全事故报告及采取相应措施的规定

《建筑法》规定，施工中发生事故时，建筑施工企业应当采取紧急措施减少人员伤亡和事故损失，并按照国家有关规定及时向有关部门报告。

《建设工程安全生产管理条例》进一步规定，施工单位发生生产安全事故，应当按照国家有关伤亡事故报告和调查处理的规定，及时、如实地向负责安全生产监督管理的部门、建设行政主管部门或者其他有关部门报告；特种设备发生事故的，还应当同时向特种设备安全监督管理部门报告。实行施工总承包的建设工程，由总承包单位负责上报事故。

（1）施工生产安全事故报告的基本要求

《安全生产法》规定，生产经营单位发生生产安全事故后，事故现场有关人员应当立即报告本单位负责人。单位负责人接到事故报告后，应当迅速采取有效措施，组织抢救，防止事故扩大，减少人员伤亡和财产损失，并按照国家有关规定立即如实报告当地负有安全生产监督管理职责的部门，不得隐瞒不报、谎报或者迟报，不得故意破坏事故现场、毁灭有关证据。

1）事故报告的时间要求

《生产安全事故报告和调查处理条例》规定，事故发生后，事故现场有关人员应当立即向本单位负责人报告；单位负责人接到报告后，应当于1h内向事故发生地县级以上人民政府安全生产监督管理部门和负有安全生产监督管理职责的有关部门报告。情况紧急时，事故现场有关人员可以直接向事故发生地县级以上人民政府安全生产监督管理部门和负有安全生产监督管理职责的有关部门报告。

所谓事故现场，是指事故具体发生地点及事故能够影响和波及的区域，以及该区域内的物品、痕迹等所处的状态。所谓有关人员，主要是指事故发生单位在事故现场的有关工作人员，可以是事故的负伤者，或者是在事故现场的其他工作人员。所谓立即报告，是指在事故发生后的第一时间用最快捷的报告方式进行报告。所谓单位负责人，可以是事故发生单位的主要负责人，也可以是事故发生单位主要负责人以外的其他分管安全生产工作的副职领导或其他负责人。

在一般情况下，事故现场有关人员应当先向本单位负责人报告事故。但是，事故是人命关天的大事，在情况紧急时允许事故现场有关人员直接向安全生产监督管理部门和负有安全生产监督管理职责的有关部门报告。事故报告应当及时、准确、完整。任何单位和个人对事故不得迟报、漏报、谎报或者瞒报。

2）事故报告的内容要求

《生产安全事故报告和调查处理条例》规定，报告事故应当包括下列内容：

① 事故发生单位概况；

② 事故发生的时间、地点以及事故现场情况；

③ 事故的简要经过；

④ 事故已经造成或者可能造成的伤亡人数（包括下落不明的人数）和初步估计的直接经济损失；

⑤ 已经采取的措施；

⑥ 其他应当报告的情况。

事故发生单位概况，应当包括单位的全称、所处地理位置、所有制形式和隶属关系、生产经营范围和规模、持有各类证照情况、单位负责人基本情况以及近期生产经营状况等。该部分内容应以全面、简洁为原则。

报告事故发生的时间应当具体；报告事故发生的地点要准确，除事故发生的中心地点外，还应当报告事故所波及的区域；报告事故现场的情况应当全面，包括现场的总体情况、人员伤亡情况和设备设施的毁损情况，以及事故发生前后的现场情况，便于比较分析事故原因。

对于人员伤亡情况的报告，应当遵守实事求是的原则，不作无根据的猜测，更不能隐瞒实际伤亡人数。对直接经济损失的初步估算，主要指事故所导致的建筑物毁损、生产设备设施和仪器仪表损坏等。

已经采取的措施，主要是指事故现场有关人员、事故单位负责人以及已经接到事故报告的安全生产管理部门等，为减少损失、防止事故扩大和便于事故调查所采取的应急救援和现场保护等具体措施。

其他应当报告的情况，则应根据实际情况而定。如较大以上事故，还应当报告事故所造成的社会影响、政府有关领导和部门现场指挥等有关情况。

3）事故补报的要求

《生产安全事故报告和调查处理条例》规定，事故报告后出现新情况的，应当及时补报。

自事故发生之日起 30 日内，事故造成的伤亡人数发生变化的，应当及时补报。道路交通事故、火灾事故自发生之日起 7 日内，事故造成的伤亡人数发生变化的，应当及时补报。

（2）发生施工生产安全事故后应采取的相应措施

《安全生产法》规定，生产经营单位发生生产安全事故时，单位的主要负责人应当立即组织抢救，并不得在事故调查处理期间擅离职守。

《建设工程安全生产管理条例》进一步规定，发生生产安全事故后，施工单位应当采取措施防止事故扩大，保护事故现场。需要移动现场物品时，应当做出标记和书面记录，妥善保管有关证物。

1）组织应急抢救工作

《生产安全事故报告和调查处理条例》规定，事故发生单位负责人接到事故报告后，应当立即启动事故相应应急预案，或者采取有效措施，组织抢救，防止事故扩大，减少人员伤亡和财产损失。

例如，对危险化学品泄漏等可能对周边群众和环境产生危害的事故，施工单位应当在向地方政府及有关部门报告的同时，及时向可能受到影响的单位、职工、群众发出预警信息，标明危险区域，组织、协助应急救援队伍救助受害人员，疏散、撤离、安置受到威胁的人员，并采取必要措施防止发生次生、衍生事故。

2）妥善保护事故现场

《生产安全事故报告和调查处理条例》规定，事故发生后，有关单位和人员应当妥善保护事故现场以及相关证据，任何单位和个人不得破坏事故现场、毁灭相关证据。因抢救人员、防止事故扩大以及疏通交通等原因，需要移动事故现场物件的，应当做出标志，绘制现场简图并做出书面记录，妥善保存现场重要痕迹、物证。

事故现场是追溯判断发生事故原因和事故责任人责任的客观物质基础。从事故发生到事故调查组赶赴现场，往往需要一段时间，而在这段时间里，许多外界因素，如对伤员救护、险情控制、周围群众围观等都会给事故现场造成不同程度的破坏，甚至还有故意破坏事故现场的情况。如果事故现场保护不好，一些与事故有关的证据难于找到，将直接影响到事故现场的勘查，不便于查明事故原因，从而影响事故调查处理的进度和质量。

保护事故现场，就是要根据事故现场的具体情况和周围环境，划定保护区范围，布置警戒，必要时将事故现场封锁起来，维持现场的原始状态，既不要减少任何痕迹、物品，也不能增加任何痕迹、物品。即使是保护现场的人员，也不要无故进入，更不能擅自进行勘查，或者随意触摸、移动事故现场的任何物品。任何单位和个人都不得破坏事故现场，毁灭相关证据。

确因特殊情况需要移动事故现场物件的，须同时满足以下条件：

① 抢救人员、防止事故扩大以及疏通交通的需要；

② 经事故单位负责人或者组织事故调查的安全生产监督管理部门和负有安全生产监督管理职责的有关部门同意；

③ 做出标志，绘制现场简图，拍摄现场照片，对被移动物件贴上标签，并做出书面记录；

④ 尽量使现场少受破坏。

5.3.4 施工生产安全事故的调查

1. 事故调查组的成立

《安全生产法》规定，事故调查处理应当按照科学严谨、依法依规、实事求是、注重实效的原则，及时、准确地查清事故原因，查明事故性质和责任，总结事故教训，提出整改措施，并对事故责任者提出处理意见。事故调查报告应当依法及时向社会公布。

（1）事故调查的管辖

《生产安全事故报告和调查处理条例》规定，特别重大事故由国务院或者国务院授权有关部门组织事故调查组进行调查。

重大事故、较大事故、一般事故分别由事故发生地省级人民政府、设区的市级人民政府、县级人民政府负责调查。省级人民政府、设区的市级人民政府、县级人民政府可以直接组织事故调查组进行调查，也可以授权或者委托有关部门组织事故调查组进行调查。未造成人员伤亡的一般事故，县级人民政府也可以委托事故发生单位组织事故调查组进行调查。上级人民政府认为必要时，可以调查由下级人民政府负责调查的事故。

自事故发生之日起 30 日内（道路交通事故、火灾事故自发生之日起 7 日内），因事故伤亡人数变化导致事故等级发生变化，依照《生产安全事故报告和调查处理条例》规定应当由上级人民政府负责调查的，上级人民政府可以另行组织事故调查组进行调查。

特别重大事故以下等级事故，事故发生地与事故发生单位不在同一个县级以上行政区域的，由事故发生地人民政府负责调查，事故发生单位所在地人民政府应当派人参加。

（2）事故调查组的组成与职责

事故调查组的组成应当遵循精简、效能的原则。根据事故的具体情况，事故调查组由有关人民政府、安全生产监督管理部门、负有安全生产监督管理职责的有关部门、监察机关、公安机关以及工会派人组成，并应当邀请人民检察院派人参加。事故调查组可以聘请有关专家参与调查。

事故调查组成员应当具有事故调查所需要的知识和专长，并与所调查的事故没有直接利害关系。事故调查组组长由负责事故调查的人民政府指定。事故调查组组长主持事故调查组的工作。

事故调查组履行下列职责：

1）查明事故发生的经过、原因、人员伤亡情况及直接经济损失；

2）认定事故的性质和事故责任；

3）提出对事故责任者的处理建议；

4）总结事故教训，提出防范和整改措施；

5）提交事故调查报告。

（3）事故调查组的权利与纪律

事故调查组有权向有关单位和个人了解与事故有关的情况，并要求其提供相关文件、资料，有关单位和个人不得拒绝。事故发生单位的负责人和有关人员在事故调查期间不得擅离职守，并应当随时接受事故调查组的询问，如实提供有关情况。事故调查中发现涉嫌犯罪的，事故调查组应当及时将有关材料或者其复印件移交司法机关处理。

事故调查中需要进行技术鉴定的，事故调查组应当委托具有国家规定资质的单位进行技术鉴定。必要时，事故调查组可以直接组织专家进行技术鉴定。技术鉴定所需时间不计入事故调查期限。

事故调查组成员在事故调查工作中应当诚信公正、恪尽职守，遵守事故调查组的纪律，保守事故调查的秘密。未经事故调查组组长允许，事故调查组成员不得擅自发布有关事故的信息。

2. 事故原因分析

建筑工程事故的发生，往往是由多种因素构成的，其中最基本的因素有：管理、人、物、自然环境和社会条件。管理的因素是指管理体系不到位，有章不循；人的因素指的是人与人之间存在的差异，这是工程质量优劣最基本的因素；物的因素对工程质量的影响更加复杂、繁多；质量事故的发生也总与某种自然环境、施工条件、各级管理结构状况以及各种社会因素紧密相关。由于工程建设往往涉及施工、建设、使用、监督、监理、管理等许多单位或部门，因此在分析建筑工程质量事故时，必须对以上因素以及它们之间的关系进行具体的分析和探讨，以便采取相应的措施进行处理。

（1）建筑材料方面的因素

建筑材料是构成建筑结构的物质基础，建筑材料的质量好坏，决定着建筑物的质量。但在实践中由于使用不合格的建筑材料造成结构实体质量、安全隐患和使用功能的问题以及质量事故的比比皆是。

（2）施工方面的因素

工程质量与施工安全密不可分，相辅相成，质量隐患往往导致安全事故，而不安全因素又可能为质量事故埋下隐患。虽然相关的法律法规对施工企业对工程的施工质量责任问题做出相应规定，但在实践中由于施工单位在施工过程不按程序操作，导致工程质量事故频发。施工方面的问题主要表现为以下几个方面：

1）建设前期的工作问题。建设前期的某些工作是极其重要的工作，如果不认真按有关规定去做，很可能就决定了建筑工程质量的先天性不足，如项目可行性研究、建设地点的选择等。如果这些前期工作做得不好，很容易造成工程质量事故，有时损失是十分严重的。

2）违反设计程序。从事建设工程勘察设计活动应当坚持先勘察、后设计、再施工原则。但大量的质量事故调查证明，不少工程图纸有的无设计人、无审核人、无批准人，这类图纸交付施工后，因设计考虑不周造成的质量事故屡见不鲜。

3）违反施工要求。不按施工规范标准施工，隐蔽工程流于形式与图纸不符，造成结构性隐患。

（3）工程技术人员方面的因素

建筑产品的优劣，除了建筑材料全部合格外，最根本是人员的素质问题。提高施工一线技能工人的职业技能和基本素质是提高施工企业整体素质、保证施工质量、增强企业竞争力的关键。但在建筑施工领域，农民工已经名副其实地成为工程建设的"主力军"，而这支主力军的素质却令人担忧。农民工的文化程度较低，且大部分没有经过任何培训。

因此，由于缺乏质量意识和基本的操作技能造成质量安全事故的也比较多。另外施工技术人员数量不足也是我国建筑施工企业普遍存在的问题，这些都可能造成技术工作出现漏洞。

建筑管理人才缺乏也是不可忽略的因素。人才相对不足，尤其是高级管理人才和重要行业管理人才严重匮乏，人才结构失调，人才布局不合理、优秀管理人才流失势头不减、管理人才制度、体制和运行机制上存在严重缺陷等问题在一定程度上制约了建筑业的深层次发展。

3. 安全事故主要因素

建筑工程安全事故主要因素是人的不安全因素、物的不安全状态、作业环境的不安全因素和管理缺陷。

（1）人的因素控制：人是生产活动的主体，也是工程项目建设的决策者、管理者、操作者，工程建设施工全过程都是通过人来完成的，人的素质，即人的文化水平、技术水平、决策能力、管理能力、组织能力、作业能力、控制能力、身体素质及职业道德等，都将直接或间接地对施工安全生产产生影响。

人员素质是影响工程施工安全的一个重要因素，建筑行业实行企业资质管理、安全生产许可证管理和各类专业从业人员持证上岗制度是施工安全生产保证人员素质的重要管理措施。

(2) 物的不安全状态控制：物的控制包括施工机械、设备、安全材料、安全防护用品等安全物资的控制。施工机具、设备是施工生产的手段，对建设工程安全有重要影响，工程施工机具、设备及其产品的质量优劣，直接影响工程施工安全。施工机具设备的类型是否符合工程施工特点，性能是否先进稳定，操作是否方便安全等，都将会影响工程施工安全。

安全材料、防护机具等安全物资的质量是施工安全生产的基础，是工程建设的物资条件，安全生产设计的安全状况，很大程度上取决于所使用的安全物资。为了防止假冒、伪劣或存在质量缺陷的安全物资从不同渠道流入施工现场，造成安全隐患或安全事故，施工单位应对安全物资供应单位进行评价和选择。

(3) 环境因素控制：环境的控制指对工程施工安全起重要作用的环境因素控制。这些因素包括：工程技术环境，如工程地质、水文、气象等；工程作业环境，如施工环境作业面大小、防护设施、通风照明和通信条件等；工程管理环境，指工程实施的合同结构与管理关系，组织体制及管理制度等；工程周边环境，如工程毗邻的地下管线、建（构）筑物等。环境条件往往对工程施工安全产生特点的影响，加强环境管理和控制，改进作业条件，把握好安全技术，辅以必要的措施，是控制环境对施工安全影响的重要保证。

(4) 管理控制：各参建方责任主体应建立健全安全生产管理制度并严格执行。安全生产规章制度包括安全生产责任制度、安全教育培训制度、安全检查制度、安全技术管理制度等，如：安全技术管理制度中，安全施工专项方案编制是否合理，施工工艺是否先进、施工操作是否正确，是否按照程序组织专家论证，都将对工程施工安全产生重大影响。

4. 事故调查报告的期限与内容

事故调查组应当自事故发生之日起 60 日内提交事故调查报告；特殊情况下，经负责事故调查的人民政府批准，提交事故调查报告的期限可以适当延长，但延长的期限最长不超过 60 日。

事故调查报告应当包括下列内容：

1) 事故发生单位概况；

2) 事故发生经过和事故救援情况；

3) 事故造成的人员伤亡和直接经济损失；

4) 事故发生的原因和事故性质；

5) 事故责任的认定以及对事故责任者的处理建议；

6) 事故防范和整改措施。事故调查报告应当附具有关证据材料。事故调查组成员应当在事故调查报告上签名。

5.3.5 工程安全事故处理

1. 事故处理的原则（"四不放过"原则）

国家对发生事故后的"四不放过"处理原则，其具体内容如下。

（1）事故原因未查清，不放过。

要求在调查处理伤亡事故时，首先要把事故原因分析清楚，找出导致事故发生的真正原因，未找到真正原因决不轻易放过。并搞清各因素之间的因果关系才算达到事故原因分析的目的，避免今后类似事故的发生。

（2）事故责任人未受到处理，不放过。

这是安全事故责任追究制的具体体现，对事故责任者要严格按照安全事故责任追究的法律法规的规定进行严肃处理；不仅要追究事故直接责任人的责任，同时要追究有关负责人的领导责任。当然，处理事故责任者必须谨慎，避免事故责任追究的扩大化。

（3）事故责任人和周围群众没有受到教育，不放过。

使事故责任者和广大群众了解事故发生的原因及所造成的危害，并深刻认识到搞好安全生产的重要性，从事故中吸取教训，提高安全意识，改进安全管理工作。

（4）事故没有制定切实可行的整改措施，不放过。

必须针对事故发生的原因，提出防止相同或类似事故发生的切实可行的预防措施，并督促事故发生单位加以实施。只有这样，才算达到了事故调查和处理的最终目的。

2. 事故处理时限和落实批复

《生产安全事故报告和调查处理条例》规定，重大事故、较大事故、一般事故，负责事故调查的人民政府应当自收到事故调查报告之日起 15 日内做出批复；特别重大事故，30 日内做出批复，特殊情况下，批复时间可以适当延长，但延长的时间最长不超过 30 日。

有关机关应当按照人民政府的批复，依照法律、行政法规规定的权限和程序，对事故发生单位和有关人员进行行政处罚，对负有事故责任的国家工作人员进行处分。事故发生单位应当按照负责事故调查的人民政府的批复，对本单位负有事故责任的人员进行处理。

住房和城乡建设主管部门应当依据有关人民政府对事故调查报告的批复和有关法律法规的规定，对事故相关责任者实施行政处罚。处罚权限不属本级住房和城乡建设主管部门的，应当在收到事故调查报告批复后 15 个工作日内，将事故调查报告（附具有关证据材料）、结案批复、本级住房和城乡建设主管部门对有关责任者的处理建议等转送有权限的住房和城乡建设主管部门。住房和城乡建设主管部门应当依据有关法律法规的规定，对事故负有责任的建设、勘察、设计、施工、监理等单位和施工图审查、质量检测等有关单位分别给予罚款、停业整顿、降低资质等级、吊销资质证书其中一项或多项处罚，对事故负有责任的注册执业人员分别给予罚款、停止执业、吊销执业资格证书、终身不予注册其中一项或多项处罚。

负有事故责任的人员涉嫌犯罪的，依法追究刑事责任。

3. 事故发生单位的防范和整改措施

事故发生单位应当认真吸取事故教训，落实防范和整改措施，防止事故再次发生。防范和整改措施的落实情况应当接受工会和职工的监督。

安全生产监督管理部门和负有安全生产监督管理职责的有关部门应当对事故发生单位落实防范和整改措施的情况进行监督检查。

4. 处理结果的公布

事故处理的情况由负责事故调查的人民政府或者其授权的有关部门、机构向社会公布，依法应当保密的除外。

142

5.4 安全事故案例

5.4.1 河南安阳烟囱井架重大倒塌事故

1. 事故经过

2004年5月12日，安阳开发区某集团二期C烟囱工地发生一起上料外井架倾翻的特大事故，死21人，伤9人。据初步调查，河南省某建筑工程公司于2003年10月承接了烟囱工程，该烟囱高60m，工程项目经理马某。2004年4月该公司将烟囱滑模工程分包给北京滑模分公司，项目负责人刘某。4月9日至12日搭建了外井架，该外井架高68m，从顶端至下每20m左右拉4根缆风绳，共拉16根缆风绳。4月14日开始上料滑模，5月2日施工完毕。5月10日为安装烟囱爬梯拆掉了北侧的2根缆风绳。5月12日进行外井架拆卸工作，工程分包方负责人刘某、带班工长邓某等人均在施工现场。参与拆卸的施工人员42人，其中地面8人，顶部6人，其余28人按2.5m间距分布在井架内南侧。档拆除完顶部红旗、吊轮、拔杆后，外井架突然发生倾翻，致使在外井架上施工的工人有的坠落、有的受到变形井架的搅挤，导致21名工人遇难，9名人员受伤。

2. 事故原因

施工总承包单位安全生产管理制度不健全、不落实，未能履行安全管理职责，对外包单位资质及从业人员的资格未进行审查，现场安全监督管理薄弱，没有配备专职安全员。

监理单位未对施工方案进行审核，未组织实施有效的监理，现场监理未尽到监理职责。

分包方不具备滑模工程施工资质。

分包方工人不具备高空作业资格，违章作业。

3. 处理结果

河南省对安阳市某工程二期工程"5·12"特大施工伤亡事故处理的情况：

(1) 河南省某建筑工程公司未履行职责，未对滑模作业队的资质、从业人员资格进行审查，现场没有配备专职安全员，安全生产责任制不落实，对工程安全管理失控，从而导致事故的发生。对河南省某建筑工程公司给予降低资质等级的处罚，将房屋建筑工程施工总承包资质等级由一级降为二级。

(2) 程某，工程项目总监，未对烟囱物料提升架安装拆卸施工方案进行审核，未组织实施有效的监理，对这起事故负主要责任，给予吊销监理工程师注册证书，终身不予注册的处罚。

(3) 刘某，烟囱项目滑模作业队负责人，在不具备滑模工程施工资质的情况下承建烟囱工程，自行购买材料加工物料提升架，未按施工方案规定拆卸。作业时，明知物料提升架固定在烟囱上的两处揽风绳被拆除，仍违章指挥，且使用不具备高空作业资格的农民工作业，对这起事故负直接领导责任，由司法机关依法追究其刑事责任。

(4) 邓某，烟囱物料提升架拆卸施工现场负责人，明知烟囱物料提升架的两道揽风绳已被拆除，仍违规作业，安排不具备高空作业资格的民工冒险上架拆卸，对这起事故负直接责任，由司法机关依法追究其刑事责任。

(5) 马某，河南省某建筑工程公司安阳工程项目部经理，违反国家规定，在没有查处刘某滑模施工资质的情况下，将烟囱项目承包给刘某的滑模施工队，作为项目经理，不履行职责，对这起事故负主要责任，由司法机关依法追究其刑事责任。

（6）郭某，河南省某建筑工程公司工程项目部副经理，违反国家规定，未对所承建工程项目的生产、质量及安全负责，对这起事故负主要责任，由司法机关依法追究其刑事责任。

（7）董某，河南省某建筑工程公司项目部烟囱工程施工员，违反国家规定，未对工程项目的施工尽到安全监督管理职责，对这起事故负主要责任，由司法机关依法追究其刑事责任。

（8）程某，工程项目总监，未对烟囱物料提升架安装拆卸施工方案进行审核，未组织实施有效的监理，对这起事故负主要责任，由司法机关依法追究其刑事责任。

（9）孙某，工程项目的现场监理，未尽到监理职责，没有及时发现烟囱物料提升架存在严重安全隐患，对这起事故负主要责任，由司法机关依法追究其刑事责任。

（10）张某，滑模作业队招募民工负责人，盲目招募缺乏安全意识，不具备高空作业资格的农民工到工地冒险作业，对这起事故负主要责任，由司法机关依法追究其刑事责任。

（11）周某，河南省某建筑工程公司第一项目承包公司经理，按有关规定，对所属工程项目负全面管理责任，但其对信益二期工程未履行安全生产管理职责，对这起事故负有直接领导责任，给予行政开除留用察看处分。

（12）冯某，河南省某建筑工程公司安全处处长，负责本单位安全生产管理工作，对二期工程安全生产工作监督检查不力，对这起事故负有主要领导责任，给予行政撤职处分。

（13）岳某，河南省某建筑工程公司副总经理，分管生产、安全工作，对分管部门落实安全生产责任制监督管理不严，对这起事故负有重要领导责任，给予行政降级处分。

（14）路某，河南省某建筑工程公司总经理，公司安全生产第一责任人，没有认真履行安全生产领导责任制，对安全生产管理不严，对这起事故负有重要领导责任，给予行政撤职处分和党内严重警告处分。

（15）蔡某，某集团工程工作人员，对负责的工程在质量、安全方面的监督管理弱化，未尽职尽责，对这起事故负重要责任，给予行政降级处分。

（16）王某，某集团工程处副处长、分管质量、安全工作，对现场安全生产工作监督管理不力，对这起事故负有重要领导责任，给予行政记大过处分。

（17）叶某，某集团工程处处长，对现场安全生产工作监督管理不力，对这起事故负有重要领导责任，给予行政记大过处分。

（18）马某，某集团党委副书记、纪委书记、副董事长、信益二期工程指挥部指挥长，对现场质量、安全管理监督不力，对这起事故负有主要领导责任，给予行政记大过处分和党内严重警告处分。

（19）郭某，技术开发区规划建设局施工管理处负责人，对工程放弃安全监督职责，对这起事故负有直接领导责任，给予行政记大过处分。

（20）侯某，新技术开发区管委会副主任、党委委员，分管建设工作，对工程安全生产工作监督管理不力，对这起事故负有重要领导责任，给予行政记过处分。

5.4.2　上海市静安区胶州路公寓大楼"11·15"特别重大火灾事故

1. 事故基本情况

上海市静安区胶州路728号公寓大楼所在的胶州路教师公寓小区于2010年9月24日开始实施节能综合改造项目施工，建设单位为上海市静安区建设和交通委员会，总承包单位为上海市静安区建设总公司，设计单位为上海静安置业设计有限公司，监理单位为上海市静安建设工程监理有限公司。施工内容主要包括外立面搭设脚手架、外墙喷涂聚氨酯硬泡体保温材料、更换外窗等。

上海市静安区建设总公司承接该工程后，将工程转包给其子公司上海佳艺建筑装饰工程公司（以下简称佳艺公司），佳艺公司又将工程拆分成建筑保温、窗户改建、脚手架搭建、拆除窗户、外墙整修和门厅粉刷、线管整理等，分包给7家施工单位。其中上海亮迪化工科技有限公司出借资质给个体人员张利分包外墙保温工程，上海迪姆物业管理有限公司（以下简称迪姆公司）出借资质给个体人员支上邦和沈建丰合伙分包脚手架搭建工程。支上邦和沈建丰合伙借用迪姆公司资质承接脚手架搭建工程后，又进行了内部分工，其中支上邦负责胶州路728号公寓大楼的脚手架搭建，同时支上邦与沈建丰又将胶州路教师公寓小区三栋大楼脚手架搭建的电焊作业分包给个体人员沈建新。

2010年11月15日14时14分，电焊工吴国略和工人王永亮在加固胶州路728号公寓大楼10层脚手架的悬挑支架过程中，违规进行电焊作业引发火灾，造成58人死亡、71人受伤，建筑物过火面积12000m²。

2. 事故原因

直接原因：在胶州路728号公寓大楼节能综合改造项目施工过程中，施工人员违规在10层电梯前室北窗外进行电焊作业，电焊溅落的金属熔融物引燃下方9层位置脚手架防护平台上堆积的聚氨酯保温材料碎块、碎屑引发火灾。

间接原因：一是建设单位、投标企业、招标代理机构相互串通、虚假招标和转包、违法分包。二是工程项目施工组织管理混乱。三是设计企业、监理机构工作失职。四是上海市、静安区两级建设主管部门对工程项目监督管理缺失。五是静安区公安消防机构对工程项目监督检查不到位。六是静安区政府对工程项目组织实施工作领导不力。

3. 对事故有关责任人员及单位依法依纪进行了严肃处理

根据国务院批复的意见，依照有关规定，对54名事故责任人作出严肃处理，其中26名责任人被移送司法机关依法追究刑事责任，28名责任人受到党纪、政纪处分（具体处理情况见附件）。同时，责成上海市人民政府和市长韩正分别向国务院作出深刻检查。由上海市安全生产监督管理局对事故相关单位按法律规定的上限给予经济处罚。

4. 深刻吸取事故教训，有效防范重特大火灾事故的发生

这起特别重大火灾事故给人民生命财产带来了巨大损失，后果严重，造成了很大的社会负面影响，教训十分深刻。为了防止类似事故再次发生，现提出以下要求：

（1）进一步加大工程建设领域突出问题专项治理力度。建设领域相关管理及监督部门要全面排查工程建设领域突出问题，所有改建、扩建的建设工程、城市基础设施的大修、中修、维护工程以及既有建筑的修缮工程，必须严格按照国家基本建设程序规定，根据项目的规模和性质，完善建设管理流程。工程建设应严格履行项目立项、设计、施工许可、

施工组织、竣工验收等程序，严禁越权审批和未批先建的行为。坚决查处工程建设领域违纪违法案件，深挖细查事故背后的腐败问题，采取有力措施，维护市场公平竞争。

（2）进一步严格落实建设工程施工现场消防安全责任制。建设工程建设、施工、监理等相关单位要切实增强消防安全主体责任意识，严格遵守国家有关施工现场消防安全管理的相关法律、法规、标准，建立健全并落实各项消防安全管理制度，特别要加强对动火作业的审批和监管，严把进场材料的质量关，进一步规范对进场材料的抽样复验程序，制定切实可行的初期火灾扑救及人员疏散预案，定期组织消防演练，保障施工现场消防安全。施工单位要在施工组织设计中编制消防安全技术措施和专项施工方案，并由专职安全管理人员进行现场监督，施工现场配备必要的消防设施和灭火器材，电焊、气焊、电工等特种作业人员必须持证上岗。

（3）进一步加强建设工程及施工现场的监督管理。各级建设主管部门要进一步加强对建设工程及施工现场的动态监管，督促工程建设各方严格按照有关规定及设计方案进行施工，严厉查处将工程肢解发包、非法转包、违法分包以及降低施工质量和安全要求的行为，要将消防安全列入施工现场安全监督检查的重要内容，督促企业做好防火工作。各级公安部门消防机构要进一步完善相关规章制度，将施工期间有人员居住、经营或办公的建筑改、扩建工程，特别是规模较大、易发生人员群死群伤的建筑工程，纳入重点消防监管的范围，加强监督检查，对于消防安全责任制不落实、不满足消防安全条件的要依法督促整改。

（4）进一步完善建筑节能保温系统防火技术标准及施工安全措施。各相关部门要进一步研究完善有关建筑节能保温系统防火技术标准，规定不同材料构成的节能保温系统的应用范围以及采用可燃材料构成的节能保温系统的防火构造措施，以从根本上解决建筑节能保温系统的防火安全问题。要认真落实节能保温系统改、扩建工程施工现场消防安全管理的要求，进行节能保温系统改、扩建工程时原建筑原则上应当停止使用，确实无法停止使用的，应采取分段搭建脚手架、严格控制保温材料在外墙上的暴露时间和范围等有效安全措施，并对现场动火作业各环节的消防安全要求作出具体规定。

（5）进一步深入开展消防安全宣传教育培训。各相关部门要重点从检查和消除火灾隐患、扑救初起火灾和组织疏散逃生等方面，继续加强对从业人员的消防安全教育培训，有针对性地组织开展应急预案的演练。要充分利用广播、电视、报纸、互联网等媒体，宣传普及安全用火、用电和逃生自救常识，不断提高社会公众的消防安全意识和技能。

（6）进一步加强消防装备建设。各地要进一步加大对消防装备建设的投入，按照《城市消防站建设标准》的要求，结合本地区实际，增置扑救高层建筑外部火灾的装备，增强城市高层建筑及超高层建筑的扑救和应急救援能力，以适应城市建筑发展趋势的需求。

5.4.3　南京电视台演播中心裙楼较大模板倒塌事故

1. 事故经过

2000年10月25日上午10时10分，某有限公司承建的某电视台演播中心裙楼工地发生一起重大安全事故。大演播厅舞台在浇筑顶部混凝土施工中，因模板支撑系统失稳，大演播厅舞台屋盖坍塌，造成正在现场施工的民工和电视台工作人员6人死亡，35人受伤（其中重伤11人），直接经济损失70.7815万元。

某电视台演播中心工程地下2层、地面18层，建筑面积34000m²，采用现浇框架剪力墙结构体系。工程开工日期为2000年4月1日，计划竣工日期为2001年7月31日。

演播中心工程大演播厅总高38m（其中地下8.70m，地上29.30m）。面积6242m²。7月份开始搭设模板支撑系统支架，支架钢管、扣件等总吨位约290t，钢管和扣件分别由甲方、市建工局材料供应处、某物资公司提供或租用。原计划9月底前完成屋面混凝土浇筑，预计10月25日下午4时完成混凝土浇筑。

在大演播厅舞台支撑系统支架搭设前，项目部按搭设顶部模板支撑系统的施工方法，完成了三个演播厅、门厅和观众厅的施工，但都没有施工方案。

2000年1月，编制了"上部结构施工组织设计"，并于1月30日经项目副经理成某和分公司副主任工程师批准实施。

7月22日开始搭设大演播厅舞台顶部模板支撑系统，由于工程需要和材料供应等方面的问题，支架搭设施工时断时续。搭设时没有施工方案，没有图纸，没有进行技术交底。搭设开始约15天后，分公司副总工将"模板工程施工方案"交给施工队负责人，施工队拿到方案后，成某作了汇报，成某答复还按以前的规格搭架子，到最后再加固。

模板支撑系统支架由某公司组织进场的朱某工程队进行搭设，事故发生时朱某工程队共17名民工，其中5人无特种作业人员操作证，地上25～29m，最上边一段由木工工长孙某负责指挥木工搭设。10月15日完成搭设，支架总面积约624m²，高度38m。搭设支架的全过程中，没有办理自检、互检、交接检、专职检的手续，搭设完毕后未按规定进行整体验收。

10月17日开始进行支撑系统模板安装，10月24日完成。23日木工工长孙某向项目部副经理成某反映水平杆加固没有到位，成某即安排架子工加固支架，25日浇筑混凝土时仍有6名架子工在加固支架。

10月25日6时55分开始浇筑混凝土，项目部资料质量员姜某8时多才补填混凝土浇捣令，并送监理公司总监韩某签字，韩某将日期签为24日。浇筑现场由项目部混凝土工长邢某负责指挥。南京某分公司负责为本工程供应混凝土，为B区屋面浇筑C40混凝土，坍落度16～18cm，用两台混凝土泵同时向上输送（输送高度约40m，泵管长度约60m×2）。浇筑时，现场有混凝土工工长1人，木工8人，架子工8人，钢筋工2人。混凝土工20人，自10月25日6时55分开始至10时10分，输送机械设备一直运行正常。到事故发生止，输送至屋面混凝土约139m³，重约342t，占原计划输送屋面混凝土总量的51%。

10时10分，当浇筑混凝土由北向南单向推进，浇至主次梁交叉点区域时，该区域的1m²理论钢管支撑杆数为6根，由于缺少水平连系杆，实际为3根立杆受力，又由于梁底模下木枋呈纵向布置在支架水平钢管上，使梁下中间立杆的受荷过大，个别立杆受荷最大达4t多，综合立杆底部无扫地杆、立杆存在初弯曲等因素，以及输送混凝土管有冲击和振动等影响，使节点区域的中间单立杆首先失稳并随之带动相邻立杆失稳，出现大厅内模板支架系统整体倒塌。屋顶模板上正在浇筑混凝土的工人纷纷随塌落的支架和模板坠落，部分工人被塌落的支架、楼板和混凝土浆掩埋。

2. 事故原因

（1）直接原因

1）支架搭设不合理，特别是水平连系杆严重不够，三维尺寸过大以及底部未设扫地杆，从而主次梁交叉区域单杆受荷过大，引起立杆局部失稳。

2）梁底模的木枋放置方向不妥，导致大梁的主要荷载传至梁底中央排立杆，且该排立杆的水平连系杆不够，承载力不足，因而加剧了局部失稳。

3）屋盖下模板支架与周围结构固定与连系不足，加大了顶部晃动。

（2）间接原因

1）施工组织管理混乱，安全管理失去有效控制，模板支架搭设无图纸，无专项施工技术交底，施工中无自检、互检等手续，搭设完成后没有组织验收；搭设开始时无施工方案，有施工方案后未按要求进行搭设，支架搭设严重脱离原设计方案要求、致使支架承载力和稳定性不足，空间强度和刚度不足等是造成这起事故的主要原因。

2）施工现场技术管理混乱，对大型或复杂重要的混凝土结构工程的模板施工未按程序进行，支架搭设开始后送交工地的施工方案中有关模板支架设计方案过于简单，缺乏必要的细部构造大样图和相关的详细说明，且无计算书；支架施工方案传递无记录，导致现场支架搭设时无规范可循，是造成这起事故的技术上的重要原因。

3）某监理公司驻工地总监理工程师无监理资质，工程监理组没有对支架搭设过程严格把关，在没有对模板支撑系统的施工方案审查认可的情况下即同意施工，没有监督对模板支撑系统的验收，就签发了浇捣令，工作严重失职，导致工人在存在重大事故隐患的模板支撑系统上进行混凝土浇筑施工，是造成这起事故的重要原因。

4）在上部浇筑屋盖混凝土情况下，民工在模板支撑下部进行支架加固是造成事故伤亡人员扩大的原因之一。

5）南京某公司及上海分公司领导安全生产意识淡薄，个别领导不深入基层，对各项规章制度执行情况监督管理不力，对重点部位的施工技术管理不严，有法有规不依。施工现场用工管理混乱，部分特种作业人员无证上岗作业，对民工未认真进行三级安全教育。

6）施工现场支架钢管和扣件在采购、租赁过程中质量管理把关不严，部分钢管和扣件不符合质量标准。

7）建筑管理部门对该建筑工程执法监督和检查指导不力，建设管理部门对监理公司的监督管理不到位。

3. 处理结果

（1）南京某公司项目部副经理成某具体负责大演播厅舞台工程，在未见到施工方案的情况下，决定按常规搭设顶部模板支架，在知道支架三维尺寸与施工方案不符时，不与工程技术人员商量，擅自决定继续按原尺寸施工，盲目自信，对事故的发生应负主要责任，建议司法机关追究其刑事责任。

（2）监理公司驻工地总监韩某，违反"南京市项目监理实施程序"第三条第二款中的规定没有对施工方案进行审查认可，没有监督对模板支撑系统的验收，对施工方的违规行为没有下达停工令，无监理工程师资格证书上岗，对事故的发生应负主要责任，建议司法机关追究其刑事责任。

（3）南京某公司电视台项目部项目施工员丁某，在未见到施工方案的情况下，违章指挥民工搭设支架，对事故的发生应负重要责任，建议司法机关追究其刑事责任。

（4）朱某违反国家关于特种作业人员必须持证上岗的规定，私招乱雇部分无上岗证的民工搭设支架，对事故的发生应负直接责任，建议司法机关追究其刑事责任。

（5）南京某公司经理兼项目部经理史某负责上海分公司和电视台演播中心工程的全面工作，对分公司和该工程项目的安全生产负总责，对工程的模板支撑系统重视不够，未组织有关工程技术人员对施工方案进行认真的审查，对施工现场用工混乱等管理不力，对这起事故的发生应负直接领导责任，建议给予史某行政撤职处分。

（6）某监理公司总经理违反建设部"监理工程师资格考试和注册试行办法"的规定，严重不负责任，委派没有监理工程师资格证书的韩某担任电视台演播中心工程项目总监理工程师；对驻工地监理组监管不力，工作严重失职，应负有监理方的领导责任。建议有关部门按行业管理的规定对某监理公司给予在南京地区停止承接任务一年的处罚和相应的经济处罚。

（7）南京某公司总工程师郎某负责三建公司的技术质量全面工作，并在公司领导内部分工负责电视台演播中心工程，深入工地解决具体的施工和技术问题不够，对大型或复杂重要的混凝土工程施工缺乏技术管理，监督管理不力，对事故的发生应负主要领导责任，建议给予郎某行政记大过处分。

（8）南京某公司安技处处长李某负责三建公司的安全生产具体工作，对施工现场安全监督检查不力，安全管理不到位，对事故的发生应负安全管理上的直接责任，建议给予李某行政记大过处分。

（9）南京某公司上海分公司副总工程师赵某负责上海分公司技术和质量工作，对模板支撑系统的施工方案的审查不严，缺少计算说明书；构造示意图和具体操作步骤，未按正常手续对施工方案进行交接，对事故的发生应负技术上的直接领导责任，建议给予赵某行政记过处分。

（10）项目经理部项目工程师茅某负责工程项目的具体技术工作，未按规定认真编制模板工程施工方案，施工方案中未对"施工组织设计"进行细化，未按规定组织模板支架的验收工作，对事故的发生应负技术上重要责任，建议给予茅某行政记过处分。

（11）南京某公司副总经理万某负责三建公司的施工生产和安全工作，深入基层不够，对现场施工混乱、违反施工程序缺乏管理，对事故的发生应负领导责任，建议给予万某行政记过处分。

（12）南京某公司总经理刘某负责某公司的全面工作，对某公司的安全生产负总责，对施工管理和技术管理力度不够，对事故的发生应负领导责任，建议给予刘某行政警告处分。

第6章　标准化信息管理

6.1　标准化信息管理的基本要求

6.1.1　范围

标准化信息管理，就是对标准文件及相关的信息资料进行有组织、及时系统的搜集、加工、储存、分析、传递和研究，并提供服务的一系列活动。管理的信息范围主要包括：

（1）国家和地方有关标准化法律、法规、规章和规范性文件；

（2）有关国家标准、行业标准、地方标准，以及国外、国际标准；

（3）企业生产、经营、管理等方面有效的各种标准文本；

（4）相关出版物，包括手册、指南、软件等；

（5）相关资料，包括标准化期刊、管理资料、统计资料。

6.1.2　主要任务

（1）建立广泛而稳定的信息收集渠道

首先要确定本企业所需要的标准化信息的范围和对象，然后再考虑建立收集渠道。目前，标准化信息的发布、出版、发行的部门和单位是明确、固定的，企业可根据标准发布公告，标准目录或出版信息，也可以依据标准化机构的网站信息，掌握标准化的动态信息。同时，标准化管理机构一般都在固定的刊物上公告标准的发布、修订、局部修订的有关信息，标准出版单位也会定期发布各种标准化信息。企业可与标准化管理部门、标准出版单位、标准化社团机构建立标准化信息收集关系。

（2）及时了解并收集有关的标准发布、实施、修订和废止信息

国家标准发布后，会在相关媒体上发布公告，并有半年以上的时间正式实施，对于重要的标准还会举办宣贯培训活动，这段时间企业要注意收集相关信息，及时评估所发布的标准与企业生产经营的关系，对于相关的标准要积极参加相关宣贯培训活动。修订的标准，一般要列入年度标准制修订计划，企业也可从计划中了解相关信息。标准局部修订、废止的信息，标准化管理机构会在相关期刊上刊登，企业要订阅相关的期刊。

（3）对于收集到的信息进行登记、整理、分类，及时传递给有关部门

对标准化信息进行登记、整理、分类、发放等工作要按照以下要求进行：

1）标准资料的登记

企业或项目部要建立资料簿，收集来的标准资料首先进行登记，登记时在资料簿上注明资料名称、日期、编号、来源、内容。标准资料显著位置标注已登记的信息。

2）标准资料整理

对登记后的标准资料要对照企业或项目部实施的标准资料目录进行整理，对于新发布的标准，及时纳入到相关目录当中，对于修订的标准，要在目录中替代原标准，局部修订的公告，要在修订的标准中注明，以确保标准信息及资料信息的完整、准确和有效。其他标准信息资料要按照资料的类别和用途分别整理。

3）标准信息资料要及时发放给有关部门

标准资料整理好后，信息管理人员要及时通知有关部门和人员。企业有相关规定的，要按照相关规定将标准资料发放给相关人员。

（4）实现标准化信息的计算机管理

借助计算机对标准信息资料进行采集、加工、存储、传递和查询，是企业标准化信息管理的进步，可以改进标准化信息的管理水平，方便使用，并能提高利用率。有条件的企业应尽快实现计算机管理。

6.1.3 标准化信息发布的主要网站和期刊

目前刊登工程建设标准信息和相关产品标准信息的网站和期刊主要有：

（1）国家工程建设标准化信息网（www. ccsn. gov. cn）

该网站的信息包括了标准公告、标准制修订年度计划、标准征求意见等等。

（2）《工程建设标准化》期刊

该期刊刊登了标准局部修订公告、标准公告、年度标准发布的汇总目录等等。

（3）国家标准化管理委员会网站（www. sac. gov. cn）

该网站主要是发布产品标准的信息。

此外，还有住房和城乡建设部网站、国务院有关部门的网站、各地住房和城乡建设主管部门网站等政府门户网站，以及中国计划出版社、中国建筑工业出版社、中国质检出版社等出版发行单位的网站。

6.2 标准文献分类

6.2.1 中国标准文献分类法（简称 CCS）

CCS 是由我国标准化管理部门根据我国标准化工作的实际需要，结合标准文献的特点编制的一部专门用于标准文献的分类法。CCS 的分类体系原则上由二级组成，即一级类目和二级类目。一级主类的设置，以专业划分为主，共设 24 个大类，分别用英文大写字母来表示。

24 个大类表示符号及其序列如下：

（1）A 综合；

（2）B 农业、林业；

（3）C 医药、卫生、劳动保护；

（4）D 矿业；

（5）E 石油；

（6）F 能源、核技术；

（7）G 化工；

（8）H 冶金；

（9）J 机械；

（10）K 电工；

（11）L 电子元器件与信息技术；

（12）M 通信、广播；

（13）N 仪器、仪表；

（14）P 工程建设；

（15）Q 建材；

（16）R 公路、水路运输；

（17）S 铁路；

（18）T 车辆；

（19）U 船舶；

（20）V 航空、航天；

（21）W 纺织；

（22）X 食品；

（23）Y 轻工、文化和生活用品；

（24）Z 环境保护。

二级类目采用双位数字表示。每一个一级主类包含有由 00～99 共一百个二级类目。二级类目之间的逻辑划分，用分面标识加以区分。分面标识所概括的二级类目不限于 10 个，这样既限定了二级类目的专业范围，又弥补了由于采用双位数字的编列方法而使类目等级概念不胜枚举的缺点。

分面标识是用来说明一组二级类目的专业范围，不作分类标识，其形式如下：

一级类目标识符号：W 纺织（一级类目名称）

分面标识：W10/19 棉纺织（分面标识名称）

分面标识所属内容：

10　棉纺织综合

11　棉半成品

12　面纱、线

13　棉布

二级类目设置采用非严格的等级制，以便充分利用类号和保持各类文献量的相对平衡。

B 类目的标记符号采用拉丁字母与阿拉伯数字相结合的方式，拉丁字母表示一个大类（专业），用两个数字表示类目。例如：

B　　农业、林业

B00/99　　农业、林业综合

B00　　标准化、质量管理

B01　　技术管理

B02   经济管理

B30/39   经济作物

B30   经济作物综合

6.2.2　国际标准分类法（简称 ICS）

ICS 是由国际标准化组织（ISO/IEC）编制的标准文献分类法，它主要用于国际标准、区域标准和国家标准以及相关标准化文献分类、编目、订购与建库，促进标准以及其他文献在世界范围内传播。

ICS 是一部数字等级制分类法，根据标准化活动与标准文献的特点，类目的设置以专业划分为主，适当结合科学分类。为谋求科学、简便、灵活、适用，分类体系原则上由三级组成。一级类按标准化所涉及的专业领域划分，设 41 个大类。大类采取从总到分、从一般到具体的逻辑序列。

对于类无专属而又具有广泛指导意义的标准文献，如综合性基础标准、名词术语、量与单位、图形符号、通用技术等，设"综合、术语、标准化、文献"大类，列于首位，以解决共性集中的问题。对各类中有关环境保护、卫生、安全方面的标准文献、采取了相对集中列类的方法，设"13 环境保护与卫生、安全"大类。

各级类目的设置和划分以标准文献数量为基础，力求使各类目容纳的标准数量相互间保持相对平衡，并留有适当的发展余地。标准文献量大、涉及面广的类目，采取划分为若干个专业类的办法，如轻工业，按需要划分为"59 纺织与制革技术"、"61 服装工业"、"67 食品技术"、"85 造纸技术"等大类。

按照上述划分原则，将 41 个大类（一级类）再分为 351 个二级类。在 351 个二级类中，有 127 个被进一步细分成三级类。

ICS 各级类目均采用纯阿拉伯数字作为标识符号，即每一大类以两位数字表示；二级类以三位数字表示；三级类以两位数字表示。为了醒目与易读，各级类号之间用一个小圆点隔开。例如：

43   道路车辆工程

43.040   道路车辆系统

43.040.20   照明与信号设备

（一、二、三级）   （一、二、三级）

类目标识符号（类号）   类目名称（类名）

使用 ICS 分类法进行分类标引时，一个标准可以标注一个 ICS 分类号，也有的标准可以注一个、两个或更多的 ICS 类号，就是说，一个标准可以同时分两个或更多的二级类或三级类。例如《聚丙烯管与配件；密度；测定与规范》ISO 3477—1981 可分两个二级类：

23.020.20   塑料管

23.020.45   塑料配件

6.2.3　工程建设标准分类

党的十一届三中全会以后，我国开展了大规模经济建设，每年基本建设投资达数百亿元以上，但是工程建设标准化工作没有跟上实际工作的需要，为此，原国家计委标准定额局于1983年决定编制全国工程建设标准体系表，并于1984年提出了《全国工程建设体系表》。在编制体系表时，如何对工程建设进行分类，是一个十分重要而复杂的问题。工程建设标准化工作中常用的集中分类方法只是针对某一已存在的工程建设标准，根据其使用对象、作用、性质等进行的分类，对于尚不存在的标准，尤其是需要分析将来可能出现的标准时，那些分类方法则显得过于宏观。因此，对于体系表需要有其独特的分类方法。1984全国工程建设标准体系表的分类方法可资参考。

在编制1984全国工程建设标准体系表初期，就体系表的分类方法主要由两大争论意见，一是国务院有关部门希望全国工程建设标准体系表，分别不同行业，将每个行业所需的工程建设标准，独立地作为一个分体系表，列入全国体系表中，这种分类意见的优点在于全国工程建设标准体系表，可以直接用于指导各行业标准和国家标准的制定、修订和管理工作。缺点很突出表现在全国工程建设标准体系表只是各行业标准的总汇，必然造成标准内容的大量重复。二是打破管理界限，按专业进行分类，例如：房屋建筑专业，不论属于哪个行业的房屋建筑标准均列入一个分体系表中，按照每一项标准的作用、地位等确定其在分体系表中的位置，从而能够比较准确地界定出它的内容，同样，根据专业的内涵，也可以准确地预见出应当制定的标准名称，防止体系表漏项，保证体系表在结构合理、每项标准分工明确的前提下，做到内容完整。第二种分类意见是比较科学合理的，揭示了标准体系表分类的必然规律，对工程建设的行业标准体系表和工程建设的企业标准体系表的编制，无论在内容，还是在方法上，都具有普遍的指导意义。据此工程建设标准体系表共划分出24个专业类别，具体专业类别划分如下：

（1）规划类。包括城市建设规划，工业、交通、运输工程建设规划，江河流域建设规划，住宅小区建设规划等；

（2）工程勘察类。包括资源勘探、工程地质、水文地质、工程测量、物理勘探等；

（3）房屋建筑类。包括建筑设计、建筑热工、建筑采光照明、建筑声学和隔振、建筑装修、建筑防水及防护、固定家具及设备等；

（4）岩土工程类。包括岩土工程、土方及爆破工程、地基基础工程等；

（5）工程结构类。包括荷载及房屋结构、水土结构、工业构筑物结构、桥隧结构等；

（6）工程防灾类。包括工程抗震、工程防火、工程防暴、工程防洪等；

（7）工程鉴定与加固类。包括古建筑的鉴定与加固、民用建筑的鉴定与加固、工业建筑的鉴定与加固等；

（8）工程安全类。包括建筑施工安全、工程施工安全、建筑电气安全等；

（9）卫生与环境保护类。它是指结合专业对卫生和环境保护所做的规定，属于大空间、大范围控制的卫生与环境保护标准，不属于工程建设的范畴。一般包括工程防护、"三废治理"、工程防噪、防尘等；

（10）给水排水类。包括给水水源和取水、水的处理，给水输配和废水汇集，水厂和污水处理、建筑给水、市政给水、建筑排水、工程给排水、废水再用等；

（11）供热与供气类。包括采暖、通风、空气调节，煤气、热力、制冷工程等；

（12）广播、电视、通信类。包括广播电视的播控、传送和发送、天线、收信监测、有线广播电视系统等；长途通信、市内通信、邮政和无线通信等；

（13）自动化控制工程类。包括自动化仪表、自动化系统、自动控制设备等；

（14）总图储运类。包括总图设计、工业运输、索道运输、仓储工程等；

（15）运输工程类。包括铁道工程、道路工程、水运工程、机场工程、地铁工程等；

（16）水利工程类。包括水利灌溉工程、防洪工程、水电工程、堤坝工程等；

（17）电气工程类。包括火力发电、水力发电、风力发电、核力发电等的电力系统、送电、变配电、电力设施等；

（18）矿业工程类。包括煤炭矿山、冶金矿山、非金属矿山等的建设；

（19）工业炉窑类。包括冶金、建筑材料等的炉窑建设；

（20）工业管道类。包括各类工业管道、长距离输送管道等；

（21）工业设备类。包括各类工业设备，如冶金轧钢设备的安装等；

（22）工业工艺类。包括各类工艺的生产工艺、工艺系统等；

（23）工程焊接类。包括工程结构焊接、管道焊接、设备焊接等；

（24）其他类。包括上述二十三类之外的全部类别。

目前，住房和城乡建设部组织按专业工程领域编制标准体系，与建筑、市政工程相关的是城乡规划、房屋建筑和城镇建设等三个部分的标准体系，每个领域内按专业再进行分类，见表 6-1。

标准体系分类 表 6-1

专业号	专业名称	专业号	专业名称
[1] 1	城乡规划	[2] 9	城市与工程防灾
[2] 1	城乡工程勘察测量	[3] 1	建筑设计
[2] 2	城镇公共交通	[3] 2	建筑地基基础
[2] 3	城镇道路桥梁	[3] 3	建筑结构
[2] 4	城镇给水排水	[3] 4	建筑施工质量与安全
[2] 5	城镇燃气	[3] 5	建筑维护加固与房地产
[2] 6	城镇供热	[3] 6	建筑室内环境
[2] 7	城镇市容环境卫生	[4] 1	信息技术应用
[2] 8	风景园林		

注：1. 专业编号中，[1] 为城乡规划部分，[2] 为城镇建设部分，[3] 为房屋建筑部分；[4] 为信息技术应用，为 [1]、[2]、[3] 内容部分共有。

  2. 村镇建设的内容包含在各有关专业中。

  3. 建筑材料应用、产品检测的内容包含在"建筑施工质量与安全"专业中。

参 考 文 献

[1] 杨瑾峰. 工程建设标准化实用知识问答（第二版）[M]. 北京：中国计划出版社，2004.

[2] 住房和城乡建设部标准定额司，住房和城乡建设部标准定额研究所. 2008 中国工程建设标准化发展研究报告 [R]. 北京：中国建筑工业出版社，2009.

[3] 住房和城乡建设部标准定额司，住房和城乡建设部标准定额研究所. 2009 中国工程建设标准化发展研究报告 [R]. 北京：中国建筑工业出版社，2010.

[4] 住房和城乡建设部标准定额司，住房和城乡建设部标准定额研究所. 2010 中国工程建设标准化发展研究报告 [R]. 北京：中国建筑工业出版社，2011.

[5] 住房和城乡建设部标准定额司，住房和城乡建设部标准定额研究所. 2011 中国工程建设标准化发展研究报告 [R]. 北京：中国建筑工业出版社，2012.

[6] 住房和城乡建设部标准定额司，住房和城乡建设部标准定额研究所. 2012 中国工程建设标准化发展研究报告 [R]. 北京：中国建筑工业出版社，2013.

[7] 住房和城乡建设部标准定额司，工程建设标准编制指南 [M]. 北京：中国建筑工业出版社，2011.

[8] 住房和城乡建设部标准定额司，住房和城乡建设部标准定额研究所. 国家工程建设标准化信息网.

[9] 混凝土结构工程施工规范 GB 50666—2011 [S]. 北京：中国建筑工业出版社.

[10] 通风与空调工程施工规范 GB 50738—2011 [S]. 北京：中国建筑工业出版社.

[11] 建筑工程施工质量验收统一标准 GB 50300—2013 [S]. 北京：中国建筑工业出版社.

[12] 混凝土结构工程施工质量验收规范 GB 50204—2002（2011 版）[S]. 北京：中国建筑工业出版社.

[13] 混凝土强度检验评定标准 GB/T 50107—2010 [S]. 北京：中国建筑工业出版社.

[14] 普通混凝土长期性能和耐久性能试验方法标准 GB/T 50082—2009 [S]. 北京：中国建筑工业出版社.

[15] 建筑施工扣件式钢管脚手架安全技术规范 JGJ 130—2011 [S]. 北京：中国建筑工业出版社.

[16] 住宅建筑规范 GB 50368—2005 [S]. 北京：中国建筑工业出版社.

[17] 混凝土结构工程施工质量验收规范 GB 50204—2002 [S]. 北京：中国建筑工业出版社.

[18] 企业标准体系要求 GB/T 15496—2003 [S]. 北京：中国标准出版社.

[19] 企业标准体系 GB/T 15497—2003 [S]. 北京：中国标准出版社.

[20] 企业标准体系管理标准和工作标准体系 GB/T 15498—2003 [S]. 北京：中国标准出版社.

[21] 企业标准体系评价与改进 GB/T 15273—2003 [S]. 北京.：中国标准出版社.

[22] 企业标准体系表编制原则和要求 GB/T 13016—2009 [S]. 北京：中国标准出版社.